古代出雲王国

横田保秀

新潮社
図書編集室

古代出雲王国

横田保秀

序文

　私は島根県出雲市に住み、『出雲国風土記』を読み、記紀神話とは一味ちがう出雲神話の世界にふれて来た。『出雲国風土記』は他の風土記と異なり、最終の編集責任者が出雲国造で意宇郡大領であった出雲臣広島で、実質の総編集人は秋鹿郡の神宅臣金太理だったこと、そして地誌的な記述が濃厚だが細かいところにまで目配りしてあり、当時の出雲地方の状況が詳しく読み取れるもので、ぜひ皆様方にお勧めしたいと思う。そして、あれこれの文献を読むうちに、世間一般にいわれている事柄について、本当にこれでいいのだろうかと思うことに出会い、一体原典はどうなっているのだろうと疑問に思うことがある。

　古文献の多くが後の人によって書写されたもので原典そのものでない。また最近の出版物で多いのが、一体これは誰が校正したものなのだろうかと思うことがある。世に流布している『出雲国風土記』のテキストのいくつかを目にすると、やはりその感をぬぐえない。正しいテキストなくしてそれに基づく論の展開などあり得ないのではなかろうか。さきに神宅臣金太理の名を出したが「金太理」ではなく「全太理」ではないか、とする関和彦氏の説がある。彼は出雲古代史研究会会長として長く会を率いて来てくれたが研究会会誌第30号の発刊を待たずに昨年春、急逝された。「全」はどうなったのだろう。今となっては全くわからない。

　私が『続日本紀』に接した頃、当然第一巻から順に読み始めたが、第一巻に書かれていた文武天皇即位前紀から四年十二月迄の死亡記録は下の通りである。

１.文武二年六月丁巳条
　　・丁巳、直広参田中朝臣足麿卒しぬ。詔して直広壱を贈りたまふ。壬申の年の功を以てなり（P.11）。
２.文武三年春正月甲申条

3

・甲申、浄広参坂合部女王卒しぬ(P.15)。

3．文武三年六月丙午、丁未条

　・丙午、浄広参日向王卒しぬ。使を遣して吊賻す。

　・丁未、直冠己下一百五十九人に命せて、日向王の第に就きて喪に会はしむ(P.17)。

4．文武三年六月庚戌条

　・庚戌、浄大肆春日王卒しぬ。使を遣して吊賻す(P.17)。

5．文武三年七月癸酉条

　・癸酉、浄広弐弓削皇子薨しぬ。浄広肆大石王、直広参路真人大人らを遣して喪事を監護らしむ。皇子は天武天皇の第六の皇子なり(P.19)。

6．文武三年九月丙子条

　・丙子、新田部皇女薨しぬ。王臣・百官人等に勅して葬に会はしむ。天智天皇の皇女なり(P.19)。

7．文武三年十二月癸未条

　・癸未、浄広弐大江皇女薨しぬ。王臣・百官人等をして葬に会はしむ。天智天皇の皇女なり(P.21)。

8．文武四年三月己未条

　・己未、道照和尚物化りぬ。天皇甚だ悼み惜みて、使を遣して吊賻したまふ。和尚は河内国丹比郡の人なり［下略］(P.23～)。

9．文武四年四月癸未条

　・癸未、浄広肆明日香皇女薨しぬ。使を遣して弔賻す。天智天皇の皇女なり(P.27)。

　以上9名分である(新日本古典文学大系12『続日本紀』一、1989年、岩波書店)。
　上記の1、8を除くと他の7名はみな王、女王、皇子、皇女といった方々である。何ら常識となるような知識もないままに、こうした文章に接すると、まず王・王女、皇子・皇女がどうちがうのかとか、「卒」という表現は王・王女に使用されているが、皇子・皇女には使われていず、「薨」を使うようだ、というように極めて素朴な疑問からはじめて、「浄広参」とか「浄大肆」とかは後の従四位下とか正五位上といった位階なのだろうが、この7名の方々

の中でただ一人、新田部皇女だけがそれがない。これは例えば若くして亡くなったからなのか、それとも単に書き忘れに過ぎないのか。更にその亡くなった方々のいわゆる葬儀の仕方、これの差異はどうなのだろう、とか、そんなところから始まって、なぜこの7名の方々が1年余の間に次々に亡くなったのだろう、とか、精々そんなところが疑問点であった。

　もう20年前のことだ。素人はそんなものだと言えばそれまでだが、20年経った今はというと、どれだけ歩を進める事ができたろう。その後『日本書紀』を読んで、例えば弓削皇子は大江皇女と天智天皇の間に生まれた皇子だと知った。そうすると母子が半年位の間に亡くなっている。しかも皇子の方が母親より先に亡くなっているのである。新田部皇女の生んだ舎人皇子（後に親王）が亡くなるのが天平7年（735年）だから、順当に生きるとすればだが、弓削皇子も大江皇女より少なくとも20年位は遅れて亡くなることになるはずだ。では一体彼はどうしてこうも早く亡くなったのだろう。流行病にでも罹患したのだろうか、それとも……？　我々の想像は大体これ位しか進まない。

　その後、私は一冊の本に出会った。梅原猛著『黄泉の王——私見・高松塚古墳』である。この本は昭和48年に新潮社から刊行され、その後平成2年に文庫本で発行されたらしいが、私が入手したのは平成も終わり頃、とある古書店の片隅に、背表紙をこちらに向けて並べられているのを目にしてからである。御粗末もいいところだが、さて読んでみて驚いた。どうもあの高松塚の被葬者は弓削皇子らしいと。いやあ、こういう風に論を組み立て展開していくのか、我々の考えていることなど、とても梅原氏の推論に及ぶべくもないが、それでも論の組み立ての一つの土台石を私も共有できていたのかと、得意になるのであった。

　私は神話というのは自分たちの祖先語りだと思っている。私にも横田さんにも沢山の祖先がいて古代まで遡れば、天文学的な数の祖先が私らの族に存在している。仮に40代遡れば、つまり1代30年とすれば1,200年前まで遡るが、そのあたりまでで大体1兆900億人になるはずだ。その祖先たちのどの一人が欠けても今の私は存在しない。その祖先たちの何代前の人たちのこ

とを私たちは知っているだろうか。高祖父母だとしても4代前だ。でも間違いなく5代前、6代前、7代前……と祖先はずっと途切れることなく続いており、そして彼ら全員の結果として私が今ここにいる。我々はそういう祖先に守られている。そういう人たちを我々は神として祀っている。そして彼らを語ることが神を語ることになるのだと、私は神話をそんな風に理解している。横田さんはこうして彼の神話を紡ぎ出している。多分彼はこうして自分探しの成果を本にされたのだろう。そして私もそうであるように、彼もまだ先にあるゴール（?）を目指して歩いて行かれるのだろう。

　さて、此度横田さんが『古代出雲王国』を公にされることになった。真に慶賀に堪えない。彼も私と同じように、古代史に興味を持ち、神話から考古学、民俗学まで幅広く吸収して自分の考えを組み立てられた。私と違うのは桁違いの資料の蒐集力と、生真面目にそれらを駆使して『古事記』等の神話世界を全く新たに組み立てた努力と、それらを公にするまでの着実な歩みである。
　横田さんの強みは何と言っても現場第一主義だと思う。梅原氏との関連で言えば、島根県出雲市平田町所在の中村1号墳の発掘調査が終わって報告書も出されているが、この未盗掘の古墳の調査から当時の人々の死者に対する思いを窺うことの出来る知見が得られている。高松塚のそれと比較検討できる成果だと思う。現地を知らずして神話は語れない。その意味で彼は『出雲国風土記』意宇郡安来郷に登場する語臣猪麻呂に比肩しようか。

　あれこれ述べて来たが、テキストクリティーク、そして現地に立つことが何にもまして大切だという意見を言わせて頂き終わりにしたい。

2020年秋　名越秀哉

［古代出雲王国　目次］

第2部　稲作祭祀　95

装幀・本文デザイン／吉田恵美
カバーイラスト／anyes（PIXTA）

第1部

古代出雲王国

はじめに

　齢60歳で退職して何の趣味もなく時間を持て余す自分に気がついた。人生百年と言われるが、そこまでは無理としても、少なくとも十数年は頑張って第二の人生を歩きたいと思ったのがきっかけだった。少し目標を持ってリズムのある生活をしようと古代史に取り組み始めた。テーマは古事記の神代篇をターゲットにした。出雲に遺跡が多く石見出身の私が墓参りのついでに立ち寄れるのと弥生時代の出雲はまだ神話の中に眠っておりロマンを感じていた。現役の時は建設会社の情報（昔は電子計算機と言った）一筋で全くの畑違いだが初心に返って新鮮な気持ちなどと軽い気持ちであった。

　何をどうまとめたらいいのか右往左往して、調べ始めて6年目に、粗筋を初版の「幻の古代出雲王国から古事記を読み解く」に書いて、次の年に田和山遺跡で行われていた稲作の祭祀を「長江文明の『鳥と太陽信仰』の足跡」に、一昨年は大国主の人々の実像を描いた「異説　倭国大乱」をまとめて出雲の弥生時代の神話と遺跡を俯瞰する歴史を明らかにしてみた。

　今回は、まとめた3冊のレポートを再編成して3部の古代出雲王国シリーズにすることに決め、第1部を「古代出雲王国」として書き直した。第2部を「稲作祭祀」、第3部を「倭国大乱」に見直した。

　近年、出雲・伯耆・因幡を中心に山陰各地で新たな考古学的な発見があり、おとぎ話と笑われていた様々な伝承が、歴史的な事象と強く結びつく事例が増加している。荒神谷遺跡や加茂岩倉遺跡から多量の銅鐸・銅剣・銅矛が出土して強力な出雲王国の存在が浮かび上がってきた。古墳時代の先駆けとなった妻木晩田遺跡や西谷遺跡の四隅突出型墳墓は日本海沿岸に巨大な勢力が存在していた事を窺わせる。更に、青谷上寺地遺跡や妻木晩田遺跡から出土した鉄や木工品などの遺物から、最先端の技術を持った人々が山陰地方一帯に豊かに暮らしていた事を垣間見ることが出来る。

　古事記の神代篇はほぼ出雲の伝承を中心に構成されている。これまで絵空事と考えられていたこれらの伝承は、実際の事象を古代の人々が語り継いだ、

史実を含む記録である可能性が大きい。古代出雲は、古代出雲王国を生み出し「大和王朝」に国づくりを引き継ぎ、日本の始まりに重要な役割を果たしたと思えるのである。

　そこで古事記の神代篇や出雲国風土記等の出雲の伝承と最近の様々な考古学的な発見や各地に残された民俗学的な伝承とを対比しながら古代出雲の姿を探ってみた。さらに一歩踏み込み、神代篇の描かれている弥生時代の後期〜終末期に存在したとされる、幻の「邪馬台国」について触れてみた。畿内説と九州説の論争が延々と続いているが、私は古事記から浮かんできた幻の古代出雲王国を有力な本命として考えている。

1 古事記の始まりを読み解く

　古事記の「上つ巻」は、弥生の初めに幕を開け弥生の終末期に幕を閉じる、出雲を舞台にして日本列島に稲作文明を定着させた人々のノスタルジーに満ち満ちた物語である。「上つ巻」はまず、長江流域にいた稲作民の人々が日本列島へ足を踏み入れ、出雲を拠点に固有の文化を築き、西日本各地に稲作を広めた国生みを描いている。大陸から移動してきた人々が北九州に第一歩を印したがその後出雲へ移動して、伊耶那岐命（ここではイザナキと呼ぶ）と伊耶那美命（ここではイザナミと呼ぶ）が国生みを行ったとされる。この小冊子では古事記の「上つ巻」を歴史書とみなして国生みとされる歴史的な史実を紐解いてみた。

　残念ながら古事記の「上つ巻」は神話とされ史実と見なされず歴史書として取り上げられていない。しかし、「上つ巻」の物語は他に比類のない日本独自の話で埋め尽くされており、史実を神話風に脚色したと考えられる。単なる空想だけで「上つ巻」をまとめる事は不可能と思える。古事記が神話であることを念頭に創り上げてきた様々な先入観も史実を見え難くしていると考える。一方で、古事記の書かれた8世紀の政治環境によって、様々な改竄や史実を覆い隠す編纂が行われていても不思議ではない。

　そこで古事記の「上つ巻」を解釈する際に注意した事項に最初に触れておく。幸いに、最近の考古学の成果や各地に残る民俗学及び中国の歴史書によって、古事記に書かれた事象を解釈し直し史実として裏付ける事が可能になっている。

1.1　歴史書として「上つ巻」を読む

（1）名前

「上つ巻」に登場する主要な名前は実在したと想定するが個人名ではなくグループ名で表現されていると考える。別天津神やイザナキ・イザナミと須佐

之男及び大国主などだ。古事記では大国主を伯耆で大穴牟遅神、出雲で葦原色許男命、高志で八千矛神と地域ごとに違う名前で呼んでいる。何故かこの呼び方が播磨国風土記だけに残されている。大国主は長期に亘り各地で活躍しており複数代続いたグループの名前であったと考える。擬人化して表現されているものもある。櫛名田比売は水田、沼河比売は湿原に川が流れている土地を示している。水田や土地を奪った行為を娶ると表現した。

　逆に人が物に置き換えられている場合もある。素兎とワニだ。素兎は稲作民、ワニは日本海の交易を支配していた和邇氏と考えられる。

（2）通説

　古事記の「上つ巻」は、幾多の先人によって解釈が行われており、いわゆる通説が存在する箇所が沢山ある。この通説が古事記の「上つ巻」を解釈するうえで大きな壁になっている。イザナキとイザナミを男と女とする説も見直す必要があると考える。「上つ巻」は長江流域の稲作民が日本列島へ稲作を伝え広めた叙事詩だ。イザナキとイザナミが仲睦まじく登場する場面はどこにもなく夫婦とは考えられない。

　イザナキはまず矛をもって登場する。交易・開拓民のイザナキが矛に象徴される海の民の協力を得て開拓に乗り出したことを暗示している。イザナキが天照大御神と月読命及び須佐之男を生むが、生んだ三者に共通するキーワードは暦だ。天照大御神は太陽神で太陽暦、月読命は月神で太陰暦、須佐之男は稲作の暦を象徴する。イザナキは稲作や航海に必要な暦の祭祀を日本列島へ持ち込んだと考えられる。イザナキが水田を切り開いたルートを辿って稲作民のイザナミが各地に入植し稲作を拡げた。

　最近まで古事記の国生みが島生みと解説されているのを何の疑いも持たず受け入れていた。ところが、最近にわかに日本周辺の領土問題が騒がしくなって、尖閣列島・北方四島・竹島・沖ノ鳥島の所属を巡る議論を聞いているうちに改めて国とは何かを考えさせられた。辞書を引くと国とは共通な意識を持つ人々（政府）が持つ土地を指すとされる。国は人が主役で島は脇役である。島が国を生むのではなく人が国を生むとするのが正しい解釈だ。この視点から古事記の国生みを見直してみた。

（3）稲作の逸話

　古事記の「上つ巻」には稲作に関わる逸話がおとぎ話風に編纂されて沢山含まれている。

　大国主神の条の「稲羽の素兎」では稲作民が舟に乗って出雲から西日本各地へ入植する様をワニと兎の物語で紹介している。素兎は稲作民を象徴しワニは稲作民を丸木舟で運ぶ和邇氏を表現している。

　古事記の「国生み・神生み」には稲作の暦に関わる神が書かれている。

　天照大御神と須佐之男命の条の「八俣の大蛇退治」は八岐大蛇と呼ばれたイザナキ・イザナミの人々が水田を拓く物語だったと紐解いた（1.4「水田の開発」参照）。日本の各地に伝わる蛇の昔話はイザナキ・イザナミの人々が日本各地に入植し水田を拓き稲作を拡げた事を伝えている。

「根の堅州国訪問」の須佐之男の試練の場面では田和山遺跡で行われていた稲作の祭祀を描いている（第2部「稲作祭祀」参照）。この祭祀は田和山遺跡から近江の「藁蛇の年頭のオコナイ」や出雲の荒神さんなど各地に伝えられ現在も祀られている。

（4）改編・改竄

　古事記は編纂の過程や今日まで伝本に書き写された際などに改編や改竄が行われている。しかし、古事記などの残された史料や考古学及び各地に伝えられた民俗的な習俗から、登場人物が実在し確かな足跡を残していると考える。

　大国主の人々は伯耆を拠点に因幡と高志に進出するが因幡から撤退し出雲へ移動する。この移動は四隅突出型墳丘墓が築かれた軌跡と合致している。この事から大国主の実在を確信したが、誰をモデルに書かれたかなかなか分からなかった。光明が見えたのは高島宮の所在地を見直し、三次周辺が有力との感触を持った時だ。三次は安芸と思われがちだが実は吉備だ。弥生中期後葉を念頭に置けば倉敷周辺からめぼしい遺跡は見つかっておらず三次しか思い浮かばない。三次周辺からは装飾豊かな塩町式土器が出土し四隅突出型墳丘墓が初めて築かれた地域だ。本州を島と見做せば高島宮はピッタリのネーミングになる。神武天皇は瀬戸内海を東進せず安芸から中国山地の三次へ向かい伯耆へ出るルートを選択したと確信した。更に神武天皇の東征は神武

天皇だけではなく九代開化天皇までの九代の天皇によって成し遂げられたと推察した。大国主は、神武天皇から九代開化天皇まで、天皇が伯耆や出雲で活動した時の名前だったと思い至った（第3部「倭国大乱」参照）。

　古事記の記述は嘘ではないのだが山陰を拠点に活動した神武天皇から九代開化天皇までの時代を仮想の人物「大国主」を登場させ国づくりを描いている。初代から九代の天皇の出来事を神武天皇の条にまとめているのも流れを分かり難くしている。大国主に対抗した八十神の記録も実は残されている。十代崇神天皇の条に書かれている3将軍を各地に遣わしとされる記述だ。

　これまで謎とされた、魏志倭人伝に書かれている倭国大乱についても、神武天皇の条と大国主の条を組み合わせれば全体像がほぼ組み立てられる。史実は残されたが非常に分かり難く編纂されていた。

（5）古代出雲王朝と土器文様

　古代出雲王国に王朝を樹立したのは、田和山遺跡で稲作祭祀を主催しながら国生みを行った人々と、出雲で国づくりを行った大国主の人々と考える。田和山遺跡の祭祀遺構から出土した土器の文様（図1-1参照）はグループの家紋を表し別天津神の人々がヘラ描直線文、イザナキ・イザナミの人々が櫛描直線文、須佐之男の人々が断面三角形突帯文、物部の人々が凹線文（おうせん）を自らの象徴として土器に刻んでいた（図1-2参照）と考える。国づくりの時代には大国主の人々が擬凹線文（多条平行（沈）線文と同義）を用いていた。擬凹線文の出土

図1-1　田和山遺跡山頂部・環濠周辺出土土器のグラフ

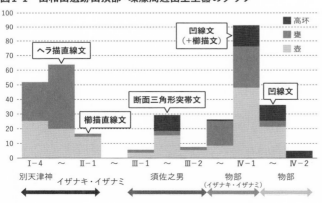

図1-2　田和山遺跡から出土した土器文様

⑦ Ⅰ－4様式
ヘラ描直線文

先端を数mmに
削った木・竹・
骨などの工具
で施文

69

④ Ⅱ－1様式
櫛描直線文

7

⑨ Ⅲ－1～2様式
断面三角形突帯文

500

㋓ Ⅳ－1
凹線文（＋口縁部内面に櫛描文）

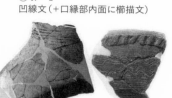
196　　174

㋔Ⅳ－2
凹線文

197

注1）田和山遺跡調査報告書1
「図版75,77,81,82,94」より引用

土器を回転台に載せ回転させながら指・棒・布・皮などを
折り曲げて表面に当てて一度に一条を施文する

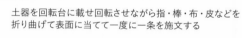

193

参考）擬凹線文
複数条を一度に施文した多条線文
注2）西谷三号墓発掘調査報告書（図版編）
「図版71」より引用

する日本海沿岸では物部の凹線文も共存しており緊密な協力関係にあったと
推察する。

1.2　国生みと出雲の役割

　古事記では「初発の神々」の条で稲作民の別天津神の人々や神代七代の神
が日本列島にやってきたと書かれている。別天津神の人々が日本列島に足を
踏み入れる前の縄文時代の西日本は過疎地帯であった。この地域に稲作移民
が入植して国生みを行った。古事記ではこの国生みをイザナキ・イザナミの
条の「国生み・神生み」で紹介している。国生みは島生みと解釈されている
が、国生みとは一体何だったのか出雲の視点から見直してみた。

(1) 縄文時代の人口分布

　縄文時代の後期・晩期は平均気温が急速に低下した世界的な環境変動に見舞われて、縄文人が主要な食糧源としたクリ・コナラ（どんぐり）の東日本の暖温帯落葉樹林が後退し、縄文人の人口は減少の一途をたどった。

　縄文後期の西日本の人口密度は東日本に比べ1/10程度しかなかった。西日本は、カシ・シイの常緑照葉樹林帯に属し、森の恵みに乏しく縄文人を養えなかった。現代ビジネスHPの2014年7月15日「縄文時代の人口密度」の記事によれば狩猟採集の暮らしは森の豊かさが人口分布に影響していた。例えば島根県と東京都で縄文時代後期の人口の比較をしてみる。島根は6,708㎢×8人÷100→537人で東京都は1,904㎢×180人÷100→3,427人となる。島根は東京都の3.5倍の面積だが人口は1/6しかいなかったことになる。

　大陸から来た稲作民は縄文人が極めて少なかった西日本の常緑照葉樹林へ入植し弥生時代を拓いた。鬼頭宏『図説人口で見る日本史』から推察すると稲作移民は水田を拓き食糧の増産に成功し人口増加をもたらす。出雲の堀部第1遺跡の近くから縄文人と弥生人が一緒に生活した痕跡が残っていた。新たにやってきた稲作移民は縄文人と共存しながら稲作を定着させたようだ。

(2) 国生み神話を読む

　古事記の「上つ巻」の「伊耶那岐命と伊耶那美命」の条で、もろもろの天つ神に委ねられて、イザナキとイザナミが天の浮橋に立って天のヌボコでまずオノゴロ島を固め島に天降りて日本列島を生んだと謳っている。弥生時代に長江下流から日本列島へ渡る一般的なルートは山東半島付近から渤海へ乗り出し、朝鮮半島へ渡り西岸を南下し、対馬・壱岐を経由して北九州へ至るとされている。朝鮮半島を天の浮橋に見立て、天のヌボコは長江文明の末裔で漁撈を主体とする人々を指すと考える。対馬・壱岐・九州一帯の弥生遺跡から漁撈民（交易民）の祭器とされる銅矛が数多く発掘されている。

　私はオノゴロ島を国引き神話の舞台の島根半島（図1-3参照）に比定し長江流域の稲作文明を闇見の国に持ち込み古代日本文明を育んだと考える。長江流域の稲作民が北九州から出雲に拠点を移す件を(3)「木棺墓の稲作民の出雲への移動」、オノゴロ島を島根半島に比定した根拠を(4)「オノゴロ島は何処か」で紹介する。古事記に書かれたオノゴロ島で育まれた古代日本文明や

図1-3　国生み神話

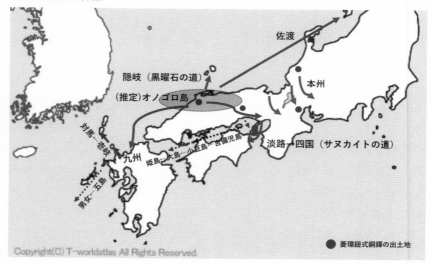

日本語の起源と考える古出雲弁にも少し触れてみた。

　イザナキがイザナミより先に声掛けをするヒルコのエピソードはイザナキ（交易・開拓民）の先行を描いている。まず交易民の人々が縄文時代から続く石（サヌカイト・黒曜石）の道や日本海交易ルートを充実させ開拓民が水田を拓いた。この交易路を辿って、弥生前期末〜中期末の数百年に亘って、長江流域からの稲作民が西日本各地へ入植していった。

（3）木棺墓の稲作民の出雲への移動

　日本列島の稲作は弥生早期に北九州に伝わり始まったとされる。小さな集団が個別に日本列島へ移動して稲作を始めていたと推察する。組織的な集団が日本列島へ移動し西日本へ本格的な稲作の展開に着手したのが古事記に書かれた別天津神の人々からと考える。別天津神に続いて幾つかのグループが西日本各地に入植する。しかし稲作民だけで入植したのでは多くの入植地が立ち行かなくなってくる。図1-4「弥生前期墳丘墓の分布」は北九州に稲作が伝わった頃の弥生前期の墳墓の分布を示している。弥生早期に稲作が伝わり弥生前期前葉には那賀川流域に木棺墓の稲作民が稲作を展開している。弥生前期中葉には西日本各地に墳墓が広がったが殆どが立ち枯れているように

図1-4　弥生前期墳丘墓の分布

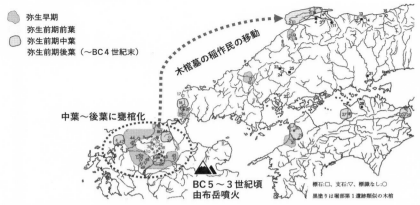

弥生早期
弥生前期前葉
弥生前期中葉
弥生前期後葉（〜BC4世紀末）

木棺墓の稲作民の移動

中葉〜後葉に甕棺化

BC5〜3世紀頃
由布岳噴火

標石:□、支石:▽、標識なし:○
黒塗りは堀部第1遺跡類似の木棺

参照）堀部第1遺跡-鹿島町福祉ゾーン整備事業に伴う調査1「図193」より引用し加筆

見える。唯一、弥生前期後葉に墳墓が広がったのが伯耆・因幡であった。
　那賀川流域の木棺墓の稲作民は弥生前期中葉に出雲の古浦遺跡を経由して堀部第1遺跡に橋頭保を築き、更に、西川津遺跡を拠点に稲作民を受け入れ西日本各地に入植を始めたと思われる（図1-5参照）。交易・開拓民と稲作民の連携が、イザナキ・イザナミの人々によって始まり、入植を軌道に乗せ稲

図1-5　出雲の弥生前期〜中期の遺跡

古浦遺跡　堀部第1遺跡
西川津遺跡
宍道湖
田和山遺跡
原山遺跡　矢野遺跡　荒神谷遺跡
加茂岩倉遺跡
Google Mapを利用

参照　原山遺跡貼石墓：出雲・原山遺跡調査概報「図版Ⅱ-1」より　出雲弥生の森博物館提供
堀部第1遺跡外観：堀部第1遺跡「鹿島町福祉ゾーン整備事業に伴う調査1」より
　　　　　　　　　　　　　　　　松江市歴史まちづくり部埋蔵文化財調査室提供
古浦遺跡人骨：古浦遺跡「図版51」より　松江市歴史まちづくり部埋蔵文化財調査室提供
西川津遺跡出土の土笛：島根県教育庁埋蔵文化財調査センター提供

作を広め国生みの流れを作る先駆けになった。

　何故、北九州でなく出雲が、稲作民を受け入れ西日本各地へ送り出す拠点に選ばれたのか考察しておく。弥生前期中葉から後葉にかけて北九州一帯の墳墓が木棺から甕棺へ切り替わっている。木棺墓の人々が、大陸から移動してきた甕棺の人々によって押し出されたか弥生前期に発生した由布岳の噴火によって北九州での稲作を諦めざるをえなくなり、新天地を求めて移動したと考える。新たな拠点が瀬戸内海沿岸ではなく日本海側であったのは、瀬戸内海航路がまだ開かれていない事もあるが、縄文時代から出雲が西日本各地との交易の要であった事と、北九州を経由せずに朝鮮半島と直接結べる航路が確保できた事に因ると考える。

（4）オノゴロ島は何処か

　古事記には国生みによって、古代日本稲作文明を日本列島へ拡げた様を、文明を伝えた地名を列挙して謳っている。この伝播の様から日本の源流が育まれたオノゴロ島が何処にあったか改めて検討してみたい。

　通説では淡路島の沼島近くの直立した岩礁の「沼島上立神岩（ぬましまかみたてがみ）」がオノゴロ島に見立てられている。しかし沼島はビジュアルであるが古事記の壮大な宇宙観と相容れない。文明が列島各地へ拡がった様を思い浮かべられない。

　国生みに列挙された地名はオノゴロ島で育まれた古代日本文明が伝播した順に記述していると考える。さらに、オノゴロ島から交易路を拓いて文明の伝播が可能な地域であったのではないだろうか（図1-3参照）。この様な視点でオノゴロ島と地名の関連を分析してみた。

○淡道之穂之狭別島（あわぢのほのさわけ）（淡路島）→伊予之二名島（いよのふたな）（四国）

　淡路島は旧石器時代から弥生の終わりまでサヌカイトの道として知られている。香川産のサヌカイトが出土する地域は四国・瀬戸内海沿岸・山陰である。サヌカイトの道を逆に遡って文明が淡路島から四国へ伝わったとすればオノゴロ島は山陰と山陽に限られる。

○隠伎之三子島（隠岐の島）

　隠岐の黒曜石を使っていた地域は山陰（出雲、伯耆、因幡）を中心に日本海

一帯で一部吉備が含まれる（図1-6参照）。出雲にとって隠岐は重要な交易相手だった。松江近郊の弥生時代の田和山遺跡と友田遺跡から出土した石鏃の60%がサヌカイトで、40%が隠岐産の黒曜石であった。石鏃のサヌカイト→黒曜石の順は文明が伝播したと記述される順と一致する。

図1-6　隠岐黒曜石の道

出典：隠岐ユネスコ世界遺産ジオパークウェブサイト

○筑紫島（九州）→伊岐島（壱岐）→津島（対馬）、佐渡島（佐渡）

　朝鮮半島を経由した大陸交易につながる日本海交易路に沿って文明が伝播した事が示される。対馬→壱岐→九州は大陸から移民や最先端の技術・製品が、佐渡からは管玉等が列島各地に運ばれた。この交易路を逆に遡って日本語などの古代日本文明を拡げた。

　瀬戸内海交流に先行して記述されている事からオノゴロ島の本拠地は日本海に沿った山陰に絞られる。

○大倭豊秋津島（本州）

　本州の各地へは、日本海交易の拠点から、日本海に注ぐ河川等を経由し、若狭→山城→大和、近江→東海、長野→関東等へ拡がったと推定される。弥生時代の玉作遺跡や墳墓に埋納された管玉と同じ道を辿った。

○吉備児島→小豆島→大島→女島（姫島）

　瀬戸内海の島々への普及は吉備から西進する記述がある。吉備系の土器が九州西岸に伝わったのは弥生中期後半～後期とされている。古代日本文明が、瀬戸内海沿いに、九州西岸に伝わったことを物語っている。

○知訶島（五島列島）→両児島（男女列島）

イザナキとイザナミが「還座之時」とは日本列島の最西端の島によって「国生み」の時代が終わった事を告げている。

　図1-3「国生み神話」に最古式の銅鐸と言われる菱環鈕式の出土地をプロットしている。古式銅鐸の出土地は、オノゴロ島から古代日本文明が伝播した道筋と時期を教えてくれる。播磨で出土した銅鐸を「淡路島→四国」ルートに繋ぐと出雲から四国への伝播の道筋が繋がる。日本海交易ルートの「佐渡」は越前を中継地とし、「本州」ルートは伊勢へ早い段階で伝播した事を示している。

　古事記はイザナミの埋葬地を出雲・伯耆の境の比婆の山としている。「上つ巻」は出雲が舞台であった。これらを踏まえオノゴロ島は出雲の島根半島がベストの候補と考える。

（5）古代日本文明の誕生「神生み」

　古事記の「神生み」は何度読み返しても何が書かれているかさっぱり頭に入ってこなかった。仕方なく、当たり障りのない様に、簡単にまとめただけで原稿にした。ところが出版社に原稿を渡したとたんコロナ禍が発生して作業がストップしてしまった。時間に余裕が出来たので気になっていた箇所を見直すことにした。「神生み」もその一環で再チャレンジした。全体をまとめて少し知恵がついたせいか、今回は朧気ながらその要旨が分かってきた。そこで全体の流れに沿って「神生み」を書き直してみた。

　古事記の「神生み」は、国生みの人々の文明の宇宙観を色濃く反映していると考えるが、よく読んでみるとイザナキ・イザナミが協力して生んだ神は二つのグループに分けられる。最初のグループはイザナキとイザナミの元来の姿を投影した男神と女神だ。神々の役割から男神は水田の開発を推進した、イザナキ（交易・開拓民）の役割を象徴し、女神は稲作を担ったイザナミ（稲作民）の役割を象徴したと考える。様々な神が登場するが稲作を取り巻く大地・山野・風・河海・森など自然環境に関わる神が多い。沢山の神様のわりには全体を統率する神の姿は希薄だ。個々の神がそれぞれの役割を分担し協力して古代日本文明を支えている姿が浮かんでくる。国生みを担った交易・開拓民と稲作民の共同体の運営が透けて見える。活動の場は交易・開拓民が山と山

から流れ出す河、稲作民が野と海として描かれている。稲作の目を通してみると稲作を行う野や海女の潜る海は稲作民に属し、稲作に不可欠な太陽の光（暦）や水（河）は交易・開拓民が準備して提供している。古事記には、自然神ではない、食物とたぐり・糞・尿を神として扱っている。食物は、女の神とされ、稲作民に属していた。食物はもちろん米と読み替えるが米を食べた後の排出物（たぐり・糞・尿）にも神を見出していた。米を食べ消化して排出する人間の営みと、種を蒔き育った稲の死によって実った米を収穫する、大地の営みを重ねて神を見たと推察する。亡くなったイザナミが往った「黄泉の国」は、生（又は昼）の交易・開拓民及び稲作民に対して、死（又は夜）を象徴する。稲作民と稲を暗示する青人草は交易・開拓民の中で生まれ、稲作民の中で育ち、死ねば黄泉の国へ往く。人々は再生への願いを「天」に託した。天鳥船という、「天」と山野との間を往来して神々を運ぶ、神も生まれており両者は強く結びついている。余談だが古事記の「黄泉の国」にある桃子と黄泉坂を塞ぐ石の逸話は、楯築墳丘墓の立石を連想し、第3部で取り上げた吉備の「桃太郎伝説」に使わせてもらった。

　二つ目は、「天之○○神」、「国之○○神」と明示された神々で、日本列島に中国の天地の概念が持ち込まれ古事記も神々の階層化を含めた再編を行った証と思われる。「天」は特定の山なのか何処の山でもよかったのか気になるところだ。「高天原」をイメージすれば「天」は特定の場所を指している様にみえる。しかし、出雲国風土記には国ごとに神奈備があったとされる。各地の村落などでも神木に宿る山の神を祀っており「天」を身近な存在として考えていた。

　イザナミが亡くなった時にイザナキが生んだ神の逸話が3つ取り上げられている。最初は、イザナミがホトを焼かれ亡くなる原因を作った、火之夜芸速男神を十挙の剣で殺してその血から八神、斬られた身体から八神が生まれた話だ。火之夜芸速男神は人々に光を届ける神とされ、太陽の光と考えれば8つの神は八節（春分、立夏、夏至、立秋、秋分、立冬、冬至、立春）の神と解釈できる。血から生まれた神には、血は火を暗示して石柝（春分）・根柝（立夏）など水田開発の野焼きを、甕（立秋）は米を炊く土器の製造を示し、季節ごとに行っていた水田開発の作業を象徴した神を生んでいる。八節の神の中に用

水路を掘る石箇之男神（夏至）と田んぼやため池・用水路を建設する建御雷之男神（立冬）の2柱の男神とため池に水をためる闇淤加美神（冬至）の女神が含まれている。水田開発の作業は交易・開拓民を主体に稲作民が協力して行われていた事を窺わせる。火之夜芸速男神の体は、大地に蒔いた稲の生育に対応した、季節を表現している。正鹿（春分）は雄鹿を指し種蒔きを表す。種を頭（口）で食べた大地は、人の食の営みを模して口から胃（胸）と腸（腹）を経て、陰から排泄し実った米をもたらした。火之夜芸速男神に関わる神は八節による稲作の暦と読める。それぞれの山津見神（山の神）を八節の太陽の光と読み替え、古事記にある八に絡む八岐大蛇や八咫烏も、全て八節に強く結びつくと考えられる。

次は「黄泉の国」から還って暗闇でみそぎして着衣から生んだ12神は太陰暦による稲作の暦の月を表現している。最初の月は、立春からと思われ、衝立船戸神は水田に水を張るため水路を塞ぎ水田に水を引くことを表現している。2月（2番目）の乳歯は種蒔きをして苗の芽生えを6月（6番目）の飽は満足するまで食べると解釈し収穫を暗示する言葉だ。神となる衣類は稲作を行う2月から6月までが手足以外の身体に付けるものになっている。人間の体と稲作の暦の関わりは火之夜芸速男神の場合と同じだ。なお、年の初めが立春で冬至が11月なのは今の旧暦と同じだが閏月をどうしていたかは不明だ。

最後にイザナキは阿曇連等の祖先とされる女神の綿津見神と男神の墨江の三前の大神の箇之男神を生んでいる。交易民である綿津見神を女神としたことは「神生み」が天と国の概念を取り入れ新しい段階に入った事を示唆している。

この3つの逸話はイザナキの左目から生まれた天照大御神と右目から生まれた月読命及び鼻から生まれた須佐之男にそれぞれ引き継がれている。逸話から生まれた神は稲作の暦と深く結びつく。天照大御神は太陽の八節の暦、月読命は太陰暦、須佐之男はイザナキから海の神を命じられたが放棄し根の堅州国に行き独自の稲作の暦を始めている（第2部参照）。神話では以上だが、この話は少し注意が必要だ。神話を信じればイザナキ・イザナミが国生みを始めた頃に太陰暦が太陽暦と一緒に持ち込まれていた事になる。しかし、「稲羽の素兎」の中で大国主が太陽暦を太陰暦に切り替えたとも書かれている。

3世紀に書かれた呉の神話集『三五暦記』には中国の天地開闢の創世神とされる盤古が左目から太陽、右目から月を生む話が載っている。どうも、みそぎ以降の話は古い伝承に新しい話を加えて新たな神話を創造したようだ。

　古事記には古代日本文明の宇宙観がイザナキ・イザナミ時代を「天─男神・女神─黄泉の国」のフラットな3層として描かれ、大国主の時代は「天之神─国之神」2階層の階級社会として描いている。イザナキ・イザナミの「国生み」から大国主の「国づくり」には古代日本文明の宇宙観を転換する大きな画期が起こっていたようだ。

(6) 古出雲弁

　日本語の起源について諸説あるようだが古代の日本語（ヤマトコトバと書かれている）を研究されている言語学者の大野晋先生は『日本語の源流を求めて』でヤマトコトバとタミル語との同一性を指摘されている。正月の儀式などタミルの習慣が東北を中心に日本各地に残っているとされ、弥生時代そのものがタミル人によってもたらされたとの主張も含まれている。にわかに信じがたい点もあるが、少なくともヤマトコトバはタミル語と同一系統の言葉である様だ。

　オノゴロ島で生まれた古代日本文明に言葉が含まれていたか気になるところである。大陸からの移民は出雲で言葉を覚え列島各地へ散っていった。古出雲弁がこの移民が覚えた言葉と同じであったと「島根県で使われる出雲弁は日本語のルーツ」（出雲市産業観光部観光交流推進課資料）で主張されている。元島根県立女子短期大学学長の藤岡さんが「出雲弁は古事記や日本書紀などに使われている古代日本語とほぼ同じ」、「ズーズー弁は出雲から東北へ伝わった」とされている。松本清張の『砂の器』の亀嵩はあまりに有名である。ズーズー弁が全国に広まっていたことを再認識させた。

1.3　「国引き神話」からオノゴロ島を描く

　出雲国風土記に意宇郡の起源伝説「国引き神話」が謳われている。意宇の地は稲作に適した耕地が少なく、大山や三瓶山を梃に越の都都や新羅の土地を曳いてきて、耕地を増やしたとされる。しかし、曳いてきた島根半島（杵

築の地、狭田の国、闇見の国、三穂の国）はいずれも殆ど山で、稲作に適した耕地は少ない。別の視点での「国引き神話」の解釈をする必要があると考えた。

国引きは、島引きではなく人を曳いてきて、曳いてきた稲作民を西日本各地へ入植させ水田を拡げる構図が浮かんできた。この「国引き神話」の地をオノゴロ島に比定する試みをここで紹介する。

（1）国引き神話

国引き神話（図1-7参照）には島根半島が日本海交易の中継地、主に大陸からの稲作移民の短期居留地として繁栄した様子が描かれていたと考える。古代の交易は全く未知の相手との手探りでの沈黙貿易から略奪貿易・交換貿易、朝献貿易などその地域の成熟度に応じて進化した。交易の場所は陸地から離れた小島が選ばれた。長崎の出島は、居留地に長期滞在して、交易を行いながら西洋の技術の窓口となった。ユダヤ人のディアスポラの様に移住の拠点となった場合もあった。移民はまず移住先の言葉や環境、風習等を学び新開地へ足を踏み入れた。

島根半島は宍道湖や中海によって概ね本土より分断されており交易の居留地として最適な地域であった。新羅・隠岐（北門の佐岐の国）・越の都都の人々

図1-7　国引き神話ゆかりの地

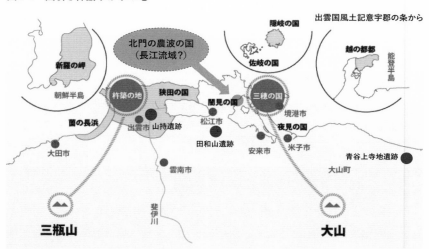

出雲観光協会「出雲観光ガイド」より引用し加筆

は島根半島にそれぞれ居留地（「杵築の地」、「狭田の国」、「三穂の国」）を設け滞在・定住して交易を行った。長江流域（北門の農波の国）からの稲作移民は日本海交易を利用して島根半島へ移動し「闇見の国」をディアスポラの場として西日本各地に入植していった。

　弥生時代の航海は海岸に沿って可視物を確認しながら進む地文航法（沿岸航法）によって目的地を目指した。朝鮮半島から出雲への航海は三瓶山を目標に稲佐の浜へ、越から出雲へは大山を目標に弓ケ浜半島へ辿り着いたと思われる。「国引き神話」の後半はこの古代の航法を謳っている。

「国引き神話」は島根半島こそがオノゴロ島であったと主張する人々によって出雲国風土記に残されたと推察する。

（2）闇見の国

　闇見の国の古浦遺跡・堀部第1遺跡に橋頭堡を確保した長江流域の稲作民は朝酌川遺跡群と呼ばれる西川津遺跡やタテチョウ遺跡に拠点を設け弥生時代の前期から後期の数百年間に亘り稲作移民を受け入れた。これらの拠点を中心に稲作をベースとした古代日本文明を育み後続する稲作移民をこの地に受け入れ言語・生活習慣・稲作技術・祭祀などを伝え西日本各地へ送り出したと推察する。

　宍道湖と中海を繋ぐ大橋川を挟んで対岸の田和山遺跡は稲作移民に祭祀を伝えた祭祀場と考える。田和山遺跡の五本柱遺構と九本柱遺構は冬至の日の入りの方向を向いて築かれており太陽の祭祀を行っていた。西川津遺跡と田和山遺跡の密接な繋がりは田和山遺跡で祭祀が行われた弥生前期末期から中期末の時期に西川津遺跡も継続して営まれていた事からも明らかである。

　田和山遺跡の頂上付近から出土した土器の文様から主に4つのグループ（別天津神、イザナキ・イザナミ、須佐之男、物部）が長江流域から日本列島に移動し西日本へ入植したと考える（2.「国生み」参照）。

（3）日本海交易の西ルート

　弥生時代の朝鮮半島から出雲へ至る交易ルートは時代によって変化していたと思われる。

　日本海の出雲周辺の潮の流れは対馬海流が朝鮮半島から出雲へ向かい隠岐の島にぶつかって日本海を北へ向かう流れと沿岸を東へ向かう流れに分かれ

る。一方、沿岸流は対馬海流と逆向きに流れが発生する。これらの海流を利用して航海が行われていたと推察する。航海出来る時期は、冬季の北西の季節風や台風に起因する土用波により、早春から初夏に限られた。

　出雲の弥生遺跡から出土する非在地系土器からその航海ルートを探ってみた。闇見の国の弥生前期中葉の古浦遺跡や堀部第1遺跡から松菊里式の朝鮮系無文土器が、西川津遺跡からは水石里式の朝鮮系無文土器が出土している。

　杵築の交易拠点とされる山持遺跡（図1-7参照）は島根半島の西側に位置し、出雲平野に面して、縄文時代から近世の遺構・遺物が出土した複合遺跡である。弥生時代の遺跡から出土した非在地系土器から、『山持遺跡Vol.8（6、7区）』調査報告書より、出雲の日本海交易の一大拠点であったと見られている。

　これらの非在地系土器を分析して出雲と朝鮮半島・北部九州との日本海を通した交易の様相を紐解いてみた。出土した土器は運搬用、貯蔵用、生産用、交易品、日用品等が混在していた。

　　　運搬用・貯蔵用：朝鮮系の土器、北部九州の土器、西部瀬戸内の土器、
　　　　　　　　　　　中国山地の土器、安芸の土器、近江の土器
　　　生産用：水銀朱精製用の土器
　　　交易品、日用品等：吉備の特殊土器、備後南部の土器、丹後の土器等
　ここでは、交易に用いられた、運搬用と貯蔵用の土器に絞って日本海交易の姿を探る。

　表1-1「山持遺跡から出土した非在地系土器の年代と土器ポートフォリオ」に山持遺跡と闇見の国から出土した非在地系土器の産地と作られた時期による違いを土器ポートフォリオにまとめて弥生時代の交易の航路を推定した（図1-8参照）。

　航路は朝鮮半島から直接出雲を目指すルート、北九州を経由するルート、北九州から瀬戸内海に入り安芸で上陸して三次を経て出雲に至るルートが存在していたと考える。

㋐朝鮮半島型
　弥生前期から中期初頭は長江流域の稲作民が古浦遺跡・堀部第1遺跡を橋頭保にして西川津遺跡などの朝酌川遺跡群に拠点を構築した時期だ。非在地

表1-1　山持遺跡から出土した非在地系土器の年代と土器ポートフォリオ

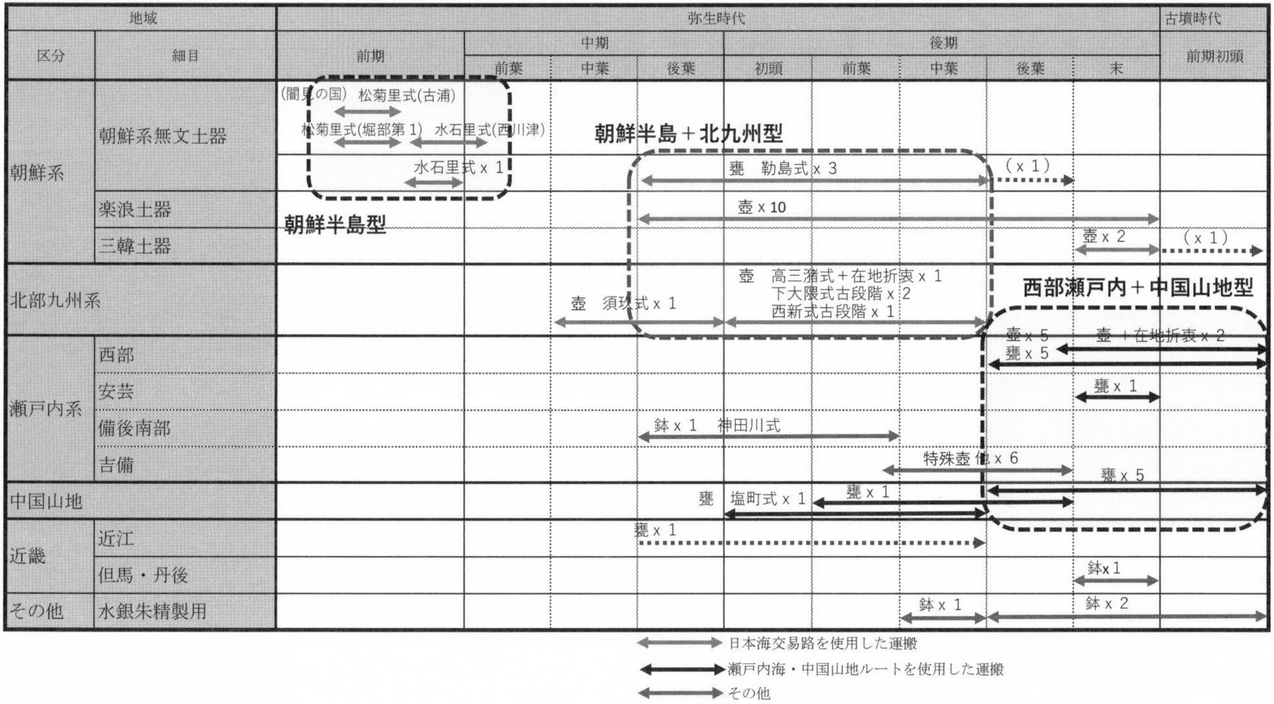

朝鮮半島型

朝鮮半島＋北九州型

西部瀬戸内＋中国山地型

(昔の国) 松菊里式 (堀部第1) 水石里式 (古浦)
水石里式 (西川津) x 1

甕　勒島式 x 3
壺　勒島式 x 10
(x 1)

壺 x 2
(x 1)

壺　須玖式 x 1

壺　高三潴式＋在地折衷 x 1
下大隈式古段階 x 2
西新式古段階 x 1

甕 x 5
甕 x 5
甕 x 1

壺・在地折衷 x 2

甕 x 5

鉢 x 1
神田川式

甕　塩町式 x 1

甕 x 1
特殊壺 x 6

甕 x 1

鉢 x 1

鉢 x 1

鉢 x 2

区分	地域	細目	前期			中期			後期			末	前期初頭
					初頭	前葉	中葉	後葉	前葉	中葉	後葉		

朝鮮系　朝鮮系無文土器
楽浪土器
三韓土器

北部九州系　西部
安芸
備後南部
吉備

瀬戸系

中国山地

近畿　近江
但馬・丹後

その他　水銀朱精製用

凡例：
日本海交易路を使用した運搬
瀬戸内海・中国山地ルートを使用した運搬
その他

図1-8　弥生時代の出雲と朝鮮半島の交易ルート変遷

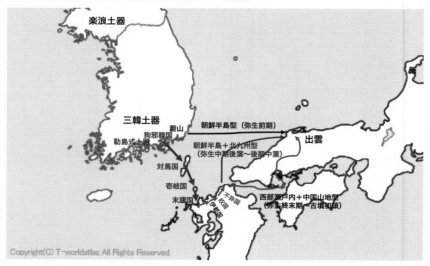

系は朝鮮系無文土器が突出しており朝鮮半島から出雲へ直行するルートを利
用していたと考える。朝鮮半島の拠点は、対馬海流の流れに乗りやすい、蔚
山周辺と考える。

㋑朝鮮半島型＋北九州型

　弥生中期後葉から後期中葉は、中国では前漢が滅びて後漢が始まる時期で、
混乱に乗じて日本列島へ多数の人が移動してきた。長江流域から物部の人々
が出雲へやってきて新たな王朝を築き入植を加速させた。楽浪土器や勒島式
土器が出土しており朝鮮半島から出雲へ直行する航路は続いていたと推察す
る。しかし、北九州系土器が出現しており北九州を経由し日本海沿岸の港を
辿り出雲に至る航路も重要な位置を占めていたと思われる。僅かだが中国山
地系の土器が出土している。中国山地を経由する交易ルートがこの時期に拓
かれたことがわかる。

㋒西部瀬戸内型＋中国山地型

　弥生後期後葉から古墳時代初期は、魏志倭人伝にある倭国大乱が終わり、
卑弥呼が共立されていた時期だ。出土した西部瀬戸内系土器と中国山地の土
器は、交易路が日本海を離れ、北九州から瀬戸内海を経由して中国山地越え

のルートに切り替わったことを示している。この中国山地を越えるルートを、魏志倭人伝に記述された、邪馬台国への行程に比定し邪馬台国出雲説の有力な根拠（4.「古代出雲王国『邪馬台国』説を解く」参照）と考えている。朝鮮半島から直行するルートも、三韓土器が数個出土している事から、かろうじて残っていたようだ。

　日本海交易の西ルートは西日本へ入植を目指す稲作民を朝鮮半島や北九州から出雲へ運ぶのが主な目的だった。朝鮮半島で稲作民を乗せ出雲へ直行する場合は対馬海流を利用して出雲を目指した。復路は決まった積み荷がなく空荷が多かったと推定する。移住する人々だけで出雲へ航海した場合は帰る必要はなく乗ってきた舟を他に転用した。しかし、朝鮮半島へ戻る場合、復路では対馬海流を利用できず沿岸流を利用して日本海沿岸沿いに北九州へ向かい朝鮮半島へ戻ったと考える。

　稲作民が準構造船によって朝鮮半島の蔚山から出雲まで300㎞を渡ったとしてその日数を試算してみた。航海は対馬海流の流れの速い夏（6〜8月）を想定する。

　　　船の速さは4.7㎞／時（漕いでいる時）、1㎞／時（漕いでいない時）

　　　　対馬海流の速さ：0.5ノット→1㎞／時

　　　　手漕ぎ船の速さ：2ノット→3.7㎞／時

　　　航海日数＝300㎞／（4.7㎞／時×14時間＋1㎞／時×10時間）→4日

　　　　1日のうち14時間漕ぎ、10時間休む

天候と波が穏やかであれば4日で朝鮮半島の蔚山から出雲へ渡れると計算できる。

　この朝鮮半島型の直行ルートについて「東アジアの古代文化を考える会」でお世話になっている高川博さんから準構造船による直行ルートは難しいのではとのアドバイスを頂いた。高川さんの著書『玄界灘から見る古代日本』には朝鮮半島から出雲への航海は対馬海流を利用して少なくとも5日はかかると試算されている。準構造船の外洋航海はせいぜい2日が限度とも指摘されており直接航海は困難とのことだ。よしんば航海できたとしても復路は対馬海流を利用できないと書かれている。闇見の国から出土した非在地系土器

は直行ルートの可能性を示唆している。結論を急がず時間をかけて調査を継続したい。

（4）日本海交易の東ルート

　弥生時代の出雲以東の日本海交流について寺村光晴さんが『タマの道―タマからみた弥生時代の日本海―』で触れられていた。出雲から越に至る日本海沿岸に、弥生期の代表的遺跡が30㎞の間隔で点在し、いずれも海岸砂丘の背後の潟湖（せきこ）等に立地している。弥生時代の人々は、潟湖間を丸木舟や準構造船を使ってピストン輸送し、日本海沿岸をカバーするルートを築いて移民や交易品を運んだと考えられる。

　潟湖の立地の間隔に規則性があり、街道の宿場町を連想させ、海上ルートが管理されていたようだ。交易を把握し乗船者の安全や交易品の管理及び費用徴収などの役割を担った組織の存在を窺わせる。

　古事記の「稲羽の素兎」にこの交易の様が描かれている。隠岐の島に住んでいた素兎が何匹ものワニの背を足場にして日本海を渡り因幡の海岸へ辿り着いた話だ。素兎は稲作の人々を、ワニは出雲から佐渡へ至る日本海交易路「タマの道」を支配した和邇氏を、ワニの背は和邇氏配下の丸木舟に乗ってと読み替える。難破し隠岐の島に上陸した稲作移民が西日本の入植地を目指して和邇氏の漕ぐ舟を乗り継いで因幡に辿り着いたと読める。

　出雲国風土記の意宇郡条の安来郷では娘を殺したワニを父親に差し出すワニの鉄の掟を、仁多郡条の山野の恋山（こひやま）ではワニが姫に出会って恋したが拒絶される話を描いている。ワニは通常サメと読み替えられているが、交易を掌る海人の和邇氏とすれば物語に真実味が増す。私は大和政権で活躍した和邇氏が日本海交易を担った交易集団の後裔と睨んでいる。和邇氏は古墳時代に天理を本拠地としていたが琵琶湖西岸にも一族の拠点があった。琵琶湖は弥生時代に日本海交易ルートの若狭・越前から近江を経て東海や畿内へ通じる水運の要であっ

図1-9　青谷上寺地遺跡景観復元CG画像

鳥取県埋蔵文化財センター提供

図1-10　出雲から西日本への入植ルート

た。日本海交易の衰退と大和の興隆に伴い日本海から天理へ進出したと考える。

　日本海交易ルートの東側（図1-10参照）は鳥取から若桜街道を経て近畿や四国へ向かう陸路と更に日本海を東航し丹波や越へ向かう海路に分かれていた。青谷上寺地遺跡（図1-9参照）はこの分岐に位置する潟港の一つであった。青谷上寺地は日本海の潟間交易を担う潟港のなかでも比較的に小さかった。私が参考にした「タマの道」にも名前がでてこない。このような限界潟港は交易の調整弁の役割を担っていた。交易量が増加すれば盛んに利用されるが交易量が落ち込むと切り捨てられた。交易に使う船は徐々に大型化し大きい潟港間を繋ぐ交易にシフトしたと考えられる。

　このような青谷上寺地遺跡の潟港の位置づけを頭に入れて青谷上寺地遺跡から出土した土器の数等から日本海交易東ルートの盛衰を探ってみたい。『青谷上寺地遺跡4』調査報告書を参考に発掘された土器を時代区分毎にまとめて図1-11「青谷上寺地遺跡の発掘土器年代推移」を作成し中国の人口の推移を重ねてみた。

　青谷上寺地遺跡が出現した弥生の前期末～中期中葉の各時期に含まれる土

図1-11　青谷上寺地遺跡の発掘土器年代推移

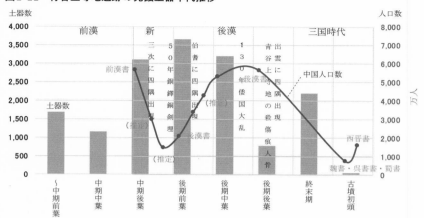

注）青谷上寺地遺跡（本文編2）「表27」参照

器は千数百個台だが弥生中期後葉に3,000個台に急増、弥生後期前葉と後期中葉まで3,000個台を維持した。しかし、後期後葉に800個弱に急減し後期末に2,000個に戻した後、遺跡が衰退したとされる古墳前期初頭に50個と大幅に落ち込んでいる。土器の数は各時代に潟港を使って行った経済活動の尺度、即ち交易量の尺度を映している。扱う主な交易対象は出雲から日本海を経由して西日本各地へ向かう入植者であったと推定する。

　西日本へ入植する人々の流れは、青谷上寺地遺跡が出現した、弥生前期末から中期中葉まで途切れなく続いていた。出雲のオノゴロ島で古代日本の稲作文明を習得した稲作民が新天地を目指して東へ向かった。

　中期後葉に交易量が急増する。中国大陸では前漢が滅び、短命の新を経て、後漢が建国された。凶作と政治的な混乱が重なり中国の人口が5,676万人（2年）から2,100万人（57年）に急減した時期である。出雲に「国生み」王朝を樹立した物部の人々が稲作移民を受け入れ西日本への入植を本格化させていたと考える。青谷上寺地遺跡からこの時代を示す貨泉（新の貨幣）と前漢の星雲文鏡1面、八禽鏡2面が発掘されている。国内では三次に四隅突出型墳丘墓が出現した時期である。

　弥生後期前葉・中葉もこのハイペースが継続している。この時期の中国大

陸の人口の推移を見ると、後漢の最盛期を迎える時期で、中国の人口が増加に転じている。大陸から大量の移民が流入したとは考えられない。大国主の人々が伯耆・出雲に進出し更に東進を進めていたと考える。古事記で稲場の矢上比売の妻問いや高志の沼河比売を娶った件がこの事象を物語る。

　弥生後期後葉になると交易量は急減する。古事記には八十神の戦いが描かれ魏志倭人伝は倭国大乱に触れている。青谷上寺地遺跡からは2世紀後半の殺傷痕のある人骨が発掘されている。遺跡から出土した銅鐸の破片に弥生後期に畿内で製作された突線鈕式が多数含まれ「銅鐸を巡る争い」を示唆している。この混乱で日本海交易ルートは大幅に制限されたように見える。青谷上寺地遺跡の人の動きは激減した。

　弥生終末期に日本海交易ルートが再開され交易量が回復した。中国では後漢が滅亡し、増加していた人口が三国時代になって1,000万人以下（265年）に急減する。中国大陸からの移民が増加する環境が整っていた。しかし、青谷上寺地遺跡ではこの時期の中国関連の遺物は少ない。大陸からの交易路は、日本海ルートが使えない間隙をぬって、瀬戸内海ルートが急速に整備されている。大陸からの移民は瀬戸内海ルートを利用して畿内を目指したと思われる。青谷上寺地を経て東に向かったのは伯耆や出雲の大国主の人々であったと考える。大国主の人々は弥生終末期になり大挙して、政治や開拓・交易の中心になりつつあった、大和に移動した。移動が終了した古墳時代に至って移民の流れが止まり青谷上寺地遺跡は衰退した。

（5）日本海交易を支えた舟

　稲作移民を朝鮮半島から出雲へ運び西日本各地へ送り出した、日本海交易路で使われていた舟を考えてみたい。日本海沿岸の遺跡から舟の完全な遺構は出土していないが、遺跡から出土した舟の部材を基に、他の地域で見つかった舟を参考にして舟の復元模型や復元図が作られている。

　松江市鹿島町佐陀の稗田遺跡から古墳時代初頭の船材が出土し幅が1mで全長は8mほどの準構造船の復元図が作られている。朝鮮半島から出雲へ航海するには小さく、少し心許ない。潟湖の港湾集落であった青谷上寺地遺跡から、船材や櫓など50点ほどが出土している。竪板型準構造船と、中・小型の丸木舟とされる。出土品の数は丸木舟が多いが、準構造船と丸木舟を使

い分け船団を組んで交易を行っていた様だ。第6回青谷上寺地遺跡フォーラム『人・もの・心を運ぶ船』にこれらの舟の用途がまとめられており表1-2「弥生時代後期の青谷上寺地遺跡における船の利用景観」に示す。

この表から、朝鮮半島と出雲間や出雲と高志（越）間の遠距離を一気に航海する場合は竪板型準構造船か大型の丸木舟を使い、潟湖など港で乗り継いで目的地を目指す場合は丸木舟を使っていたようだ。

表1-2　弥生時代後期の青谷上寺地遺跡における船の利用景観

舟のタイプ	大きさ	使用場所	用途
竪板型準構造船	15~20m級	外洋	遠方沿岸 （北陸~北部九州）
			朝鮮半島との交易
角型反り上がり 丸木舟	10~12m級	近海	近隣沿岸集落との 交通手段
			外洋での漁
	5~6m級	潟湖・水路	漁撈・運搬・農耕用

図1-12　稲吉角田遺跡出土の絵画土器

日吉塚古墳
「第16図」より引用

図1-12-1　青谷上寺地遺跡出土線刻板（舟）

鳥取県埋蔵文化財センター提供

弥生時代の船を描いたと思われる遺物も幾つか見つかっている。稲吉角田遺跡から羽人の漕ぐ舟が描かれた弥生中期中葉の土器（図1-12参照）が出土した。雲南省の滇王国から出土した青銅器に刻まれた羽人と同じ図柄であった。日本海の交易を担った人々と長江文明の漁労の民との強い結びつきが感じられる。

青谷上寺地遺跡からは準構造船と丸木舟が船団を組んで航海している様子を描いた板（図1-12-1参照）が出土している。稲作移民を乗せて入植地か、戦闘員を乗せて戦いへ向かっているのかいずれにしても船団を運航する管理能力があった事を物語っている。

福井県坂井市から出土した井向1号銅鐸にも船が描かれている。船長さんが舵を取り沢山の人が櫂を漕いでいる。船首に帆柱の様なものが立っており帆を張って海上を走らせたのだろうか。この銅鐸は、外縁付鈕1式の流水文

銅鐸なので、鋳造時期が弥生中期前葉（紀元前 3〜2 世紀頃）とされ古くから大型の準構造船が作られていた可能性を示唆している。

1.4　水田の開発

（1）八岐大蛇

　神楽の主要演目に八岐大蛇があるのを皆さんもご存知だと思う。イザナキ・イザナミの人々は、藁蛇による稲作祭祀（第 2 部「稲作祭祀」参照）を伝え、蛇を自らのシンボルにしていた。更に、イザナキ・イザナミの時代は稲作の暦を太陽暦の八節で管理していた。私は、八岐大蛇の八がこの八節を意味し、八節の神の使いが八岐大蛇だったと考えている。

　古事記には「高志の八俣のをろち」とあり八岐大蛇が高志からやってきたと説明している。この高志を出雲市古志町に比定する。出雲国風土記の神戸郡の条に「伊弊彌命の時に、日淵川を以って池を築造りき。爾時に、古志国等、到来りて、堤を為りき。即ち、宿を居りし所なり。故、古志と云う。」とありイザナミの時代に古志に稲作に必要な溜池を築く最先端技術を持った人達がいた事がわかる。この記述は八岐大蛇が稲作の暦とされた八節の管理だけでなく水田開発の灌漑技術を持った人々であった事を示唆している。古志は現在の出雲市古志町とされ堤は宇加池の堤跡とする説が有力のようだ。古志国等の古志国は、持ち込んだ灌漑技術から判断して、長江中流域の河南省信陽市国始県が有力な説と考える。

　古事記には「我が女は、本より八たりの稚女在りしに、高志の八俣のをろち、年ごとに来て喫ひき。」と古志から毎年八岐大蛇がやってきて女を喰ったとされている。私は女が人を指すのではなく原野を比喩していると考える。八岐大蛇即ち古志の人々は最新の稲作技術を持ち込んで先住の人々が採取・狩猟していた原野を潰して灌漑用の池や用水路（溝）を設け新たな田んぼに造成したと読める。女が喰われて櫛名田比売だけが残った場面は原野（女）から田んぼ「櫛名田比売」を造ったと解釈したい。

　古志の人々は、今風に言えば、農閑期にやってきて水田の区画整理を行ったと考える。須佐之男の人々は、新田開発にやってくる古志の人々に酒を飲

ませ、田んぼを自らの支配地とした。古事記や出雲国風土記の嫁取りは皆さんもご承知のように土地を支配すると解釈される。田和山遺跡では須佐之男の時代から高坏の出土（図1-1参照）が始まっており祭祀で酒を振舞った事を裏付ける。須佐之男の人々は稲作の暦を、八岐大蛇が行っていた八節から、日暦に切り替えて稲作の改革も行っている（第2部4.1「須佐之男の祭祀」参照）。

八岐大蛇の尾から鉄剣を取り出す件は古志の人々が掘った溝（用水路）を尾に見立てている。溝には水と同時に周辺の土砂が流れ込んできた。この地方の土は砂鉄を多く含み、かんな流しを思い浮かべれば、溝の底に砂鉄が沈殿したことは自明だ。溝から大量の砂鉄が取れたのだ。この砂鉄を使って「草那芸之大刀」を鍛えている。

以上が私の新たな八岐大蛇説である。蛇が娘に婚いて喰ったり呑んだりする話は日本各地に残っている。イザナキ・イザナミの人々が西日本各地に入植して新田開発を精力的に行った事を物語っている。

ここでちょっと寄り道をして、私が少し驚いた、島根の八岐大蛇を紹介させて頂く。私は神楽の大蛇を石見神楽で馴染んだ「提灯蛇胴」（図1-13参照）とばかり思っていた。石見神楽は明治以降に採用された「提灯蛇胴」の形に統一されている。今回『島根の神楽』を調べて出雲神楽には姿の違う大蛇がいくつかあることを知った。日本中の神楽の大蛇の基本形が島根で見られると書かれていた。

佐陀神能の「立ち大蛇」（図1-14参照）は能楽に倣って形成された由来から、般若面に似た大蛇面を被って立って舞う神楽だ。面には8頭の大蛇を表現する16の目がついており演目は「八重垣」と名付けられている。隠岐島前神楽の「座り大蛇」は佐陀神能の「立ち大蛇」の流れを汲むとされ大蛇の顔は鬼面で座ったまま演じている。

雲南町の奥飯石神楽の「幕蛇」（図1-15参照）は3人の舞手が演じる大蛇だが「獅子胴型」、「幌胴型」などとも呼ばれる。「トカゲ蛇」（図1-16参照）は大原神職神楽で舞われており出雲

図1-13　有福神楽提灯蛇胴の「大蛇」

島根の神楽「75頁」より　島根県古代文化センター提供

図1-14　佐陀神能の「立ち大蛇」

島根の神楽「80頁」より　島根県古代文化センター提供

図1-15　奥飯石神楽の「幕蛇」

島根の神楽「78頁」より　島根県古代文化センター提供

図1-16　大原神職神楽の「トカゲ蛇」

島根の神楽「79頁」より　島根県古代文化センター提供

神楽の多くはこの型であったが、最近は出雲神楽でも「提灯蛇胴」が増えて、希少かつ貴重になりつつある。地域に根付いた大蛇が出雲各地に残っており是非これからも次の世代に引き継いで伝えて欲しいと願っている。

（2）イザナキ・イザナミの人々と蛇

　播磨の市史を調べていて少し変わった市史を見つけた。宍粟市の市史（?）が一風変わった編集をされていたのだ。本の名も宍粟市史ではなく『宍粟のあゆみ』であった。宍粟市はかつての宍粟郡に属した山崎町、一宮町、波賀

町、千種町が合併して生まれた新しい市である。旧宍粟郡に属した安富町は姫路市へ編入されている。宍粟郡の最後の記録を残そうとされたのか『宍粟のあゆみ』で旧宍粟郡の歴史がまとめられている。正式な市史ではないのか、考古学者や歴史学者の視点でなく、ごく普通の市民の目線で「まんが」も取り入れて旧宍粟郡の歴史が紹介されている。専門の方には物足りないかもしれないが、市民目線としては面白かった。私が特に注目したのは旧宍粟郡の各地に残る昔話を取り上げておられたことだ。郡内各地域に残る13編の昔話が収録されており、そのうち大樹の話が2編、蛇の話が3編含まれていた。この大樹と蛇の話が田和山遺跡の稲作祭祀と八岐大蛇を彷彿させたのだ。そこで、少し寄り道をして特に蛇について深掘りしてみることにした。

　宍粟は、播磨の北西端の山間部にあり播磨の四大河川の千種川と揖保川の源流域に位置し、揖保川に沿って播磨から伯耆に至る若桜往来ルートが市の中央を貫いて北に延びている（図1-17参照）。宍粟の南には現在の中国横断道に沿って、佐用から南行し播磨を目指す出雲街道から分かれて、畿内へ向かう交易路が延びていた。弥生時代の宍粟は南北と東西へ延びる交易路が交差する交易の要の地域であった。弥生前期末にこのルートに沿って出雲から稲作と共に稲作祭祀が伝わり、同じ道を辿って、弥生中期末に大国主の人々が新たな国づくりを目指して播磨に侵入して拠点を築いている。

　出雲は、大陸から持ち込まれた様々な文明を吸収し脱皮しながら、古代日本文明を育み播磨を経由して日本列島各地へ拡げていった。宍粟は出雲で育まれたまだ粗削りな文明、すなわち未知の世界に遭遇する最

図1-17　宍粟の地図

宍粟のあゆみ「18頁」より引用し加筆

初の地域の一つであった。イザナキ・イザナミの人々を象徴する蛇の物語が語り継がれ今日まで伝えられた事は弥生時代に稲作祭祀と遭遇した人々の衝撃の大きさを表している。

　宍粟と静岡に伝わる蛇の昔話を紹介し、水田を開発しながら稲作を普及する、イザナキ・イザナミの人々が各地に残したメッセージを読み解いてみたい。

（3）宍粟の昔ばなし

　ここでは、まず、『宍粟のあゆみ』に収録されている蛇の昔ばなしを簡単に紹介する。

　蛇の昔ばなしは千種川や揖保川の川沿いの交易路から少し外れた支流の源流部に近い谷筋の地域に残されていた。千種川の源流域の千種町西河内の里と岩野辺の里及び揖保川の源流域の波賀町の道谷の３カ所だ。この蛇はいずれも人に変身して村人との関わりを持っている。

　西河内の里に伝わる「鍋ヶ森」では蛇は老翁として夢に現れる。老翁は、村人が亡骸を葬ってお社を建てれば、お社に祈るだけで晴雨自在で五穀豊穣を約束した。村人は蛇の亡骸を見つけ葬り、お社を建てた。鍋ヶ森のお社は「雨ごい」祈願のお社として近在や岡山・鳥取に知られていた。他所の人は灯明の火を持ち帰り灯明をあげて地域で雨乞いの祈願をするのが慣わしだった（図1-19参照）。

　岩野辺の里の「お花屋敷と忠佐護神社」は美しい娘のお花と凛々しい武士

図1-18　伊和神社

宍粟市秘書広報課提供

図1-19　伊和神社8月26日油万灯祭

宍粟市秘書広報課提供

に化けた蛇との恋物語だ。武士は逢引きの後にねぐらの深い淵に戻り母親の仕込んだ糸を付けた鉄（針）の毒で死に、娘も武士の8匹の蛇の子を死産して絶望し旅立ち帰ってこなかった。あわれんだ村人が蛇の子の忠佐護神社を建てて祀り霊を慰め、お花が住んだところが「お花屋敷」になったと伝わる。

揖保川上流の波賀町道谷の「沼谷の大蛇」は美しい娘に一目ぼれした大蛇が青年に化けて熱烈に求愛するが母親に疑われ、仕込まれた糸を辿って沼谷に棲む蛇と正体がばれて失恋して大洪水とともに消えていく話だ。

この3話に共通するテーマはまず蛇と水の強い絆があげられる。水は、太陽と共に、稲作に必要不可欠な要素である。「鍋ヶ森」の蛇は雨水を自在に操る神として描かれている。「お花屋敷と忠佐護神社」と「沼谷の大蛇」では村の外からやってきた蛇が変身して村の娘を嫁に取る。嫁取りは、水田を開き始めた、稲作が村人に受け入れられたと解釈する。細かな事だが「お花屋敷と忠佐護神社」でお花は8匹の蛇の子を産もうとした。八は八岐大蛇を意識しており、凛々しい武士に化けた蛇、イザナキ・イザナミの人々が稲作技術を村人に伝え村人自ら稲作を始めようとしていた。

宍粟へやってきた蛇の結末は様々だ。蛇が死に絶えて雨乞いのお社として近年まで残った鍋ヶ森神社、蛇を殺して蛇信仰を捨てたが蛇を憐れんで忠佐護神社を建てた岩野辺の里、道谷では蛇信仰が受け入れられず失意で去っていった。

蛇は死に絶えるか、殺されるか、行方不明となるか、いずれも宍粟に根付かなかった。イザナキ・イザナミの人々が移動して宍粟を去った事を象徴している。

（4）遠江・駿河・伊豆の蛇の昔話

『浜名市史』を読むと銅鐸の分布は天竜川までとの記述がある。遠江はイザナキ・イザナミの人々が入植し稲作を拡げ定着させた最も東の地だが、駿河・伊豆は縄文人が活動を継続していた。イザナキ・イザナミの人々は、稲作と共に、この地域に蛇の祭祀を持ち込んだ。

静岡県立図書館で紹介してもらった静岡県女子師範学校郷土研究会編『静岡県伝説昔話集』には上巻に「蛇」の昔話が20編、下巻に「蛇の婚姻話」が12編収録されていた。蛇のインパクトは強烈だったようだ。蛇の話が、

図1-20　静岡県の蛇の昔話の分布

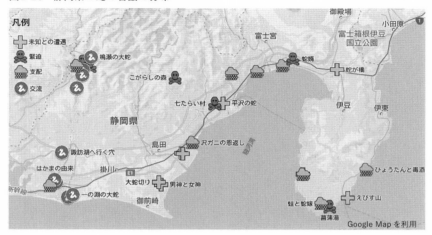

Google Map を利用

地域や時代の衣をまといながら、語り継がれていた。イザナキ・イザナミの人々が出雲を後にして辿り着いた最も東の地域でどのように捉えられ扱われていたのか、この資料をベースに分析した。収録されている昔話（表1-3参照）の数が多く、様々な蛇が登場して、面白い結果が得られた。

図1-20-1　登呂遺跡の遠景

　この昔話を3つの地域に分けて特徴を整理する。まずイザナキ・イザナミの人々が入植し、櫛描文土器と銅鐸が出土し、定着が確認されている天竜川以西の遠江だ。次の天竜川以東の駿河は、登呂遺跡（図1-20-1参照）から櫛描文土器が出土して、入植に着手していた。3つ目は更に東の伊豆で縄文人の活動する地域だ。

　最初に着目し分析したのは蛇と呼ばれたイザナキ・イザナミの人々と村人の距離だ。昔話に書かれた両者の関係を「未知との遭遇」、「緊迫」、「支配」、「交流」の4フェーズに分けて仕分けし分布を図1-20「静岡県の蛇の昔話の分布」にまとめた。「未知との遭遇」は村人と蛇との出会いの驚きを描いて

いる。「緊迫」は両者のコミュニケーションが乏しく土地を巡る争いを「娘」のもとへの夜這いとして表現している。「支配」は村人が蛇の力を理解し原野に水を引くお願いをするなど蛇の力を頼りにし始めている。「交流」は蛇と村人との距離が縮み隣人と同じ様に親しみをもって扱われている。イザナキ・イザナミの人々が定着した遠江の天竜川流域は「交流」の話が圧倒的に多い。駿河は静岡〜沼津にかけて「緊迫」と「支配」フェーズの話が多くイザナキ・イザナミの人々が積極的に入植を試みたと考える。御前崎周辺は「未知との遭遇」が多く積極的に入植していなかったように見える。伊豆は半島先端の下田周辺に昔話が多く残っており「未知との遭遇」と「支配」フェーズの話が大半を占める。

　表1-3に収録された昔話の特徴をキーワードにして分類してみた。全体32編の内、「変身」と「娘嫁」が15件（47%）と最も多かった。蛇から人への変身の話はどの地域でも多いキーワードだが特に遠江で多かった。遠江では「変身」を日常の出来事と捉えていた。「娘嫁」は土地を象徴するキーワードだと考える。駿河、特に静岡〜沼津にかけて、多いキーワードであった。蛇と村人との土地を巡る緊迫感が窺える。蛇に対する「願い」は10件（31%）あった。水不足の相談（水・蛙・カニ）が7件で駿河・伊豆に多い。遠江は5件と「願い」の半分を占めるが八大竜王に眼病を治してもらう話など3件が水不足以外であった。「願い」の質の違いが出ている。「生贄・のむ」は8件（25%）で原野を水田に変えることを示している。駿河では「祀り・たたり」が4件、「針糸」が3件あり、蛇との緊張感が高まっていた事が窺える。

　表にはキーワードとして載せていないが「八大竜王」と「からす蛇」も注目しているキーワードだ。雨の神「八大竜王」は天竜川河口付近の天竜町と上流域の佐久間町の昔話に出てきて眼病を治す力を持つ蛇として描かれている。なお、八大竜王はインドのナーガという釈迦に仕える半人半蛇の蛇神とされる。日本では八大竜王を神社で祀る場合と仏法を守護する天龍八部衆に所属する龍族の八王として寺に祀る場合がある。

　天竜川下流域の浜松市に残る「からす蛇」は題名を見て太陽を運ぶからすと蛇を合成した造語かと目を疑った。調べてみると「からす蛇」は黒化型のシマヘビの事で伊豆大島では全てこの型のようだ。勿論、蛇を「からす蛇」

表1-3　静岡県の蛇の昔話一覧

区分	題名	国	市町	フェーズ	祀りたたり	変身	針糸	願い	娘嫁	生贄のむ	摘要
蛇	えびす山	伊豆	下田市	未知遭遇	○					殺す	海の幸
	蛇ヶ狭	伊豆	松崎町	未知遭遇						呑む	仇討ち
	蛇が橋	伊豆	三島市	未知遭遇							橋になる
	三つ股の大蛇	駿河	富士市	支配	○				娘	生贄	毎年一人
	小池大蛇	駿河	富士川町	支配	○			水	娘	生贄	水不足
	平沢の蛇	駿河	静岡市	未知遭遇		女					
	男神と女神	駿河	相良町	未知遭遇	○						
	大蛇切り	駿河	相良町	未知遭遇							大蛇を殺す
	木挽と大蛇	駿河	大東町	未知遭遇					嫁	呑む	鉄砲でうつ
	蛇	駿河	大東町	未知遭遇							蛇に追われる
	大沼	遠江	佐久間町	緊迫	○				娘	飲む	
	滝つぼの蛇	遠江	佐久間町	緊迫		男	○		娘		たらい7杯の蛇の卵
	大大淵の竜	遠江	佐久間町	交流				お膳			お祝いのお膳やお椀
	八大竜王	遠江	佐久間町	交流		女		眼病			
	鳴瀬の大蛇	遠江	水窪町	交流		女					
	一の淵の大蛇	遠江	竜洋町	交流	○	女		眼病		誘惑	八大竜王
	竜になった妻	遠江	佐久間町	交流		女					
	角八の蛇	遠江	竜洋町	交流							
	からす蛇の話	遠江	浜松市	交流							扶桑と蛇
	諏訪湖へ行く穴	遠江	浜北市	交流							
蛇の婚姻話	ひょうたんと毒酒	伊豆	稲取町	支配					蛙	嫁	
	菖蒲湯	伊豆	南伊豆町	緊迫		男	○		娘		
	蛙と蛇嫁	伊豆	南伊豆町	支配		女					蛇を殺し蛙を助ける
	蛙の恩返し	伊豆	松崎町	支配		男			蛙	嫁	
	蛇婿	駿河	富士市	緊迫		男	○		娘		
	蛙がくれた手ぬぐい	駿河	清水市	支配		男			蛙	嫁	
	七たらい村	駿河	静岡市	緊迫		男	○		娘		
	こがらしの森	駿河	静岡市	緊迫		男	○		娘		
	沢ガニの恩返し	駿河	焼津市	支配					カニ	嫁	水田に水を引く
	ひき蛙の恩返し	遠江	佐久間町	支配		男			蛙	嫁	
	はかまの由来	遠江	浜松市	交流		女					
	カニの恩返し	遠江	浜松市	支配					カニ	娘	巻く

としたのは意図的と考える。木に登ったり降りたりするからす蛇は木に宿る神の使いとして描かれている。

　宍粟と遠江・駿河・伊豆の蛇の話は非常に似ているが最後が大きく違っている。宍粟では蛇が必ず村人のもとから去っていくが、静岡では村人と共生する姿が描かれている。蛇、即ちイザナキ・イザナミの人々は、長江流域からの長い苦難の旅路を終え、故郷からはるか離れた日本列島の一角に、安住の地を見出したようだ。

2 国生み

　前章では古事記に書かれた国生みの全体像を出雲国風土記や蛇の伝承から探ってみた。この章では土器文様や銅鐸様式など考古学的な観点から国生みを描いてみる。最初に田和山遺跡の土器から国生みを担った人々と活動時期を、放射性炭素14年代測定法（AMS法）の結果を踏まえ、推定した年表を紹介し各地の土器文様の推移から入植先での農村共同体の様子を推察する。続いて稲作祭祀に使われた銅鐸の様式と土器文様の密接な関係を示し銅鐸の分布から稲作の展開を明らかにする。

2.1　国生みの暦年代と土器文様

　田和山遺跡の土器文様は、4つの国生み王朝（グループ）を象徴し、土器様式に対応している。各グループの活動期間は土器様式から推定する事が出来る。土器様式と銅鐸様式を田和山遺跡の年表に整理して国生みを担った人々に迫ってみた。

（1）田和山遺跡の年表

　田和山遺跡の出土土器と祭祀に使われた銅鐸に関連する資料から田和山遺跡の年表を表1-4「田和山遺跡の年表」にまとめた。従来の弥生の年代は、土器編年をベースに、中国中原地域の年代から朝鮮半島の年代を定め密接な交流があった九州の年代を固めて各地の年代に展開していた。伝播するタイムラグと土器編年や青銅器の様式の切り替わる期間の推定により様々な年代論が提案されていた。残念ながら2003年に国立歴史民俗博物館（歴博）がAMS法を用いて弥生開始年代を紀元前10世紀と従前より500年古くした余波がいまだくすぶり続けている。そこで思い切って暦年を仮置きさせてもらった。この暦年代は『田和山遺跡群発掘調査報告書1』（2005年）に書かれたAMS法の暦年と比較する為の目安なので大雑把な値として捉えた。但し、この小冊子の対象にならない弥生前期の開始は決めないで進める。

表1-4　田和山遺跡の年表

年代区分	弥生前期				弥生中期					弥生後期	古墳時代	摘要
出雲土器編年	I-1	I-2	I-3	I-4	II-1	III-1	III-2	IV-1	IV-2	V様式		
暦年代（仮定）	BC?	BC300				BC150		BC50		AD50	AD250	歴博再計算

田和山遺跡

- 遺構：5本柱遺構／別天津神 イザナキ・イザナミ／9本柱遺構 須佐之男／物部
- 関連遺構：（友田遺跡）／土壙墓群／方形貼石周溝墓／四隅突出型墳丘墓
- 炭素年代：
  - 加速器分析研究所
    - I-4:山頂部（口縁端部）BC385〜170
    - III-2〜IV-1:1-c環壕（外面）BC65〜AD60
  - 歴博
    - I-4（外面）BC400〜345
    - IV-1:SB-06加工段（外面）BC360〜285
    - IV-1:SI-03（外面）BC360〜275
    - BC320〜205
    - BC260〜90
    - BC235〜50
- 様式：菱環鈕式／外縁付鈕式／扁平鈕式
  - 1式／2式（外縁付鈕式）
  - 1式／2式（扁平鈕式）
  - 突線鈕式 1式／2式
  - 土製突線鈕 4・5式
  - 土製鋳型
  - 埋納

銅鐸

- 埋納時期：松柄銅鐸／荒神谷&加茂岩倉遺跡 4号（外縁1式出土）BC359〜274／BC261〜169
- 調達地：朝日遺跡／加戸下屋敷遺跡／鵜冠井遺跡／東奈良／鬼虎川／備中（名古山・今岡丁田）／稲橋（名古山・今岡丁田）／東奈良
  - 雲南省（又は朝鮮半島）／BC154呉楚七国の乱／BC109温泉銅山開鉱・BC108楽浪郡設置／華化
- 菱環鈕式
- 外縁付鈕式：2式／2式
- 扁平鈕式：2式／（土製）

53

弥生前期	BC ？ ～BC300年	土器様式Ⅰ式	別天津神の時代
弥生中期前葉	BC300～BC150年	土器様式Ⅱ式	イザナキ・イザナミの時代
中葉	BC150～BC50年	土器様式Ⅲ式	須佐之男の時代
後葉	BC50 ～AD50年	土器様式Ⅳ式	物部の時代

　まず土器様式がⅠ式からⅡ式に変わる弥生中期の始まりを歴博の提案されているBC4世紀前半からやや後退させて、大貫静夫さんの「最近の弥生時代年代論について」を参考に、BC300年とさせてもらった。大貫さんは弥生前期末中期初頭に北九州から出土した細形銅戈の祖形を血槽付きの燕式銅戈に求め時期をBC300年前後と提案されている。

　土器様式のⅡ式からⅢ式の境は、田和山遺跡の祭祀場を五本柱遺構から九本柱遺構へ移し、祭器と考える銅鐸が外縁付鈕1式から外縁付鈕2式へ切り替わった時期である。この時期は銅の調達先が雲南省（通説は朝鮮半島）から華北へと切り替わったタイミング（（3）「国生みと銅鐸様式」参照）に一致する。BC154年の呉楚七国の乱によって長江上流部との交易路が閉ざされBC109年に前漢の武帝によって滇王国が征服されている。私は長江上流域から銅を運んでいた須佐之男の人々が交易路の閉鎖に伴い日本へ移動してきたと考えⅡ式とⅢ式の境はBC150年とさせてもらった。なお、銅鐸の産地が変わったのはBC108年の楽浪郡の設置によるとの説もある。Ⅲ式とⅣ式の境はⅣ式末を加茂岩倉遺跡や荒神谷遺跡の青銅器の埋納時期のAD50年とし、Ⅲ式とⅣ式の中間をとってBC50年とした。

　まずこの仮置きした暦年代を、『田和山遺跡群発掘調査報告書1』にあるAMS法（添付資料「放射性炭素14年代測定法」参照）によって算出された、土器に付着した煤の較正暦年と比較し評価を試みた。調査報告書によれば土器から採取した煤を加速器分析研究所と歴博の2カ所に依頼しAMS法によって分析を行っている。2005年の報告書なので計算方式などまだ未消化の点も多く加速器分析研究所の較正暦年代は炭素年代を較正せずにそのまま報告書に書いている。加速器分析研究所と歴博の炭素年代を比較すると土器様式Ⅰ－4で65年、土器様式Ⅳ－1で115～125年と大きな差がある。

　この両者について、歴博に問い合わせ、最新の国際較正基準（この時点は

表1-5　田和山遺跡出土の土器に付着した煤による暦年代の計算結果（歴博再計算）

分析先	試料	土器編年	炭素年代	較正暦年代（oxCalにて再計算）		摘要
加速器分析研究所	TW-1	Ⅰ-4	2200BP±40	385-170BC	（95.4%）	山頂部
	TW-2	Ⅲ-2〜Ⅳ-1	2030BP±40	165BC-AD60	（95.4%）	1-c環濠
歴博	SMMT9	Ⅳ-1	2145BP±35	360-285BC	（25.5%）	SB-06
				235-50BC	（69.9%）	加工段
	SMMT10	Ⅳ-1	2155BP±35	360-275BC	（34.7%）	SI-03
				260-90BC	（60.7%）	
	SMMT13	Ⅰ-4	2265BP±35	400-345BC	（40.7%）	1-a環濠
				320-205BC	（54.7%）	

注) oxCal:炭素年代を暦年代に修正する英国オックスフォード大学の計算サービス

IntCal09?）を使い再計算（oxCal使用）してもらった。結果を表1-5「田和山遺跡出土の土器に付着した煤による暦年代の計算結果（歴博再計算）」にまとめた。この歴博再計算値で仮置きした暦年代の評価を試みる。弥生前期末の2200BP（炭素年代）付近はC14の変動が激しい時期なので較正した暦年代は複数区間になり見方が難しい。

　五本柱遺構時代の弥生前期末の土器様式Ⅰ-4の較正年代は加速器分析研究所の試料TW-1がBC385-170（95.4%）、歴博の試料SMMT13がBC400-345（40.7%）とBC320-205（54.7%）の2区間だった。較正暦年の幅は加速器分析研究所が215年、歴博が195年になる。土器様式Ⅰ-4の終わりをBC300年と仮置きしたが加速器分析研究所と歴博いずれもこの暦年を含んでいる。なお、較正暦年代のカッコ内はこの期間の確率になる。

　九本柱遺構時代は加速器分析研究所の土器様式Ⅲ-2〜Ⅳ-1（仮置き暦年BC100〜0）の試料TW-2の較正暦年代はBC165-AD60（95.4%）になり仮置きした暦年を含んでいる。歴博の土器様式Ⅳ-1（仮置き暦年BC50〜0）の試料はSMMT9がBC 360-285（25.5%）とBC 235-50（69.9%）、SMMT10がBC 360-275（34.7%）とBC 260-90（60.7%）といずれも仮置きした暦年とは重ならない。較正暦年の幅は加速器分析研究所が225年、歴博が270〜310年になる。

　以上から結果をまとめると。

- ・加速器分析研究所と歴博の炭素年代の差が大きい（65〜125年）
- ・較正暦年代の範囲が225〜310年になる
- ・土器様式Ⅰ-4は前期末中期初頭のBC300年と整合する
- ・土器様式Ⅳ-1は歴博の較正暦年代が仮置きした値より古く不整合

調査報告書のAMS法は分析先によって炭素年代がばらついておりブレが大きい。まずこのブレの原因を究明するのが先決である。まだ技術の導入途上で安定していなかったのか、日本の地理的要因で変動が大きくなったかだ。春から夏にかけてオホーツク海高気圧が日本を覆い、秋は台風によって熱帯の空気が日本列島に流れ込む。紀元前後の日本は南半球の国際較正基準（SHCal）と相性が良いとの報告もある。

　現在のままでは弥生前期～中期の較正暦年代の幅が大きく期待している精度で暦年代は求められない。仮置きした暦年を変更する積極的な理由はないと考え、古代出雲王国シリーズでは仮置きした暦年によりレポートをまとめた。

　今回使った国際較正基準は、較正曲線を外国の樹木で作成しており、日本では古く出過ぎるとの声もある。日本産樹木による較正曲線（J-Cal）も試行されているようだが正式なサービスまで至っていない。現状では南半球の較正曲線も試す価値がありそうだ。なお、出雲から土器文様が始まったとすればⅢ式・Ⅳ式の開始時期を早く出来る可能性は残る。

　参考に田和山遺跡以外でAMS法によって計算している較正暦年代を表1-4に加えた。最近出土した松帆銅鐸（外縁付鈕1式）の付着物のAMS法による較正年代だ。報告書には分析結果はBC 358-279（60.2%）とBC259-178（35.2%）で埋納時期がBC4世紀からBC2世紀とある。較正暦年代は少し古過ぎるのではとも感じる。外縁付鈕1式の鋳造年代を土器様式Ⅱ－1を念頭に置いて埋納した時期の結論はもう少し工夫して欲しかった。報告のままでは外縁付鈕1式がBC4世紀より前に作られたとの印象を持たれる。

　折角oxCalが公開されているので上記の炭素年代の暦年への較正を歴博のⅣ－1の資料2点と松帆銅鐸の資料についてSHCalで試してみた。

　　Ⅳ－1：SB-06 加工段　　BC210-50（90.3%）

　　Ⅳ－1：SI-03　　　　　BC211-54（86.6%）

　　松帆4号銅鐸　　　　　BC354-292（18.7%）、BC231-102（76.7%）

　いずれも北半球の基準よりは実態に近い値を示している様に思える。仮置きした暦年代を下記の様に手直しすれば南半球較正基準で計算した範囲に収まる。

　　松帆4号銅鐸はイザナキ・イザナミ時代から須佐之男時代に移行した時
　に埋納

　　　　弥生中期前葉　BC300～BC170年

　　　　弥生中期中葉　BC170～BC100年

　　土器様式Ⅳ－1の時期をBC100～BC50年に見直し

　　　　弥生中期後葉　BC100～紀元前後

　J-Calが正式になるまではIntCalだけでなくSHCalも計算し併記しておく
のが当面の改善案と考える。

　既に皆さんもお分かりと思うがAMS法はピンポイントで暦年代を計算す
るツールではないのだ。弥生時代の試料を分析すれば数百年の幅をもった暦
年代が出てくる場合が多い。弥生時代の遺跡の調査の際に求められる暦年代
の精度は出ない。あくまでバイプレーヤーとして遺跡の時代観の確認や、各
地のデータを蓄積し、大量データを利用することで土器編年を暦年に結びつ
けられると期待している。

（2）土器文様の推移から見た国生み

　田和山遺跡から出土した土器に刻まれた文様は、各時代の祭祀を主催した、
グループを象徴（家紋）している。出雲を後にした稲作民は各地に入植して、
自らの属するグループの土器文様を刻んだ土器を作り、他のグループと共存
して稲作を広げたことが土器文様の分布から推測出来る。

　表1-6「田和山遺跡の土器文様と各地の文様の対比」に田和山遺跡から見
た出雲・播磨・近江の土器文様の変遷を整理した。出雲と播磨は弥生中期後

表1-6　田和山遺跡の土器文様と各地の文様の対比

弥生時代区分		田和山遺跡	土器文様		
		土器文様	出雲	播磨	近江
前期		ヘラ描沈線文	ヘラ描沈線文	ヘラ描沈線文	ヘラ描沈線文
中期	前葉	櫛描文	櫛描文	櫛描文	櫛描文
	中葉	断面三角形突帯文	櫛描文・突帯文	櫛描文・突帯文	櫛描文
		断面三角形突帯文	突帯文・櫛描文・凹線文	突帯文・櫛描文・凹線文	
	後葉	凹線文・（櫛描文）	凹線文・突帯文・櫛描文	凹線文・突帯文・櫛描文・鋸歯文	櫛描文・凹線文
		凹線文	凹線文	凹線文・（擬凹線文）	
後期前中葉			凹線文→擬凹線文・凹線文	無文化	櫛描文

注1）太字：文様の主体　突帯文：断面三角形突帯文
注2）ヘラ描沈線文は弥生後期の吉備（備前）に分布　断面三角形突帯文の弥生後期の分布は不明
土器文様参照：弥生土器の様式と編年（木耳山）、播磨弥生式土器の動態（今里幾次）

葉の前半まで田和山遺跡の土器文様が少し遅れて伝播し累積している。異なるグループの稲作移民が入植先で共存していた様子を示している。

　出雲と播磨で画期がなされたのは弥生中期後葉後半だ。土器文様は凹線文だけになり櫛描文や突帯文が消えている。大国主の人々が出雲や播磨に進出し新たな国づくりを行った事を示唆している。凹線文を土器に描いた物部の人々は大国主の人々と同盟を結んで従来通りの土器文様を続けたが他のグループの人々は階級社会を志向した大国主の人々によって奴婢や生口に落とされ土器に家紋を刻めなくなったと思われる。弥生後期になって播磨も無文化する。大国主の人々が侵攻し伊和大神による統治が始まった結果と思われる。新しい体制を嫌い更に東を目指して移動した人々も多数出たようだ。弥生中期後葉の後半から縄文人が活動する遠江・駿河などへの入植が活発になっている。

　近江は弥生中期初頭から櫛描文を家紋とするイザナキ・イザナミの人々が入植した地域だ。弥生中期後葉に凹線文の人々が入植して共存を始めるが弥生後期になると凹線文が消える。大国主の人々と同盟を結んだ出雲の物部の人々に反発した近畿の物部の人々は穂積グループを結成し凹線文を土器に描くのを止めたと考える。

（3）国生みと銅鐸様式

　田和山遺跡の年表をまとめて気付いたのは土器様式に田和山遺跡から出土した土器文様が対応しているだけでなく銅鐸様式も同じタイミングで切り替わっている事だ。田和山遺跡から出土した土器の文様がその時々の祭祀を主催した人々を象徴していただけでなく銅鐸の様式も出雲の国生み王朝のシンボルだった事を示している。

　最初の銅鐸様式とされる菱環鈕（りょうかんちゅう）式の鋳造時期は春成秀樹さんの『東アジア青銅器の系譜』の中の「銅鐸の系譜」に伴出土器から弥生中期初めとされている。一方、銅鐸文様からアプローチされた設楽博己さんが「銅鐸文様の起源」で銅鐸の成立を弥生前期とされた。更に銅鐸の文様は遠賀川式土器を由来とし縄文の三田谷（出雲）文様が大きく関与しているとし流水文は櫛描文と強い結びつきがあると指摘されている。ここでは設楽博己さんの説をとって、菱環鈕式は土器様式Ⅰ－4の弥生前期末、初めて流水文が刻まれた外縁（がいえん）

表1-7　鉛同位体分析による弥生時代の青銅器の銅産地推定

青銅器群		鉛同位体分析結果				
遺跡	出土品	A	B	C	D	A+D
加茂岩倉遺跡 (注1)	外縁付鈕1式				19個	
	外縁付鈕2式	9個				
	扁平鈕1・2式	8個				
	突線鈕1式	3個				
荒神谷遺跡 (注2)	銅剣	343本			1本	14本
	銅矛	10本			4本	2本
	菱環鈕式				1個	
	外縁付鈕1式				4個	
	外縁付鈕?式	1個				
銅の産地	馬淵・中尾	華北 弥生時代の 国産青銅器	華中~華南 古墳時代	日本産 飛鳥時代以降	朝鮮半島系 弥生時代	
	新井宏	遼寧省・山東省・ 河北省	遼寧省から 朝鮮半島経由		雲南省	

注1) 加茂岩倉遺跡出土銅鐸の化学分析結果について
　　　島根県古代文化センター　古代文化研究　第24号（2016.3）
注2) 開かれた知の世界―アジア史学会と北東アジア研究―
　　　2003年「総合政策論叢」第5号　島根県立大学　総合政策学会　豊田有恒

付鈕（つきちゅう）1式は、櫛描文と同時期の、土器様式Ⅱ－1に設定した。

　表1-7「鉛同位体比による弥生時代の青銅器の銅産地推定」に銅鐸に使われた銅の産地をまとめた。詳細については添付資料の「古代出雲王国を科学する」に補足している。

　五本柱遺構の祭祀を主催した別天津神とイザナキ・イザナミの人々が祭器として使った菱環鈕式銅鐸と外縁付鈕1式銅鐸の産地は、通説は朝鮮半島だが、鉛同位体比から三星堆遺跡から出土した青銅器と同じD領域（図1-21、

図1-21　三星堆青銅器の鉛同位体比
（金正耀ほか、1995年）

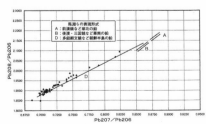

鉛同位体比による青銅器の産地推定をめぐって「第6図」より引用

図1-22　外縁付鈕1式銅鐸の
鉛同位体比分析結果（a式図）

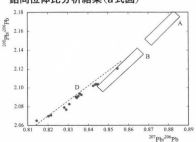

加茂岩倉遺跡出土銅鐸の科学分析結果について「図2-1a」より引用

図1-22参照）に含まれており、新井宏さんは雲南省産の可能性が高いと指摘されている。朝鮮半島産とされる根拠となる朝鮮半島出土の青銅器の産地（鉱山）は曖昧で長江上流から運んできた銅を朝鮮半島と日本で使ったと考えるのが理にかなっている。BC154年に呉楚七国の乱が治まり前漢の治世が安定し銅を運んでいた長江上流域との交易路が閉ざされ、稲作民が移動したルートも遮断されたために五本柱遺構での祭祀は衰退した。

　雲南省の滇王国で交易に従事していた須佐之男の人々は、BC109年の武帝による滇王国征服の前に、日本列島を目指して長江を下ったと考える。北九州を経由して出雲を目指した須佐之男の人々は、銅の調達先を華北に求め、九本柱遺構の祭祀施設を構築して田和山遺跡の祭祀を再開する。須佐之男の時代は銅鐸様式を外縁付鈕2式とするが流水文の比率が高く交易・開拓民の王朝を示唆している。

　弥生中期後半、中国大陸は凶作が続いて国が乱れ、長江中流域で「ひおい鶴」を神紋として太陽信仰を守っていた稲作民が大挙して日本列島を目指した。出雲に辿り着いた稲作民の物部の人々は田和山遺跡の祭祀を引き継ぎ国生みの最後の王朝を担ったと考える。物部の人々は銅鐸様式として扁平^{へんぺいちゅう}鈕式を採用している（表1-8参照）。

　田和山遺跡の年表（表1-4参照）の最後に畿内を中心に出土した銅鐸鋳型の土器様式を追記した。土器様式は鋳型と同時に出土した土器の様式である。鋳型を破棄して埋納した時期なので鋳造時期より時代は下がるが銅鐸鋳造時期の一つの目安にされている。

表1-8　土器編年と田和山遺跡の祭祀者・土器文様・銅鐸様式

弥生年代	田和山の祭祀者	田和山遺跡の主な文様	銅鐸様式	摘要
前期	別天津神	ヘラ描文（突帯文）	菱環鈕式	五本柱遺構 銅鐸祭祀始まる 銅は雲南省産と推定
中期前葉	イザナキ・イザナミ	櫛描文	外縁付鈕1式 袈裟襷文	
中期中葉	須佐之男	断面三角突帯文	外縁付鈕2式 流水文	九本柱遺構 銅産地が華北省へ
		断面三角突帯文（凹線文）		
中期後葉	物部	凹線文（櫛描文）	扁平鈕1~2式 袈裟襷文	
		凹線文		
後期初頭				擬凹線文

（　）内は少数出土　　　　　　　　　　　注）出雲出土の主たる型式

60

2.2　銅鐸分布から見る稲作祭祀の展開

　古事記の国生みを担った稲作民は入植先で銅鐸を使った祭祀を行ってい
る。祭祀で使う銅鐸はグループ毎に独自の様式をデザインし鋳造していた。

　別天津神の菱環鈕式は鈕の断面が菱形であることから名づけられた。イザ
ナキ・イザナミと須佐之男の時代は外縁付鈕式で菱形の中の外側に縁を付け
ている。両者は、型式は違うが、同じ様式を採用し両者が極めて親密だった
ことを窺わせる。物部は鈕の内側にも縁を付けた扁平鈕式であった。

　製造場所は諸説あるが菱環鈕式を現地で、外縁付鈕1式以降の石製鋳型で
鋳造された銅鐸は出雲の工房、土製鋳型で作られた扁平鈕2式以降の銅鐸は
畿内の工房で鋳造されたと考える。それぞれの工房で造られた銅鐸は稲作民
と共に各地の入植地へ運ばれ銅鐸を用いた稲作祭祀の終焉時に埋納された。

　表1-9「田和山遺跡の時代区分毎の銅鐸様式」は、インターネットに公開
されている「銅鐸出土地名表」を参照して、田和山遺跡で祭祀が行われた時
代に鋳造された銅鐸を様式毎に整理し袈裟襷文と流水文で分類してまとめ
てみた。この表をベースにしながら田和山遺跡のグループ毎の稲作祭祀の拡
がりを紹介する。

　最初に表1-9について若干補足説明をさせてもらう。袈裟襷文銅鐸（図1-23
参照）と流水文銅鐸（図1-24参照）を分類したのは稲作祭祀に重要な役割を担
っていたと考えた。菱環鈕式には袈裟襷文しかないが外縁付鈕1式、即ちイ
ザナキ・イザナミの時代から流水文が加わる。イザナキ・イザナミの時代は

表1-9　田和山遺跡の時代区分毎の銅鐸様式

田和山遺跡時代区分	銅鐸様式	銅鐸出土数		袈裟襷文		流水文		摘要
		件数	出雲比率	件数	出雲比率	件数	出雲比率	
五本柱遺構	菱環鈕式	6 (1)						
	外縁付鈕1式	60 (23)		49 (23)		10 (-)		
	小計	66 (24)	36.4%	49 (23)	46.9%	10 (-)		
九本柱遺構（須佐之男）	外縁付鈕2式	64 (14)	21.9%	29 (5)	17.2%	33 (8)	24.2%	
九本柱遺構（物部）	扁平鈕1式	35 (3)		26 (1)		8 (2)		
	扁平鈕2式	108 (12)		103 (9)		2 (-)		土製鋳型
	小計	143 (12)	8.4%	129 (10)	7.8%	10 (2)	20.0%	
弥生中期末	突線鈕1式	16 (-)		10 (-)		5 (-)		大岩山5鐸

注) カッコ内の数字は出雲で出土した銅鐸数

古事記に2柱の神が生まれた神代七代の時代にあたる。この2柱の神を象徴するのがホトから火を噴いて亡くなり比婆山に葬られたイザナミを神として祀った稲作民を表す袈裟襷文、各地を転々として天照大御神・月読命や須佐之男を生み太陽暦・太陰暦・稲作の暦をもたらしたイザナキを神として祀った交易・開拓民を表す流水文であったと私は考える。

図1-23　加茂岩倉34銅鐸（袈裟襷文）

国宝（文化庁保管）
島根県古代文化センター提供

次に時代区分であるが五本柱遺構の時代を菱環鈕式と外縁付鈕1式の銅鐸が作られた時代とした。雲南省産の銅を使って石製鋳型により出雲の工房にて鋳造を行った時期と考える。九本柱遺構の時代か

図1-24　加茂岩倉23銅鐸（流水文）

国宝（文化庁保管）
島根県古代文化センター提供

ら銅鐸に使われた銅の産地が華北産に切り替わる。この時代は須佐之男と物部の時代に細分する。物部の時代に鋳型が石製から土製に切り替わった。

突線鈕1式の出現は田和山遺跡で行われていた稲作祭祀が終わり近江の勢力を中心に新たな稲作祭祀を行うグループが誕生した事を示唆している。

以下、各国生み王朝の銅鐸分布図を作成した。この図（図1-25、1-26、1-27参照）によって国生みに携わった各グループの稲作の展開の様子を紹介する。なお、分布図へのプロットは袈裟襷文と流水文を違うシンボルで図示した。同一遺跡から銅鐸が4鐸以上出土したケースは銅鐸リストを図に記載し、袈裟襷文銅鐸が多い場合は灰色で、流水文銅鐸が多い場合は白抜きで示した。

（1）五本柱遺構時代

　図1-25「五本柱遺構時代に鋳造された銅鐸分布」に五本柱遺構時代、田和山遺跡に祭祀施設を築き稲作祭祀を始めた時期の弥生前期末～中期前葉に鋳造された菱環鈕式と外縁付鈕1式の出土地の分布図を示す。66個出土した銅鐸のうち出雲が24個で全体の36.4%を占めた。この数字から稲作祭祀はまず出雲から始まり出雲中心に拡がったと言ってよいのではないか。出雲の銅鐸分布が加茂岩倉遺跡に集中しているのは大国主の人々が出雲周辺の銅鐸を集め一括埋納した為と考える。出雲から出土した銅鐸は全て袈裟襷文であった。五本柱遺構時代に田和山遺跡の稲作祭祀を主導したのは袈裟襷文を祀っていた稲作民、イザナミの人々、だったと考える。

　讃岐や畿内への交易路に位置する播磨から最古式の銅鐸が出土している。サヌカイトの道を辿って稲作祭祀が拡がった事を示している。サヌカイトの交易路の要に位置する淡路島の松帆から出土した最古式の銅鐸は古事記の国生みにまず淡路を記述した事と符合する。摂津は銅鐸の出土密度が比較的高く、交易路の整備と稲作民の入植が早い段階から始まって重要な拠点であっ

図1-25　五本柱遺構時代に鋳造された銅鐸分布

た事を示唆している。

　越前から最古式の銅鐸が出土しており、古事記に記された佐渡へ至る国生みによって、日本海交易路を東航した初期の稲作民が越前に入植していた。しかし、若狭から伊勢湾を結ぶ線から東は縄文人の活動する地域で、稲作祭祀は越前以東には拡がっていない。

　外縁付鈕1式の流水文銅鐸は稲作民が出雲から入植地へ向かう交易路の海岸や河川の拠点から出土している。流水文銅鐸を祀るイザナキの人々は稲作民の入植に先駆けて適地を探り交易路を整備していたと考えられる。古事記にはイザナキの最終的な居場所を「淡海の多賀に坐す」と書かれているが淡海の場所について諸説あり決着していない。私は流水文銅鐸の出土した近江を淡海の最有力候補と考える。

　なお、信濃の柳沢遺跡から出土した外縁付鈕1式銅鐸は他の地域から後の時代に持ち込まれたと考えている。

（2）九本柱遺構時代前半（須佐之男）

　九本柱遺構時代は、弥生中期中葉から後葉まで、銅鐸様式が外縁付鈕2式と扁平鈕式の時代にあたり華北産の銅を利用している。田和山遺跡の祭祀の主宰者の墓とされる友田遺跡の墓は須佐之男時代から方形貼石周溝墓に変わった。

　須佐之男時代は銅鐸様式が外縁付鈕2式とイザナキ・イザナミの銅鐸様式を踏襲しており両者の密接な関係を示唆している。古事記にも須佐之男がイザナミを慕って出雲を目指したと書かれており両者の関係を裏付ける。須佐之男の人々は祭祀施設の九本柱遺構を築き、荒神谷遺跡から出土した、銅剣358本と銅矛16本・銅鐸6鐸を揃え（第2部4.1「須佐之男の祭祀」参照）中断していた祭祀を復活させたと推察する。

　須佐之男時代に出土した銅鐸64鐸のうち14鐸（21.9%）が出雲から出土している。出雲からの出土は五本柱遺構時代に比べ減少したが出雲を中心とした稲作祭祀の展開は継続していたと考える。この時代の特徴は流水文銅鐸が増加し38鐸（59.4%）と過半を超えている。流水文銅鐸は交易・開拓民のシンボルである。古事記に書かれている海神（交易民）の須佐之男は出雲を目指し「根の堅州国」を治めたとの記述がある。須佐之男の人々が出雲に乗り込ん

で田和山遺跡の稲作祭祀を引き継いだ事を裏付ける。出雲以外の出土数が78.1％と増加している事から交易網の整備に重点をおいて活動を行った結果と考える。

　須佐之男時代の銅鐸分布を図1-26「九本柱遺構時代前半（須佐之男）に鋳造された銅鐸分布」に示す。丹波（弥生時代）の気比遺跡や摂津の桜ヶ丘遺跡から流水文銅鐸が多数出土し交易路の重要な拠点が整備された事がわかる。私の郷里の近くの島根県浜田市上府町から外縁付鈕2式と扁平鈕1式が出土しており、須佐之男〜物部時代に北九州から出雲へ至る日本海沿岸ルートが拓かれた。出雲から畿内へ至る道は、若桜街道から播磨を経由するルートに加え、日本海を更に東進し気比から丸山川を遡って遠坂峠を越え加古川を下って桜が丘へ至り畿内各地や四国の阿波へ入植するルートを築いていたようだ。瀬戸内海交易路は、四国側から流水文銅鐸が出土しており、畿内から瀬戸内海沿岸を西へ向かい北九州へ至る四国沿岸ルートを整備している。須佐之男時代は、大陸から流れ込む稲作移民の増加を受けて、出雲経由だけでなく瀬戸内海交易路を含めて交易路を拡充している。

　信濃の日本海側交易路の拠点とされる柳沢遺跡から外縁付鈕式の銅鐸が8

図1-26　九本柱遺構時代前半（須佐之男）に鋳造された銅鐸分布

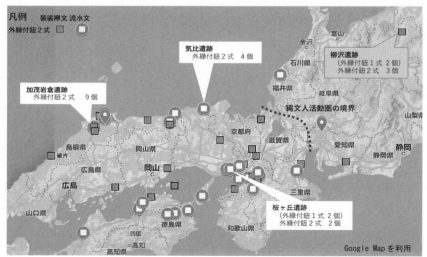

本の銅戈を伴い出土している。出土した祭器から田和山遺跡と同じ祭祀が行われていたと推察する。柳沢遺跡の活動時期は弥生中期後半とされ銅鐸の鋳造された時期と大きくずれている。礫床木棺墓を墓制とし管玉を副葬する人々が弥生中期後半に祭器と共に日本海を東進して入植したと考える。稲作祭祀を守る人々は弥生中期終末から後期初頭に祭器を埋納し新天地を目指して移動している。

（3）九本柱遺構時代後半（物部）

　須佐之男から田和山遺跡の祭祀を引き継いだ物部の人々は銅鐸様式に扁平鈕式を採用して稲作民の入植活動を活発化させた（図1-27参照）。

　弥生中期後葉は、稲作民の通過人数の指標となる青谷上寺地遺跡の出土土器が急増し（図1-11参照）扁平鈕式銅鐸が143鐸と古式の様式の2倍強出土している事から、多数の移民が出雲や瀬戸内海航路を経由して西日本各地へ入植していったと推察する。弥生中期後葉は中国の前漢が衰退し新を経て後漢へ移った時代であった。大陸の混乱によって移民が急増したと考えられる。銅鐸の大半129鐸は稲作移民が用いた袈裟襷文であった。物部時代は、須佐之男時代の交易路の整備や適地の調査などの環境整備から、稲作移民の受け

図1-27　九本柱遺構時代後半（物部）に鋳造された銅鐸分布

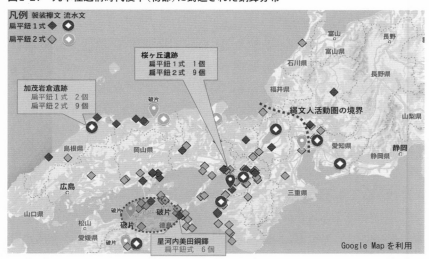

入れへシフトしたことが窺える。

　しかし、詳細に見ると国生みにより各地へ入植していた稲作移民に大きな変革の波を予感する出来事が起こり始めている。扁平鈕式銅鐸の出土は多かったが出雲から出土したのは12鐸と8.4％に留まっている。出雲と対照的に稲作祭祀は畿内・四国を中心に拡がりを見せている。稲作祭祀の中心となった拠点は摂津の桜ヶ丘遺跡、阿波の星河内美田遺跡付近と考えられる。出雲に工房を構え銅鐸の鋳造に携わった人々は畿内に移動し、鋳型の石材を探したが見つからず、扁平鈕2式から土製の鋳型に切り替えている。鋳型が石製から土製へと移行した時期に畿内の各地から石製鋳型が出土している。石材を探して試行錯誤を重ね悪戦苦闘した様子が窺える。

　物部時代の後半に、大国主の人々が国づくりに伯耆へ進出し、田和山遺跡の稲作祭祀の継続に暗雲が垂れ込めた。九本柱遺構時代の終焉を窺わせる変事は讃岐・伊予でも起こっていた。出土した銅鐸11鐸のうち4鐸が破片で見つかっている。讃岐・伊予からは弥生後期の突線鈕式の銅鐸は1鐸しか出土していない。大国主の人々が支配域を拡げ国生みを行っていた人々から出雲を奪うことで始まった国づくりを予見させる出来事である。

　大国主の人々の国づくりを嫌った稲作祭祀を守る人々が東海地方に移動し、これまで控えていた縄文人の活動域にまで、入植を始める兆しが窺える。

3 大国主の国づくり

　大国主が古事記に登場するのは大国主神の条の「稲羽の素兎」に書かれている八十神が、国（伯耆）を大国主に委ねて、矢上比売（ここではヤカミヒメ）に婚いに因幡に出かける場面からである。物語は場面を出雲へ移し須勢理比売（ここではスセリベヒメ）を娶り、更に、高志に出かけ沼河比売（ここではヌナカワヒメ）を娶って国づくりを進める。この古事記に書かれている出来事が史実と見なせるのか探り大国主の人々が国づくりで行っていた具体的な事例を整理してみた。

（1）大国主の足跡と四隅突出型墳丘墓

　四隅突出型墳丘墓は弥生中期後葉のBC1世紀に三次周辺で始まっている。弥生後期前葉に伯耆の米子平野でも築造が始まり、後期中葉に倉吉平野、後期中葉～後葉初頭に因幡・越前、後期後葉後半に出雲へと拡がっていった（表1-10参照）。古事記の大国主の物語はこの四隅突出型墳丘墓の築造の歴史と

表1-10　大国主と四隅突出型墳丘墓築造推定年代

地区	時代区分	弥生中期 後葉	弥生後期			終末期	
			前葉	中葉	後葉	前半	後半
	暦年		50	90	130	190	220~250
吉備	三次	佐田谷1号墓					
伯耆	妻木晩田	洞の原	1号墓　4号墓 祭祀遺跡（環濠）　7号墓 仙谷　1号墓　2号墓				
	倉吉		阿弥大寺				
因幡	鳥取		八十神の従者と為て、稲羽に行きし時（古事記）　西桂見				
出雲	西谷			八十神との戦いに敗れ、木国をへて出雲へ（古事記）　3号墓　2号墓　9号墓			
越前	小羽山		此の八千矛神、高志の国の沼河比売に婚はむ（古事記）　30号墓				

68

密接に関わっている。

　弥生後期前葉から中葉に妻木晩
田遺跡の洞の原や仙谷に四隅突出
型墳丘墓が築かれるが古事記では
大国主が伯耆を委ねられた場面
だ。次に大国主が登場するのは稲
羽（因幡）に八十神がヤカミヒメの
妻問いに出かける段である。弥生
後期中葉から後葉初頭に四隅突出

図1-28　西谷4号墓から3号・2号墓を眺める

出雲弥生の森博物館提供

型墳丘墓が倉吉平野の阿弥大寺や鳥取の湖山池ほとりの西桂見に築造されて
いる。古事記には大国主が高志国（越前）のヌナカワヒメとの妻問いに出かけ
る逸話を載せており弥生後期中葉末～後葉初頭に北陸の小羽山遺跡に四隅突
出型墳丘墓が出現している。

　その後、大国主の人々は八十神と戦い、負けた大国主は出雲に逃れている。
弥生後期後葉後半から出雲の西谷遺跡に大型四隅突出型墳丘墓（図1-28参照）
の築造が始まり古事記の記述を裏付ける。

　古事記に描かれた大国主の人々の活動は、四隅突出型墳丘墓の構築と密接
に対応しており、四隅突出型墳丘墓から大国主の人々の足取りと活動した地
域を推察する事が出来る。大国主の活動は、妻木晩田に四隅突出型墳丘墓が
築造された、弥生中期末～後期初頭に始まり築造を終えた弥生終末期に終焉
を迎えている。

　古事記には大和に旅立とうとする大国主をスセリビヒメが杯を交わして出
雲に永遠に留めている。大国主を出雲に封印した古事を古事記に残そうとす
る編纂者の強い気持ちが伝わってくる。

（2）四隅突出型墳丘墓の祭祀・墓制

　古事記には大国主の墓制について触れていない。四隅突出型墳丘墓の西谷
3号墓から出土した供献土器（図1-30参照）から大国主の人々が墳丘墓上で行
っていた葬送儀礼（図1-29参照）や墓制を考えてみる。

　大国主の人々は三次の佐田谷1号墓から妻木晩田遺跡の洞の原と仙谷まで
は邦墓と公墓を築く族墳墓制を採用していたことが分かっている。これに墳

図1-29　西谷3号墓第4主体墓上祭祀

西谷墳墓群「4頁」より
島根県教育庁埋蔵文化財調査センター提供

図1-30　西谷3号墓第4主体供献土器

西谷墳墓群「4頁」より
島根県教育庁埋蔵文化財調査センター提供

丘墓の形状や埋葬施設と副葬品を加えて四隅突出型墳丘墓の出自を考えてみたい。

　これまで墓の形状や貼石を朝鮮の遺跡と比較する議論がなされていた様だがはっきりした結論が出ていない。ここでは中国の古代の葬送祭祀や墓制に立ち戻って検討を行ってみた。中国の祭祀は皇帝が天帝の子たる天子として臨む天地系の郊祀と各王朝の皇帝として祖霊に臨む宗廟があった。いずれも前漢の時代に骨格を固めている。

　宗廟の祭祀は、皇帝の祖先を祀る祭祀として、廟ごとに年25回行われていた。漢時代の宗廟は皇帝陵の傍に多い時で9廟、郡国廟など含め、176廟とされる。祖先に対する祭祀が重視されていたが負担が重く後に簡素化されている。

　墓制（表1-11参照）も漢の時代に確立している。この墓制に基づく墓の形や棺及び副葬品などから何らかのヒントが見つかるか探ってみた。比較する四隅突出型墳丘墓は墓上で葬祭儀礼を行っていた庄原の佐田谷1号墓と出雲の西谷3号墓とした。

　西谷3号墓と佐田谷1号墓の地上施設の形状は長方台形で皇帝陵の方錐台形に似ている。高さは諸侯墓の上限より低い2.1〜4.5mだった。経済力から大規模な墓は困難であったが形状は皇帝陵に似せている。地下の埋葬施設は、木槨墓とし、王墓・諸侯墓と同じであった。墓上で行う葬送儀礼の際に通る墓道は皇帝が4本とされ王や諸侯は1〜2本と少ない。四隅突出型墳丘墓の

表1-11　中国前漢代の墓と四隅突出型墳丘墓の比較

| 墓の種類 | 地上施設 | | | 地下施設 | |
分類	形状	高さ	付属施設	棺	副葬品等
皇帝陵	方錐台形	30m以上	陵園、陵廟	黄腸題湊墓	豊富
王墓	円形、楕円形	12-16m	墓園	木槨墓	豊富、墓道4本
諸侯墓	円形、楕円形	8m以内		木槨墓	豊富、墓道1-2本
西谷3号墓	長方台形	4.5m	突出部4本	木槨墓	豊富、墓道1本
佐田谷1号墓	長方台形	2.1m	突出部4本	木槨墓	土器、玉類、鉄刀
					土器

突出部を墓道と考えれば4本になり皇帝クラスの葬送儀礼を意識した様だ。

　少し遡って春秋戦国時代の墓制について調べてみると族墳墓制を採用している。北京の燕国墓地は貴族墓地の公墓と平民を埋葬した邦墓に分けていた。四隅に4本の墓道を築いた墓は西周時代（BC1100年頃～BC771年）の燕侯墓（図1-31参照）から見つかっている。地下に掘って作った墓だが四隅に墓道を作って葬送儀礼を行っている。

　戦国時代になると墳丘墓が主流になり燕の王墓は長方台形か方錐台形であった。これらから大国主が持ち込んだ墓制は燕の墓制を引き継いだと推察する。

図1-31　北京市瑠璃河M1193

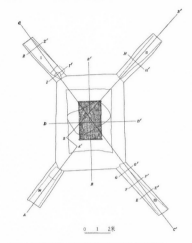

中日古代墳丘墓の比較研究「図1-7」より引用

　中国の天地系統の祭祀は郊祀と呼ばれる。神の誕生の由来は三国時代の呉（3世紀）の神話集『三五暦記』に残されている。前漢時代に天帝を最高神の太一と五帝（黄帝・白帝・赤帝・青帝・黒帝）とし、冬至に首都の南郊（天壇又は円壇）で祭祀を行っていた。皇帝は天帝から「天命」で選ばれ（即位）、捨てられる（退位）王朝の交代を前提とした祭祀である。皇帝が行う天の祭祀は年1回程度、前漢の初期は冬十月（五帝）とされ武帝によって春正月（太一）、春三月（五帝、地）に改められた。地の祭は北郊の地壇（方壇）で行われていた。日本で最初に郊祀を行った記録は日本書紀に書かれている神武天皇の鳥見山とされる。

（3）大国主の土器文様

　土器文様の分布からも大国主の足跡を辿ってみたい。既に国生みを行った
人々のグループの土器文様については皆さんに紹介した。土器文様がグルー
プの文様を表すと思い至ったのは『宮津市史』の第三節「弥生時代から古墳
時代」を読んでいた時だ。「弥生時代後期の丹後」の「擬凹線文で土器を飾
る地域」に書かれた弥生後期の土器文様の分布に関する記述で土器文様がグ
ループを象徴する文様と気付いた。

　この土器文様の分布を図1-32「弥生後期前葉から後葉前半の土器文様の
分布」にまとめた。『宮津市史』の中には弥生後期に凹線文・擬凹線文が混
在して出土する地域を北陸・近畿北部・山陰・瀬戸内海中部と書いており、
この地域は四隅突出型墳丘墓の分布と重なり、擬凹線文を大国主の人々を象
徴する土器文様と見なした。凹線文は物部の人々を象徴しており擬凹線文・
凹線文の出土する地域は大国主の人々と物部の人々が共存していた事が窺え
る。なお、『宮津市史』を少し補足すると、瀬戸内海中部とされる地域の備
前周辺では弥生後期中葉まではヘラ描沈線文が盛行しており、他地域とやや
趣を異にしている。

図1-32　弥生後期前葉から後葉前半の土器文様の分布

　近江・東海では櫛描文が継続するが凹線文が消えている。近江・東海の櫛描文の盛行はイザナキ・イザナミの人々が東征する大国主の人々に対峙していた事を示唆している。

　一方、近畿は無文化している。大国主の人々への服従を潔しとしない畿内や近江・東海の物部の人々は分派の穂積グループを立ち上げて凹線文を止め土器の無文化を進めた。

　播磨は弥生後期に無文化したとされる。弥生中期後葉に大国主の人達が侵攻して伊和大神が西播磨の統治を始めている。伊和大神のグループは大国主の人々に属するが擬凹線文を使用していないので注意が必要だ。

　これらの地域の他に淡路及び摂津の遺跡からも擬凹線文の土器が出土している。桐井理揮さんは「弥生時代後期における近畿北部系土器の展開」で近畿北部系（山陰系とも考えられる）すなわち擬凹線文を含む土器が摂津や畿内に分布していると指摘された。この報告に書かれている近畿北部系土器の分布を図1-32に追加した。大国主の人々が、日本海側の支配を確立し、大和を目指し東征を進め各地に拠点を築いていた様子が示されている。

（4）国づくりとは

　大国主の人々は日本列島に様々な新しい制度や技術を持ち込み、稲作村落共同体を営んで銅鐸を祀っていた国生みの人々を大きく揺さぶっていた。古事記や風土記に書かれているエピソードを中心に、発掘された遺跡からの成果も踏まえ、大国主が持ち込んだ制度や技術について触れ稲作祭祀を行っていた国生みの人々との違いを整理してみた。

①祭祀

　大国主の人々の行っていた祭祀の具体的な記述が唯一つ残されている。日本書紀にある神武天皇4年に鳥見山で行ったとされる郊祀は、神武天皇が即位した辛酉（61年と推定）の3年後の弥生後期初頭の64年に妻木晩田遺跡の祭祀（環濠）遺跡で行われたと推察し（第3部「倭国大乱」参照）、大国主が関与していたと考える。

②墓制

　大国主の人々が築いた四隅突出型墳丘墓の調査から墳丘墓上で葬祭儀礼が行われ祖霊を祀る祭祀を行っていた。墳丘の形状や葬送儀礼の舞台に通じる

四隅に突き出した墓道（四隅突出部）を作っている事から中国の燕で行われていた墓制を引き継いだと推察する。

③大規模土木工事

　大国主の人々は四隅突出型墳丘墓を築くなど大規模土木工事を行っている。中国では戦国時代から大規模な墳丘墓の築造が行われている。先に触れたように四隅突出型墳丘墓は燕の墳丘墓と酷似している。

　弥生時代中期の前漢の時代は、特に武帝の時代に、黄河の治水・水運・灌漑を目的とした大規模な工事が盛んに行われていた。堤防を築いて運河を開削し分水して氾濫を防いで耕地を拡大し水運を盛んにした。大国主の人々はこの治水・灌漑・水運の技術も日本列島に持ち込んだと推察する。

　大規模な構造物を築くには、高度な土木技術はもちろんであるが、少人数では困難で多くの人々を動員する必要がある。人々を動員できる新しい制度も持ち込まれていたと考える。

④収穫物の集中管理、分配、専門職化

　播磨国風土記に大汝命（大国主の別名）による改革が幾つか取り上げられている。稲積山で稲種、御橋山で俵を積んだ逸話があり収穫物を集め管理を始めている。作業の集約化・専門職化も行われていた。稲を舂いて散った粳が岡になった粳岡（作業の集約化）、飯を盛った飯盛嵩（料理の集約化）、碓居（ウスで稲を舂いた）谷・箕谷・酒屋谷などに表現されている。

　『姫路市史』に弥生中期から後期の住居遺跡の変化が記されている。六角遺跡から出土した弥生中期の住居遺跡の傍には高床式の倉庫が見つかっていたが弥生後期になると住居の傍に高床式の建物はなくなり収穫物の管理が首長的な住人に集約されたと推察されている。後期には住居が小型化しているとの報告もあり大きな画期があった事を裏付ける。

⑤鉄製農機具

　古事記に農業技術に関わる記述はないが、山陰各地の弥生後期の遺跡から鉄製農工具が多数出土している。鉄器の導入で稲作の生産性向上や生産規模の拡大が実現したと思われる。

　島根県大田市の物部神社関連の伝承をまとめた『島根県物部神社の古伝祭』では、多根地区の佐比売山神社の社記に鋤鍬の普及の話「大神、少彦名命、

須勢理命、伯耆国大神山に御座し、次出雲国由来東郷に来座して百姓に鋤鍬を授けて農事を教え給う。その地を田鍬という。夫より琴引山に登り座し次に石見の佐比売山に至り、池を作り桶を掛けて稲種を蒔き民に鋤鍬を授け給う。故にこの里を田根という。」を紹介している。大国主の人々が鉄製農機具の鋤鍬を配って農作業の改善を図っていた様子を伝えている。なお、最初の行の「出雲由来東郷」の東郷は鳥取県湯梨浜町の東郷池の周辺を指すと考える。因幡と伯耆の境で八十神との戦いに敗れ出雲へ移動したと解釈する。

　中国では前漢時代に古代の農業生産がピークに達している。牛耕や鉄製農機具を使って生産工具を改良、大規模灌漑に伴う耕作地の拡大や生産性の向上で生産規模が拡大し畑作の増収を図る「代田法」や「区田法」などが導入されている。耕作技術が進歩し、『氾勝之書』等の農業技術書がまとめられている。

⑥ 高地性集落

　弥生後期に日本海沿岸に高地性集落の妻木晩田遺跡が出現し弥生後期後半には越後の古津八幡山遺跡が活動を活発化させた。稲作民を支配下に置き収穫物を集め、稲作から解放した専門職と共に、都市機能を持つ防御を兼ねた高地性集落を築いたと考える。

　安芸周辺に出現した高地性集落は北九州を経由した朝鮮半島や中国大陸との交易路の整備の一環と考える。安芸から三次を経由して出雲に至るルート沿いにトンガ坊遺跡などの狼煙台を築き情報のやりとりを行っていた。

　播磨や摂津には大国主の人々の東征に伴って攻撃の拠点とした西播磨の亀田遺跡、淡路の五斗長垣内遺跡、摂津の表山遺跡などの高地性集落と、攻撃を避け稲作民が逃げ込んだ多数の防御的な高地性集落が出現した。

　国生みの稲作民が主催した田和山遺跡のような祭祀遺跡も高地性集落と見なされている。西播磨の養久山・前地遺跡や摂津の会下山遺跡などだ。

⑦ 暦・天文学

　中国の天文学は暦を制定する目的で発展し漢代にまとまった体系が作られた。歴代王朝は暦により農業生産を指導し農事を合理的に行う事と天象を予測し「天命」に根拠を与えていた。暦には、太陽の周期と月の周期を考慮した、太陰太陽暦を採用している。大国主の人々はこの太陰太陽暦を持ち込ん

だと考える。出雲を支配下に置いた大国主の人々は暦を、稲作祭祀で祀った太陽暦から、太陰太陽暦に切り替えたと思われる。古事記の「稲羽の素兎」にこのエピソードが描かれている。太陽に肌を焼かれ苦しむ兎を大国主がガマの葉で治療する件だ。中国では兎とガマ（蛙）は月を象徴するとされていた。稲作の暦を太陽暦から太陰暦に切り替えた事を示唆している。

　中国の数学は天文学と共に発展している。中国古典数学書『九章算術』の大まかな内容が定まったのは前漢の中期とされる。距離の測量に一寸千里法などの天文学が用いられていた。魏志倭人伝の邪馬台国への行程で書かれている 12,000 里は一寸千里法やピタゴラスの定理を駆使して求められた可能性が高い。魏の使節が邪馬台国に来たのは、大国主の人々が出雲を拠点にしていた、弥生終末期の出来事だ。大国主の人々が測った数字が魏志倭人伝に残されたと推察する。

　出雲国風土記に書かれた測量データ（距離・高さ・方角等）が正確だと、現地で測量の仕事に携わりながら風土記の測量データを研究しておられる、吉田薫さんが指摘されている。大国主の時代に当時の最新の測量技術が出雲に持ち込まれ、広まっていたと考える。

⑧ 身分制度

　擬凹線文の分布する地域から櫛描文が消えた土器文様の変化や収穫物の集積・専門職化及び大型の四隅突出型墳丘墓を築き墓上で盛大な葬送儀礼を行っていた事から身分制度に大きな画期が起こっていたと推察される。魏志倭人伝には奴婢や生口と呼ばれる最下層の人々が描かれている。一族の支配を強固にする祖霊信仰と共に新たな階級制度が導入されていたと推察する。

⑨ 政治体制

　大国主の人々は「国づくり」を自分たちだけで行ったわけではない。魏志倭人伝には弥生終末期に数十の国が日本列島に存在していたと書かれている。邪馬台国がこれらの国を束ねていたと解釈できる。大国主の人々も複数の国と同盟を結んでいた。擬凹線文は大国主の人々が直接支配した地域を教えてくれる。しかし、同盟を結んでいた国の人々は擬凹線文を使っていなかった。大国主と同盟を結んだ物部の人々は凹線文を使い続け、大国主が統治を任せた播磨の伊和大神の支配地は無文化している。中国の郡国制に似た支

配体制を敷いていたようだ。

　中国の前漢の統治体制は、秦の統治の反省から、諸侯王の制度（郡国制）を定め諸侯王の官僚組織や政治・軍事・財政の自治権を認めていた。景帝の時に諸侯王の勢力の増大を嫌い諸侯王の力の削減に転換した。BC154 年に呉楚七国の乱を鎮圧して中央集権体制を確立している。呉楚七国の乱で敗れた人々や新たな体制を嫌い複数のグループが日本列島へ移動したと考える。

4 古代出雲王国「邪馬台国」説を解く

　魏志倭人伝に登場する邪馬台国の所在を巡り畿内説と九州説の論争が起こって久しい。私は論点が、弥生時代には無縁な、古墳時代の「鏡」と「古墳」から離れられず堂々巡りを行っている様に見える。弥生終末期に築かれた大規模な墓は四隅突出型墳丘墓をまず思い浮かべる。卑弥呼が亡くなった248年前後に築造された四隅突出型墳丘墓の西谷9号墓が最有力候補と見るのが自然だ。魏は曲がりなりにも邪馬台国を日本列島の盟主と見ていた。邪馬台国が、列島各地との交流を通じて、様々な痕跡を多数残したと考えるのが常識と思える。そろそろ「邪馬台国」論争を、「鏡」と「古墳」から卒業して、本筋（弥生の出来事）で議論をする時だと感じる。

　この章では大国主の人々が出雲で活動していた弥生後期後葉から終末期に魏の使節が出雲を訪れたとして魏志倭人伝への行程を読み解いてみる。出雲に邪馬台国が存在しても魏志倭人伝の記述に矛盾しないことを示して邪馬台国出雲説を補強する。

4.1　距離の考察

（1）帯方郡から邪馬台国への行程

　魏志倭人伝の行程から地名を抜き出し表1-12「魏志倭人伝の行程と距離」にまとめた。邪馬台国を出雲とし投馬国は水行の記述から松山を想定する。魏志倭人伝に里が記述されている区間のおおよその距離をGoogleで測り1里当たりの長さを計算して表に追記した。

　　　帯方郡と狗邪韓国の区間の1里の長さは440㎞÷7,000里→62.9m

　　　邪馬台国を出雲とすれば1里の長さは720㎞÷12,000里→60.0m

　出雲の1里当たりの距離は狗邪韓国に比較して5%ほど短い。

　この表を見て気付いた項目を以下にリストアップした。

○魏志倭人伝の里の1,000里以上は1,000里が計測の最小単位と思われる。

表1-12　魏志倭人伝の行程と距離

魏志倭人伝	現地名（推定）	里	方位	直線距離	m/里	備考
帯方郡	京城沙里院					
狗邪韓国	釜山	7,000里	水行南→東	440km	62.9m	
対馬国	対馬	1,000里	度	90km	90m	
壱岐国	壱岐	1,000里	南渡	90km	90m	
末盧国	呼子	1,000里	渡	40km	40m	
伊都国	糸島	500里	東南陸行	30km	60m	
奴国	福岡	100里	東南	25km	250m	
不弥国	福津	100里	東行	25km	250m	宗像
投馬国	松山		南 水行20日			
邪馬台国	出雲	12,000里	南 水行10日陸行1月	720km	60.0m	帯方郡

注）直線距離はおおよその現地間の距離をGoogleで計算

　　最小計測単位の1,000里の3区間は1里の長さのばらつきが大きい（40〜90m）。

　　　　→1,000里が計測可能な最小単位だったとすれば1,000里と書かれた区間の実際の距離は500里から1,499里（四捨五入）の範囲になり、ばらつきが大きい。表でも1,000里の区間では40〜90m/里とばらついておりこの推測を裏付ける。

○1,000里未満の区間は1里当たりの長さのばらつき（60〜250m）が大きすぎる。実際の距離を反映しているとは思えない。

　　　　→計算せずに大まかに100里と500里を割り振った。

○北九州に上陸して末盧国→伊都国→奴国では最終地の方位は東行だが東南行、奴国→不弥国は北東行だが東行と書かれている。

　　　　→方位は最終地でなく出発地から最初に向かう方向を示している。

○投馬国と邪馬台国の南は帯方郡と比較した相対的な位置づけを示している。

○日数は距離とは関係なく待機時間も含め実際にかかった日数を書いている。

（2）魏志倭人伝の1里の長さの計算方法

　地理の専門家の野上道男さんが『魏志倭人伝・卑弥呼・日本書紀をつなぐ糸』で谷本茂さんの一寸千里法に関する報告について触れられている。谷本さんは中国最古の数学教科書『周髀算経』から「里」について、八尺の棒（ノーモン）の影の長さが一寸違うと同じ子午線上の2点は1,000里になるとする、

一寸千里法（図1-33参照）の例題を紹介され地球の半径（6,357km）から1里約76
～77mと試算されている。

　野上さんは一寸千里法を補足され、この棒の影の長さは測った場所の緯度
と測る日時によって違い、注意が必要と書かれている。計測時期を夏至の南
中に固定し緯度の違いによる1寸の長さを計算した結果をまとめ魏志倭人伝
と大国主に関連する地名に関連させて下記に示す。

　　　緯度30N（北緯）1寸77.9km

　　　　　　　　　　　　　　　伊都国（33.6）

　　　緯度35N（北緯）1寸76.0km　　出雲（35.3）、洛陽（34.6）、狗邪韓国（35.2）

　　　　　　　　　　　　　　　帯方郡（38.5）

　　　緯度40N（北緯）1寸72.6km　　北京（39.9）、遼陽（41.3）

　　　緯度45N（北緯）1寸68.3km

基準の目盛は測った場所の緯度によって決まり低緯度ほど長く、高緯度ほ
ど短くなる。なお、1寸は現在では日本・台湾で30.3mm、中国で33.3mmとさ
れる。しかし、古代中国では1寸の単位が今よりは短く、野上道男さんは「古
代中国の緯度測量法」で宋代まではノーモンの長さが185cmで1寸23.1mmと
されている。野上さんはこの著書の中で魏志倭人伝の1里は、一寸千里法を
使わず、別の手法で計算して67mと示された。

　私は1,000里が計測の最小単位なので一寸千里法が使われたと考えた。狗
邪韓国の62.9m/里から判断して高緯度で目盛が作られたと推察した。この
測量は大国主の人々が行い、公孫氏が拠点にした遼陽（緯度41.3N）の目盛を
基準に1寸を71.5kmで計算し、結果を魏志倭人伝に残したと考える。

　地図上の2点間の距離は経度が違えば、一寸千里法で出てくる南北方向の
距離だけでなく、東西方向の距離（経度の差）が必要になる。経度は、現在
GPSで簡単に入手できるが、その前は18世紀にやっと時刻と天体観測から
算出する手法が開発され普及した。問題は3世紀にどうやって距離を測った
かだ。残念ながらこれについては具体的な手法を見出すに至っていない。

　注目しているのは安芸から出雲へ連なって出土した山陰型甑形土器だ。狼
煙に使われたと考えれば夏至の南中の時間差を測ることが出来る。もう一つ
は出雲国風土記にまとめられている測量データだ。吉田薫さんの研究「出雲

図1-33 一寸千里法

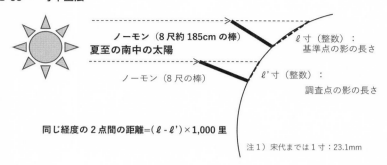

国風土記記載の測量データの解釈」を読ませてもらうと距離や方位及び高さを正確に測って記録している。魏の使いが測ったのではなく大国主の人々が自ら測量し算出したと考える根拠だ。

図1-33-1 ピタゴラスの定理による距離の算出

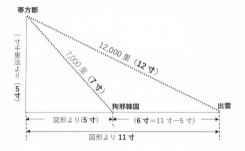

(3)一寸千里法・ピタゴラスの定理による試算

　試しに帯方郡と狗邪韓国及び出雲の距離の計算に一寸千里法を適用してみた。狗邪韓国と出雲の緯度はほぼ同じ（距離はおよそ360km→5,035里）なので帯方郡とのノーモンの長さの差は5寸になる。『周髀算経』に書かれていたピタゴラスの定理（図1-33-1参照）を適用して狗邪韓国と帯方郡の距離7,000里（7寸）と出雲と帯方郡の距離12,000里（12寸）から帯方郡と両者の経度差の距離を算出する。

　　　ピタゴラスの定理：C×C＝A×A＋B×B

　　　　　C：求める2点間の距離、A：緯度差の距離、B：経度差の距離

　　　今回はCとAが解っているのでBをCとAから求める

　　　帯方郡～狗邪韓国の経度差の距離：

　　　　　C（7寸）×7寸－A（5寸）×5寸＝24≒B（5寸）×5寸＝25

　　　　　からB（経度差の距離）は5,000里

帯方郡〜出雲の経度差の距離：

12寸×12寸－5寸×5寸→119≒11寸×11寸＝121

からB（経度差の距離）は11,000里

この結果から狗邪韓国と出雲の距離は6寸（6,000里）になる。

つまり魏志倭人伝は、帯方郡と狗邪韓国の経度差の距離を5,000里、狗邪韓国と出雲の距離を6,000里として帯方郡と狗邪韓国の距離7,000里と帯方郡と出雲の距離12,000里を導き出したと推察する。

魏志倭人伝が計測していた両者の距離を実際と比較（1,000里を71.5km）すれば、

狗邪韓国の経度差の実際の距離は250kmなので3,500里（vs5,000里）

狗邪韓国と出雲の距離は370kmなので5,174里（vs6,000里）

となる。当時の測量方法は不明だが狗邪韓国は陸地の測量（歩測）、狗邪韓国から出雲は航海の日数で計算したと推測する。今の感覚では大きな誤差でも3世紀の話なのでこの程度は妥当であったと判断する。

4.2　行程の考察

（1）不弥国から出雲への足取り

魏志倭人伝の一行が呼子に上陸した後は簡便な手法で末盧国から不弥国の間の行程をまとめている。方位は出発地から最初の目標に向け歩き出す方向を示した。呼子から糸島へ向かうにはまず唐津へ向け東南方向へ進む。糸島から福岡へ向かう際に福岡市の世良区を抜けるルートは東南方向になる。福岡から福浦へはまず東行して北上する。

不弥国から先はもっと簡略になる。方位は南と「行」を省きトーンを変える。方位は帯方郡からの相対的な位置を説明する記述に留めた。距離は明示せず水行・陸行の日数を用いている。日数には風雨で移動困難な日や行程の途中で立ち寄った集落での歓待等で動けない日数も含まれた実際の日数と判断した。移動手段の水行と陸行だけを頼りに不弥国から出雲までの行程を追ってみる。

不弥国から出雲へ至る道筋はまず投馬国まで水行二十日とある。宗像（福

図1-34　魏志倭人伝の帯方郡から邪馬台国への行程

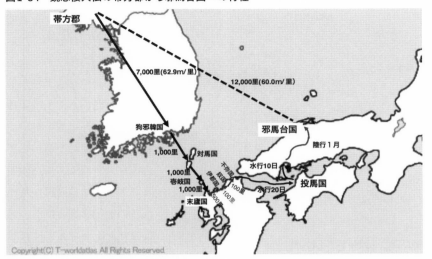

浦）から船出し関門海峡を通過して瀬戸内海を東行する。投馬国の比定地と
しては松山を挙げたい。松山には宮前川流域に三津浜遺跡など交易の拠点と
思われる遺跡が多数見つかっている。出雲の山持遺跡から出土した弥生終末
期の非在地系土器は中国山地系と西部瀬戸内系が多数を占めている（表1-1参
照）。北九州と出雲の交易の主流は、朝鮮半島や北九州を結んだ日本海ルー
トを離れ、瀬戸内海ルートへ移っていた。投馬国より水行十日、陸行一月と
書かれた邪馬台国に至るルートは安芸まで瀬戸内海を水行し根の谷川筋を辿
り三次へ経て出雲へ陸行した。

　以上をまとめて図1-34「魏志倭人伝の帯方郡から邪馬台国への行程」に
全行程を示す。

（2）山陰型 甑 形土器の道

　皆さんは大型甑形土器をご存知だろうか。私はまったく知らなかったが、
ネットと睨めっこをして、ひろしま考古学講座第6回の山田繁樹さんの講座
「謎の弥生土器・大型甑形土器」から仕入れさせてもらった知識を披露させ
てもらう。主に山陰（島根・鳥取）で出土している弥生土器で弥生後期から古
墳時代初頭の集落遺跡から出土している。甑は蒸し器を意味し通称を「山陰

図1-35　山陰型甑形土器

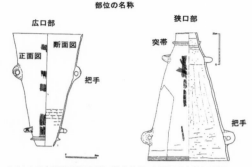

ひろしま考古学講座第6回謎の弥生土器・大型甑形土器より引用

図1-36　山陰型甑形土器の出土地

ひろしま考古学講座第6回謎の弥生土器・大型甑形土器より引用

型甑形土器」（図1-35参照）あるいは山陰系「コシキ型土器」とも呼ばれている。

　さてこの土器は大国主の人々の伝承が残る各地から見つかっている。大国主の人々が使った道具と見て間違いない。この土器が邪馬台国への行程で、瀬戸内海ルートを辿り投馬国から出雲への道程を読み解く、重要なヒントを与えてくれそうなのである。

　まず、山陰型甑形土器が出土した場所の分布を図1-36「山陰型甑形土器の出土地」に載せた。山陰以外で出土した土器の分布に注目する。特に広島県の安芸と備後から多数出土している。勘の鋭い方であればこの図を見ればすぐ気づかれるはずだ。そう、安芸の広島湾から、三次を経由し中国山地を抜けて、出雲に至る道筋をプロットしたかと見間違う図になっているのだ。

　広島県内から出土した山陰型甑形土器はほぼ太田川・根の谷川・芦田川等の川筋に沿って分布している。瀬戸内海側から見ると太田川・根の谷川と芦田川からの筋が三次で合流して出雲方面へ向かっているように見える。

　山陰型甑形土器が13個出土して地域の拠点だったと思われるトンガ坊遺跡は太田川を遡った根の谷川の流域を見渡せる丘陵上に位置している。遺跡から出土した土器の内30%は山陰系であった。トンガ坊遺跡は、山陰型甑形土器で狼煙を上げ様々な情報を出雲に伝え逆に出雲から指示を受け取る、

狼煙台の役割を果たす集落だったと思える。狼煙台の集落は交易路に沿って、
万里の長城の狼煙台の様に、出雲まで続いていた。

参考文献

山口佳紀・神野志隆光『古事記』新編日本古典文学全集1、小学館、2015年

沖森卓也・佐藤信・矢嶋泉「風土記」『常陸国・出雲国・播磨国・豊後国・肥前国』
山川出版社、2016年

島根県松江市教育委員会「田和山遺跡」2001年

財団法人松江市教育文化振興事業団・松江市教育委員会「田和山遺跡群発掘調査報告1」
『田和山遺跡』2005年

インターネット「銅鐸出土地名表」2015年

■1 古事記の始まりを読み解く

鬼頭宏『図説人口で見る日本史』PHP研究所、2007年

現代ビジネスHP「縄文時代の東日本は世界最高の大混雑地帯だった!」2014年7月15日記事

鹿島町教育委員会「堀部第1遺跡」『鹿島町福祉ゾーン整備事業に伴う調査1』2005年

古浦遺跡調査研究会「古浦遺跡」鹿島町教育委員会、2005年

大社町教育委員会「出雲・原山遺跡発掘調査概報」1986年

西田和浩「石器―サヌカイトの話―」岡山市埋蔵文化財センター講座第2回、2008年

大野晋『日本語の源流を求めて』岩波新書、2007年

島根県教育庁埋蔵文化財調査センター「西川津遺跡」『山陰最大級の弥生集落拠点』2014年

島根県教育庁埋蔵文化財調査センター「山持遺跡Vol8」『6、7区総括』2012年

鹿島町立歴史民俗資料館「海の記憶」『～波濤を越えた人々～』2003年

大村太郎編「海をこえての交流」『日本古代3』中央公論社、1995年

寺村光晴『タマの道―タマからみた弥生時代の日本海―』小学館、1990年

鳥取県埋蔵文化財センター「青谷上寺地遺跡4」財団法人鳥取県教育文化財、2002年

鳥取県埋蔵文化財センター「人・もの・心を運ぶ船」『青谷上寺地遺跡の交流をさぐる』2015年

淀江町教育委員会「日吉塚古墳」2003年

高川博『玄界灘から見る古代日本』梓書院、2019年

松江市史編集委員会「松江市史」『別編2民俗』松江市、2015年

島根県立古代出雲歴史博物館「島根の神楽」『芸能と祭儀』日本写真出版、2010年

宍粟郡誌編纂委員会「宍粟のあゆみ」宍粟環境事務組合/宍粟市・安富町、2006年

静岡県女子師範学校郷土研究会『静岡県伝説昔話集(上巻)(下巻)』羽衣出版、1994年

静岡市役所「静岡市史」『原始古代中世』1981年

浜松市役所「浜松市史一」『通史編』臨川書店、1968年

■2 国生み

松江市教育委員会「松江圏都市計画事業乃木土地区画整備事業
区域内埋蔵文化財包蔵地発掘調査報告書」1983年

正岡睦夫・松本岩雄「弥生土器の様式と編年」『山陽・山陰編』木耳社、1992年

大貫静夫「最近の弥生時代年代論について」
Anthropological Science (Japanese Series) Vol.113、95-107、2005年

大貫静夫『弥生開始年代論』季刊考古学第138号、2017年

寺沢薫『弥生時代の年代と交流』吉川弘文館、2014年

藤尾慎一郎・今村峯雄・西本豊弘「弥生時代の開始年代」総研大文化科学研究、2005年

新井宏「考古学における新年代論の諸問題」第13回アジア歴史講演会、2013年

春成秀爾・西本豊弘『東アジア青銅器の系譜』雄山閣、2008年

設楽博己「銅鐸文様の起源」東京大学考古学研究室研究紀要第28号、2014年

南あわじ市教育委員会「南あわじ市松帆銅鐸の放射性炭素年代測定調査結果について」2017年

東奈良遺跡調査会「東奈良」1976年

(財)東大阪市文化財協会「鬼虎川の金属器関係遺物」『―第7次発掘調査報告2―』1982年

田原本町教育委員会「唐古・鍵遺跡Ⅰ」2009年

姫路市市史編集専門委員会「姫路市史」『第一巻下本編考古』2013年

今里幾次「播磨弥生式土器の動態」考古学研究第15巻4号、考古学研究会、1969年

今里幾次「播磨弥生式土器の動態（二）」考古学研究第16巻1号、考古学研究会、1969年

兵庫県教育委員会埋蔵文化財調査事務所「竹原中山遺跡」兵庫県教育委員会、2006年

寺沢薫・森岡秀人「弥生土器の様式と編年」『近畿編Ⅱ』木耳社、1990年

濱田延充「弥生土器様式の変化の持つ意味」『畿内第五様式の成立をめぐって』
市大日本史（17）、2014年

馬淵久夫「青銅器原料の産地推定」固体物理Vol.20-No.2、1985年

新井宏「鉛同位体比による青銅器の鉛産地推定をめぐって」考古学雑誌85-2、2007年

島根県古代文化センター「加茂岩倉遺跡出土銅鐸の化学分析結果について」
古代文化研究第24号、2016年

豊田有恒「開かれた知の世界―アジア史学会と北東アジア研究」総合政策論叢第5号、2003年

長野県埋蔵文化財センター「柳沢遺跡」国土交通省北陸地方整備局、2012年

❸ 大国主の国づくり

広島県埋蔵文化財調査センター「佐田谷墳墓群」1987年

鳥取県立むきばんだ史跡公園「史跡妻木晩田遺跡仙谷墳丘墓群発掘調査報告書」
鳥取県教育委員会、2017年

岸本浩忠「鳥取市西桂見墳丘墓出土土器について」
鳥取県博物館研究報告第37・38合併版、2001年

出雲市教育委員会「西谷墳墓群」1999年

島根大学考古学研究室・出雲弥生の森博物館「西谷3号墓発掘調査報告書」『本文編』2015年

出雲弥生の森博物館「出雲王登場」『とことん解剖西谷3号墓』2016年

渡辺貞幸「出雲王と四隅突出型墳丘墓」『西谷墳墓群』新泉社、2018年

小羽山墳墓群研究会「小羽山墳墓群の研究」『研究編』福井市立郷土歴史博物館、2010年

金子修一『古代中国と皇帝祭祀』汲古書院、2001年

劉振東「中日古代墳丘墓の比較研究」立命館大学大学院文学研究科博士論文、2014年

石川岳彦「戦国期における燕の墓葬について」東京大学考古学研究室研究紀要、2001年

桐井理揮「弥生時代後期における近畿北部系土器の展開」
京都府埋蔵文化財調査研究センター、2016年

北京大学『中国の文明Ⅰ 古代文明の誕生と展開（上）』潮出版社、2016年

北京大学『中国の文明Ⅱ 古代文明の誕生と展開（下）』潮出版社、2016年

北京大学『中国の文明Ⅳ文明の確立と変容（下）』『秦漢―魏晋南北朝』潮出版社、2016年
坂本太郎・家永三郎・井上光貞・大野晋校注『日本書紀（一）』ワイド版岩波文庫、2003年
古典と民俗学の会『島根県物部神社の古伝祭』古典と民俗学叢書Ⅶ、白帝社、1983年
龍野市教育委員会　養久山・前地遺跡、1995年

４古代出雲王国「邪馬台国」説を解く

東亜古代史研究所古代史レポートHP「魏志倭人伝（原文、書き下し文、現代語訳）」
　　　　　　　　　　　　　　　　　　　　　　　　　　2020年2月3日閲覧
邪馬台国の会HP「魏志倭人伝」（日付不明）
野上道男『魏志倭人伝・卑弥呼・日本書紀をつなぐ糸』古今書院、2012年
野上道男「古代中国の緯度測量法」2017年度日本地理学会秋季学術大会、2017年
吉田薫「スサノオの来たみちを探る　出雲〜韓国の景観と航路」研究報告、
　　　　　　　　　　　　　　　　　島根県技術士会【編】、2016年
吉田薫「古代出雲の山々の景観と国土の把握」研究報告、島根県技術士会【編】、2015年
山田繁樹「ひろしま考古学講座 第6回　謎の弥生土器・大型甑形土器」
　　　　　　　　　　　　　　　　広島県教育事業団埋蔵文化財調査室、2012年
山田繁樹「高地性集落と倭国大乱〜広島湾岸を中心に〜」
　　　　　　　　　　　　　　　　広島県教育事業団埋蔵文化財調査室、2014年
財団法人広島市文化財団「トンガ坊城遺跡発掘調査紹介パンフレット」2007年

古代出雲王国を科学する

　最近の遺跡の調査報告書は遺跡から採取された試料を科学的に分析して結果を添付する場合が多い。今回のまとめで気になった「炭素14年代法（AMS法）による暦年代の推定」と「青銅器原料の産地」を取り上げてその背景を紹介する。初版の「長江文明の『鳥と太陽信仰』の足跡」でまとめたものだが少し見直し資料として添付した。

1.　放射性炭素14年代測定法

　田和山遺跡の年代観は概ね弥生の時期区分・土器様式によって記述されている。この年代観に暦年代を仮置きして古代出雲王国の年表として利用している。ここでは田和山遺跡の調査報告書にあるAMS法から得られる暦年代について少し深掘りしてみる。弥生時代の暦年代の推定にAMS法が提案されて十数年になるが、現在でも様々な意見が飛び交って、落ち着く先がいまだに見出せていないように思える。歴史学や考古学の世界に科学技術的な手法を導入してもこの技術を駆使するには従来の歴史学や考古学のセンスだけでは無理で新しい科学的な素養が必要になるのは当然と言えば当然だ。単純な話をすればAMS法で算出される年代は確率付きだ。計算されて出てくる暦年は最低でも誤差が数十年あり弥生時代には数百年の幅の計算結果が出てくる場合もある。例えば箸墓の築造年代を決めるピンポイントの暦年を計算するには不向きな道具だ。計算される幅が広いゆえにメディアがその一部を切り取ってセンセーショナルな記事に仕立てたケースもあった。出てくる計算結果もまだ完全とは言えない状態（様々な意見が収まっていない状態）に見える。AMS法で出てくる暦年代にどう向き合うかその仕組みと課題を探ってみた。

（1）経緯

　近年の放射性炭素14年代測定法の登場は古代の暦年代の推定に大きな変革をもたらした。放射性炭素14年代測定法は大気中に初期濃度がほぼ一定の量存在するC14が放射崩壊し5,730年で半減する性質を利用した年代測定法である。1980年代は崩壊したC14をカウントするβ線法が主流で誤差は±80年とされていた。しかし、分析には採取した試料が1g以上必要でかつ分析に時間がかかることが課題であっ

た。

　1990年代になると炭素をイオン化して直接カウントするAMS法が開発され試料は微量（1mg程度）かつ1時間程度で分析が可能となり誤差も±20〜40年に向上した。計測した数値から、C14の初期濃度が一定であると仮定して、西暦1950年を基準にした炭素年代

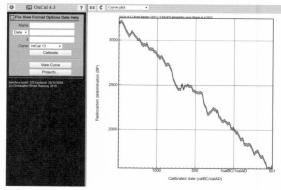

図1-1　oxCalで描いた国際較正基準IntCal13の較正曲線

oxCalより引用

（略称BP）が求められる。C14の初期濃度はむろん一定ではなく微妙に変動しており較正が必要となる。この較正を、海外の樹木の年輪などから求めた、国際較正基準で行い暦年代に変換している。北半球の国際較正基準は公表された年の下2桁と共に「IntCal98」、「IntCal09」等と呼ばれ「IntCal13」が最新の基準になる。南半球の国際較正基準の最新は「SHCal13」が整備されている。BP（炭素年代）の暦年代への変換は変換サービス「oxCal」が公開されており登録すれば誰でも利用できる環境が整っている（図1-1参照）。

　なお、文中の誤差の年数は炭素年代の誤差で暦年代は少しややこしい。また、2020年8月に新しい基準「IntCal20」「SHCal20」が公開された。

（2）AMS法とは

　最近発表される遺跡の調査報告書にAMS法によって求められた暦年代をよく目にする。この情報に振り回されない為、弥生時代を浮遊する私としては、AMS法をよく理解する必要があった。まずAMS法による暦年代を算出するまでの過程をまとめた（図1-2参照）。

　大気中のC14濃度は年ごとに変動するので測定した炭素年代（BP）から、計算サービスoxCalを使って北半球の国際較正基準（IntCal）で較正して、暦年代を求めている。国際較正基準は海外の樹木で作成される較正曲線を利用する。この基準は随時更新されており大きな変更があった時は変更年号下2桁xxを使いIntCalxxとして提供されている。

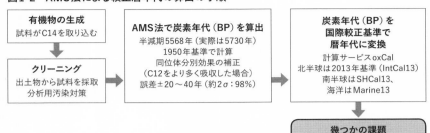

図1-2　AMS法による較正暦年代の算出の手順

有機物の生成
試料がC14を取り込む

クリーニング
出土物から試料を採取
分析用汚染対策

AMS法で炭素年代（BP）を算出
半減期5568年（実際は5730年）
1950年基準で計算
同位体分別効果の補正
（C12をより多く吸収した場合）
誤差±20〜40年（約2σ：98%）

**炭素年代（BP）を
国際較正基準で
暦年代に変換**
計算サービスoxCal
北半球は2013年基準（IntCal13）
南半球はSHCal13、
海洋はMarine13

幾つかの課題

（3）発端

　AMS法を推進する国立歴史民俗博物館（ここでは歴博と呼ぶ）が2003年5月に行ったAMS法をベースとした弥生時代の暦年の発表は考古学界に革命が起きたと錯覚させるほど衝撃的であった。弥生時代の始まりは、土器編年等で積み上げられてきた年代から、500年遡ったBC10世紀とされたからである。一方で、歴博は考古学会で十分な議論を経ずにメディアへの発表を優先させ、現在に至るまで様々な議論を巻き起こしているのは皆さんもご承知のとおりである。

（4）課題

　ここで論点を少し整理しておこう。歴博に対し論陣をはられていた新井宏さんが2013年1月に講演された「考古学における新年代論の問題点」、2019年5月に東アジアの古代文化を考える会の考古学を科学する会で話された鷲崎弘明さんの資料「年輪年代法の『弥生古墳時代の100年遡上論』は誤り」、中村俊夫さんが2014年に報告された「樹木年輪の14C年代測定の実験室間比較による高精度の暦年代較正データの確立」、坂本稔さんが2018年4月に人間文化研究情報資源共有化研究会で話された「資料の年代と炭素14年代法」を参考にしながら論点をまとめてみた。

①C14濃度の地域差は？

　C14は北極南極の成層圏で生成し海水に吸収され地球上のC14は速やかに拡散して一様になるとの立場で海外の樹木を使った国際較正基準が作られている。日本産樹木の炭素14年代はIntCalより20〜30年古くSHCalより新しいとされ（中村俊夫）、最近の調査によると紀元前後ではIntCalよりSHCalに近い挙動（坂本稔）との報告がある。なお、SHCalは南半球の国際較正基準（図1-3参照）。

②日本較正基準（J-Cal）の現状（地域差への対応）

歴博を中心にJ-Calを整備しているが未だ完全とは言い難い。較正年代の精度を上げるためにはさらなる日本産樹木のデータ整備が求められている。

　日本較正基準のベースとなる日本産樹木の年輪年代の整備が進んでいる。BC7世紀から現在までの新しい標準パターンが、714年の地震で埋没した木曽の「遠山川河床のヒノキ」などにより、整備されている。

　年輪セルロース酸素同位体比によって年輪に含まれる降水量のパターンで暦年を確定

**図1-3　oxCalを用いた
国際較正基準による暦年代の変換比較**

北半球の較正基準（IntCal13）

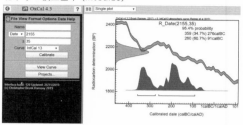

南半球の較正基準（SHCal13）

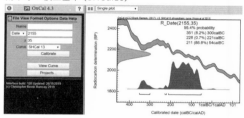

oxCalより引用

する新しい手法も確立されつつある。樹木の暦年代の確定が容易になりデータ整備に拍車がかかりJ-Calによって弥生時代の高精度な暦年代の計算が期待できる。

③炭酸塩（海洋、石灰水）によるC14の減少

　海水中から採取した試料（海洋リザーバー効果）や腐植土や石灰岩の溶出による影響を受ける試料（湖水リザーバー効果）は炭素年代が古く出る。海水は深層水の循環のため大気よりC14が薄く炭素年代で400年の違いがあるとされ地域差も大きい。海岸近くの遺跡では海洋生物を食糧とする生物の骨にもC14の減少がみられる。

④弥生時代は暦年代の幅が広い

　暦年代で弥生の前期〜中期と見なされている近辺は国際較正基準で計算した暦年代の幅が数百年となる。

　問題は山積みだが、弥生時代の実年代を議論するのにAMS法は有力なツールである事もまた事実である。手法の精度を上げ試行錯誤しながら使い方を模索して考古学の暦年代の活用に役立つことを期待している。

【参考資料】
藤尾慎一郎・今村峯雄・西本豊弘「弥生時代の開始年代」総研大文化科学研究、2005年
新井宏「考古学における新年代論の問題点」第13回アジア歴史講演会、2013年
中村俊夫「樹木年輪の14C年代測定の実験室間比較による
　　　　　　　　　　　高精度の暦年代較正データの確立」KAKEN研究成果報告書、2014年
鷲崎弘明「年輪年代法の『弥生古墳時代の100年遡上論』は誤り」考古学を科学する会、
　　　　　　　　　　　　　　　　　　　　東アジアの古代文化を考える会、2019年
坂本稔「資料の年代と炭素14年代法」人間文化研究情報資源共有化研究会、2018年

2. 銅鐸祭祀に使った青銅器原料の産地推定

　1985年に東京都立文化財研究所の馬淵久夫さんから固体物理誌上に「青銅器原料の産地推定」が発表され、鉛同位体比法によって、弥生時代等の青銅器に用いられた青銅の産地を推定し提案されている。理論を簡単に説明させてもらうと青銅器を鋳造する為に融点を下げ（スズを加える）、湯流れをよく（鉛を加える）している。この加えられた鉛の鉛同位体比を分析して鉛の産地を特定し銅の産地を推定する技術だ。鉛同位体比分布図（a式図）（図2-1参照）では、鉛同位体比208Pb/206Pbを縦軸に207Pb/206Pbを横軸にし、分析結果を図にプロットしてその位置から産地を推定している。

　馬淵久夫さんは産地をA領域は華北産、B領域は華中〜華南産、C領域は日本産、D領域は朝鮮半島系（下側ライン：朝鮮半島産、上側ライン：日本出土）と推定された。図2-1は、

図2-1　鉛同位体比分布図（a式図）

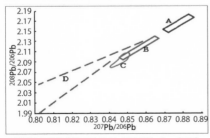

東アジアの鉛同位体比分布図（a式図）

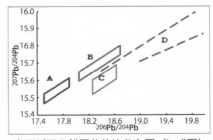

東アジアの鉛同位体比分布図（b式図）

NSSTつうしん「鉛同位体比分析による文化財の産地推定法のご紹介」より引用

NSSTつうしん2016年1月1日号「鉛同位体比分析による文化財の産地推定法のご紹介」から引用させてもらったが、馬淵さんの産地推定を図化したものだ。更にこの論文では前漢の武帝によるBC108年の楽浪郡設置を目処に、それより以前の青銅器は朝鮮半島系、以後は中国華北の銅を使用していたと提唱され今日までのコンセンサスとなっている。

2000年に新井宏さんから馬淵さんの推定を補足される論文が発表され朝鮮半島産とされる青銅は中国の商や西周の青銅と同じ雲南省産であると発表されている。更に2007年に考古学

図2-2 雲南省の鉛鉱山の鉛同位体比

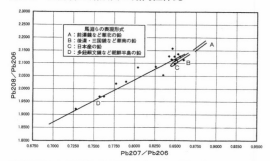

鉛同位体比による青銅器の鉛産地特定をめぐって「第11図」より

図2-3 三星堆出土青銅器の同位体比

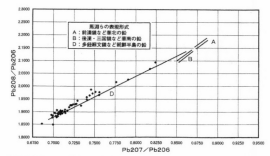

鉛同位体比による青銅器の鉛産地推定をめぐって「第6図」より引用

雑誌85-2号に「鉛同位体比による青銅器の鉛産地推定をめぐって」を投稿され最近の中国の研究も踏まえて再評価すべきとの持論を展開されている。この中で雲南省の鉛鉱山（図2-2参照）や三星堆（図2-3参照）・商周時代の青銅器の分析結果はDライン（上側）にのっている事を示された。

【参考資料】

NSSTつうしん「鉛同位体比分析による文化財の産地推定法のご紹介」2016年
馬淵久夫「青銅器原料の産地推定」固体物理Vol.20 No.2、1985年
新井宏「鉛同位体比による青銅器の鉛産地推定をめぐって」考古学雑誌85-2号、2007年

第 2 部

稲 作 祭 祀

はじめに

　ここでは田和山遺跡で始まった稲作祭祀に焦点を絞り紹介する。再編の過
程で藁蛇や神木を舞台にした信仰や神輿の習俗が各地に残っており、稲作祭
祀の伝来の過程も重要だが、稲作祭祀をより深掘りしたいとの思いが強くな
った。

　まず田和山遺跡の遺構や出土物を再確認し行われていた稲作祭祀の復元を
試みる事にした。出雲の意宇の宍道湖畔にある田和山遺跡から出土した祭祀
遺跡には具体的な定説がまだなく道路工事で取り壊される計画が浮上したり
もしている。保存活動をされた方々の努力で、一部の遺跡が削られただけで、
遺跡公園になっており幸いであった。祭祀を行っていた人々の墓とされる友
田遺跡は残念ながら住宅地に変わり標柱が残っているだけだ。

　私は日本列島に持ち込まれた長江文明の「鳥と太陽信仰」が田和山遺跡で
稲作祭祀として初めて足跡を残したと考える。この稲作祭祀を復元する試み
として三星堆遺跡から出土した青銅器の鳥、神樹、蛇や神壇をベースに『山
海経』に描かれる「鳥と太陽信仰」の宇宙観を取り込んでみた。西日本各地
に伝わる神木、藁蛇、神輿や山車と非常に相性が良いと感じている。ずぶの
素人が扱うテーマとしては無謀と思いつつ「鳥と太陽信仰」に狙いを定めた。

　五本柱遺構の時代は近江の藁綱による年頭のオコナイをひな形に、九本柱
遺構時代は荒神谷遺跡から出土した青銅器と淀江の絵画土器をベースに、各
地に伝えられている祭祀の姿を参考にしながら稲作祭祀の全体像を探ってみ
た。神様を運ぶ神輿は、鳥が太陽を背負って運ぶ三星堆の宇宙観を引き継ぎ、
屋根に飾られている鳥が神様（太陽）を運搬する乗り物と見立てている。

　銅矛を用いかつ暦に関わる祭であることを拠り所に、津島神社の天王祭が
田和山遺跡の稲作祭祀を現代まで継承してきたと勝手に解釈して、皆さんに
紹介することにした。銅鐸の音は津島笛で置き換えているが祭祀の全体の構
成は弥生の姿を留めているのではないかと感じている。牛頭天王の話は雲南
省の交易の民の臭いがプンプンしている。

　最後に、長江文明の「鳥と太陽信仰」の足跡を辿ってみた。長江文明の太

陽信仰は稲作の豊饒を願う人々によって太陽暦と一体となって長江中下流域で始まっている。太陽を運ぶ鳥が出現するのは長江下流域であった。しかし、下流域ではいつしか太陽は月と同格となり暦は太陰暦に取って代わられる。さらに太陽は天（北極星）の下に格下げされる。この様をいくつかの事例で紹介する。

　長江下流域で衰退した「鳥と太陽信仰」は中上流域の楚や蜀で命脈を保っていた。三星堆文明にも「鳥と太陽信仰」が伝わり三星堆遺跡に引き継がれていた。三星堆の人々はBC9世紀に三星堆遺跡を放棄し何処かへ去ったとされる。東へ向かったグループは日本列島で稲作祭祀を始めた。西へ目を向けると、インドでは菩提樹の下で八大竜王に守られて仏教が始まっている。神仏習合は離れ離れになった2つの祭祀が日本で神様と仏様になり再会した象徴的な出来事であったと私は考える。

田和山遺跡

国生みの人々は、闇見の国の西川津遺跡にディアスポラの拠点を構え、西日本各地へ入植する稲作移民に稲作祭祀を伝える祭祀施設を田和山遺跡に築いたと推察する。稲作祭祀は、長江上流域の三星堆遺跡から出土した青銅器から蘇った「鳥と太陽信仰」の祭祀を引き継ぎ、稲作と共に西日本各地へ普及している。まず田和山遺跡の遺構や出土物を紹介して次章以降に取り組む稲作祭祀の再現の道標にする。

1.1　遺跡の概要

（1）立地環境と経緯

『田和山遺跡群発掘調査報告1』（2005年3月）には「松江市街地南郊に乃木段丘の一角を占める通称『田和山』と呼ぶ標高45mの独立丘陵がある。田和山遺跡群はこの丘陵に弥生時代〜古墳時代に亘って築かれた複合遺跡である。遺跡からは南東に出雲国風土記にも記載のある茶臼山（神名樋野）、中国山脈最高峰の大山（火神岳）、また北西には眼下に宍道湖、その向こうには島根半島を形成する北山が見渡せる。遺跡からの眺望は大変良く、また、遺跡外からは広い範囲からこの遺跡を望むことができる。田和山の南西約3kmには瑪瑙、碧玉の産地として有名な花仙山（標高199m）が聳えている。この一帯から沢山の玉作遺跡が見つかっている。」と立地環境が書かれている（図2-1参照）。出雲国風土記はこの地域を、重要な祭祀場と想起させる、忌部神戸と記し中国の神話集『山海経』にある湯谷に比定する玉造温泉（4.1（1）「根の堅州国」参照）を含んでいる。眺望がよく、特に冬至の日の入りの方向が開けて、周辺からも遺跡がよく見え太陽信仰の祭祀施設として申し分ない。

　この祭祀遺跡は遺跡東側に計画された松江市民病院の事前調査（1997年）の時に発見された。病院を建てるか遺跡を保存するかの論争は裁判にまで持ち込まれたが遺跡を残し病院を隣接地に建設する事で決着した。現在は、国の

図2-1　松江周辺の地形略図

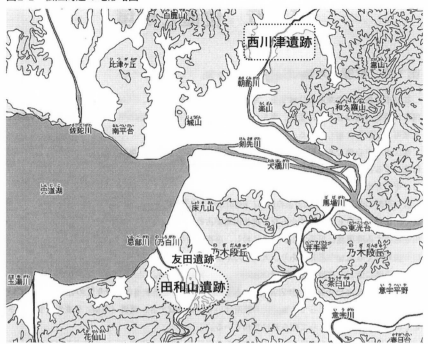

田和山遺跡群発掘調査報告1「第2図」より引用し加筆

指定を受けた田和山史跡公園として整備・保存されている。

（2）遺構

　田和山遺跡は弥生前期末に五本柱遺構が築かれ、中期前葉末の中断をはさんで、九本柱遺構を築き直し中期後葉まで続いた祭祀遺跡（図2-2参照）とされる。いずれの遺構も正面が冬至の日没の方向を向いている事から太陽信仰の祭祀を行っていたと推察する。

　山腹に掘られた環濠は五本柱遺構の構築時に1号（内側の環濠）を掘り、一度掘り直し、九本柱遺構の構築の際に再び1号を掘り直して2号と3号を新たに掘っている。残念ながら環濠の役割は解明されていない。

　私は長江流域の稲作民が稲作祭祀を行う祭祀場を天上の神（太陽）と対話する場所として地上と区別する壇又は境界を模した環濠を築いていたと考える。三星堆遺跡から出土した神壇をモデルにしていれば3重の環濠は3段の

図2-2　田和山遺跡の遺跡分布図

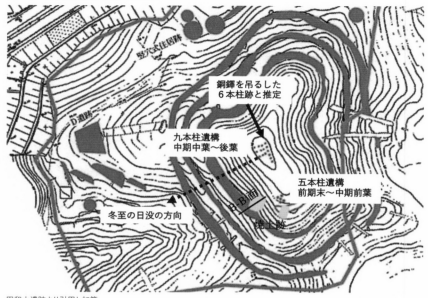

銅鐸を吊るした
6本柱跡と推定

九本柱遺構
中期中葉〜後葉

五本柱遺構
前期末〜中期前葉

冬至の日没の方向

焼土跡

田和山遺跡より引用し加筆

基壇か3本の境界を築いた
と解釈する。

（3）焼土跡

　弥生前期末から中期前葉
の五本柱遺構の南西の斜面
の三日月状加工段に焼土跡
があり、弥生中期中葉〜後
葉の九本柱遺構に付随する
焼土跡は環濠内側にあった

図2-3　B-B'面地層断面図

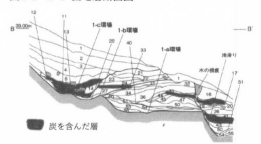

炭を含んだ層

田和山遺跡群発掘調査報告1「第24図」より引用し加筆

（図2-2参照）。神と対話する場所で焚火をする祭事が行われている。図2-3「B-B'
面地層断面図」はB-B'断面に炭を含んだ堆積層が複数ある事を示している。
環濠の全周に渡っても炭を含んだ堆積層が見つかっている。この焼土跡や地
層に残る炭の層から大規模な火祭りが行われていた事を示唆している。

1.2　出土遺物

（1）土器

　五本柱遺構の時代に出土した土器様式はⅠ－4式～Ⅱ－1式、九本柱遺構の時代はⅢ式～Ⅳ式であった。九本柱遺構時代のⅢ－1式とⅣ－2式の土器は少なかった（図1-1参照）。祭祀は中期中葉初頭にいったん衰えて中期中葉中に再開し中期後葉末期に衰退したと推定される。

　土器の種類は主に壺と甕だが九本柱遺構の時代に高坏が加わる。いずれの時代にも外面に煤が付着した甕が出土しており祭祀には煮炊きする儀式が組み込まれ山頂で飲食を行っていた。

　図1-1に示すように土器様式と土器文様がほぼ一対一に対応している。土器文様は田和山遺跡の祭祀場で祭祀を主催した国生みグループを象徴している。

　　　　Ⅰ－4：ヘラ描直線文　　　別天津神
　　　　Ⅱ－1：櫛描直線文　　　　イザナキ・イザナミ
　　　　Ⅲ－2：断面三角形突帯文　須佐之男
　　　　Ⅳ－1：凹線文　　　　　　物部

長江流域から移動してきた稲作民のグループは田和山遺跡の祭祀を主催し自らのグループの入植が終わると次のグループに祭祀の主催を引き継いだと考える。

　グループの名前は古事記に登場する代表的な名前を割り当てている。最後の凹線文を象徴するグループは物部の人々と考える。古事記に物部の人々の逸話が含まれていないのは古事記の編纂時に政治的な強い意向が働いたと推察する。

（2）石剣・石斧・石包丁

　山頂部から出土した石器を図2-4「山頂部から出土した石器」に載せた。環濠や周辺からも石器が多数出土しているが祭祀に使われた可能性の高い山頂部を詳細に紹介する。

　38は鉄剣形の磨製石剣である。石剣は祭祀用と言われる銅剣形も含め環濠や斜面から複数出土している。銅剣形石剣の石質は滋賀県北部の高島石と

の意見もあり日本海交易を通じた強い結びつきを感じる。出土した土器に付着する煤から山頂部の祭祀場で飲食をしていたことが分かる。石剣は、料理する、魚を捌くのに用いたと考える。

斧は40の打製石斧、41・42の蛤刃石斧が出土している。斧の神事は大田市の物部神社に正月行事の斧始式が伝えられている。

稲刈りの道具とされる石包丁は39の大型石包丁と44の磨製石包丁が出土した。稲刈りの道具がなぜ山頂から出土したのか不思議だったが、藁蛇・藁綱・注連縄など藁細工を使った習俗が各地に残っており、田和山遺跡でも頂上で藁細工を行ったと考える。

図2-4　山頂部から出土した石器

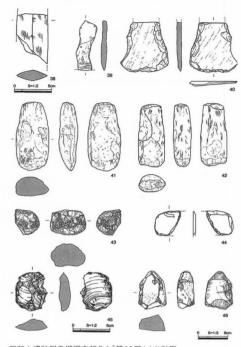

田和山遺跡群発掘調査報告1「第19図」より引用

残りは45の黒曜石の石器未製品、46の黒曜石の原石、43の槌石（ハンマーストーン）であった。黒曜石は用途が不明だが何らかの祭祀の準備に使われた可能性が高い。

環濠や周辺から出土した石器に石戈、環状石斧（5片）、砥石（23点）、石板状石製品（2点）などがある。石戈は武器形祭器、環状石斧は戦闘用指揮棒と言われ祭祀に使われていてもおかしくない。石器を研磨する砥石が23点と沢山見つかっている。田和山遺跡で石器が実際に使われていた裏付けになる。石板状石製品は硯との見方もあり、文字が存在していた可能性を示唆している。

（3）石鏃

遺跡全体から200点を超えるサ
ヌカイトと黒曜石の石鏃が見つか
っている（図2-5参照）。祭祀の大
事な道具立てだったようだ。なお、
小片等見落としもあり実際にはも
っと多くの石鏃が残っていたと推
測されている。

図2-5　石鏃

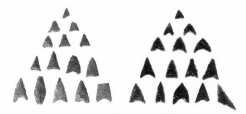

田和山遺跡群発掘調査報告1「第74図」より引用

田和山遺跡の祭祀に関連した遺物や習俗等を調査していて矢を射る場面に
沢山出くわした。三星堆遺跡から出土した金杖に、魚を射た矢を鳥が背負う
模様が彫られていた。古事記の大国主神の条の「根の堅州国訪問」には須佐
之男命が大国主神に課した試練「鳴鏑を大き野の中に射入れて、其の矢を採
らしめき。」が書かれている。近江の箕川に伝わる「藁蛇による年頭のオコ
ナイ」で藁蛇が蜷局を巻く習俗が残されている。若桜町神子の正月神事で
鳥勧請の後に弓を射る習俗が伝わる。大田市の物部神社では正月行事に奉射
祭を行っている。矢を射る行為に大切な意味合いがありそうだ。

弓矢について出雲国風土記の島根郡加賀郷の記述に「『闇き岩屋かも』と
詔りたまひて、金弓を以って射給ひし時に、光加加明きき。」とある。矢は
暗闇に光をもたらすとされている。即ち、稲作民の人々は矢が太陽の光を各
地に届ける役割を果たすと考えてい
た様だ。

（4）つぶて石

河原石のつぶて石は九本柱遺構時
代の1-Cを中心に数千個見つかって
いる（図2-6参照）。石の粒はこぶし
大から頭の大きさ（5〜20㎝）で揃っ
ており環濠に均等に分布し意図的な
遺棄を感じる。

つぶて石を防御用の武器として田
和山遺跡を砦だったとする根拠にし

図2-6　1-C（4区）つぶて石出土状況

田和山遺跡群発掘調査報告1「巻頭図版4下図」より
松江市歴史まちづくり部埋蔵文化財調査室提供

た意見もあるようだが時期
が九本柱遺構時代に限定さ
れ環濠から出土しており可
能性は薄い。

図2-7　青谷上寺地遺跡の土玉出土状況

青谷上寺地遺跡4「第131図」より引用

　古事記の「神生み」の中
で河は「天」に属するとさ
れている。国生みの人々は、田和山の山頂を「天」の世界と見なし、河原石
をお供えして願いを込めて「天」へ戻したと考える。近江の年頭のオコナイ
の行事にカギを作りキンタマと称する物を藁で包んで祭祀に使う習俗が伝え
られている。この習俗を伝えている蛭谷ではキンタマに河原石を使っている。
河原石は太陽を意識し恵方を向いて拾っているそうだ。宗像市鐘崎の海女が
日本海沿岸各地に石積みのフォークロア（古くから伝承された習俗）を拡げたと
されている。この習俗は下関市角島の夢崎神社の石積みや能登舳倉島の石積
みなど日本海沿岸に各地に残されている。魏志倭人伝の邪馬台国の描写に
「今、倭の水人は沈没して魚、蛤を捕るを好み、」とある。出雲に邪馬台国が
あったとすればこの逸話は出雲の水人（海女さん）の活動を記録していたと考
えることが出来る。須佐之男の時代に水人の活動が日本沿岸各地に広がり河
原石を「天」に祀る習俗が伝わり田和山の山頂で行われたのではないか。こ
の習俗が現代に伝承し鐘崎などに伝わる石積みのフォークロアに引き継がれ
たと考えられる。

（5）土玉

　調査報告書には弥生中期中葉～中期後葉の層から見つかった土玉（土錘）は
祭祀に用いられたとしている。出土した土玉は14個と少なく、時代も限ら
れるので、常時祭祀に用いられたとは考えにくい。祭祀の献上品の魚や鹿を、
土玉を使った投網で捕らえ、投網ごと奉納したと考える。

　青谷上寺地遺跡（図2-7参照）から土玉が数千個出土しており消耗品として
用いられていたことが分かる。青谷上寺地遺跡からは絵画をもつ土玉が一つ
だけ出土している。描かれていたのは鹿・鳥それにフカと思われる魚であっ
た。青谷上寺地遺跡の調査報告書では漁網錘ではないと否定的であったが捕
獲する対象を描いたと考えれば投網の錘と考える。

1.3 遺跡から祭祀を描く

　表2-1「田和山遺跡から出土した遺物と祭祀の関わり」に田和山遺跡から
出土した主な遺物と想定される祭祀の行事をまとめた。この表から五本柱遺
構時代と九本柱遺構時代に使われた遺構や土器及び石器等（石鏃・石剣・石斧・
石包丁）を比較し山頂の儀式の違いを整理してみた。九本柱遺構時代になる
と環濠が1つから3つへ増加し儀式に高坏・つぶて石・石斧が加わる。

　多少の差はあるが基本的には全期間を通じ同じ祭祀を引き継いでいた様
だ。田和山遺跡の五本柱遺構と九本柱遺構の活動時期を考えると土器編年で
Ⅱ－2〜Ⅲ－1の時期に断絶があり大きな画期があったと推察される。五本
柱遺構時代に鋳造された菱環鈕式銅鐸・外縁付鈕1式銅鐸の銅の産地は雲南
省だったが九本柱遺構時代に産地が華北産に切り替わっている。

　それぞれの時代の祭祀については後の章で触れる事にしてここでは出土し
た遺物から推察できる祭祀について摘要欄に追記した。建物の向きが冬至の
日没へ向いている事から太陽信仰の祭祀が行われていたと推定する。表から
祭祀には焚火・弓・斧や藁細工で作った物を使う儀式が含まれ祭場で魚を使
った料理を振舞っていたと考える。

　火や弓及び藁蛇のような藁細工を用いた儀式は日本各地に残っている。田
和山遺跡との関連を追いながら各地に伝わっている習俗を探り田和山遺跡で

表2-1　田和山遺跡から出土した遺物と祭祀の関わり

項目		前期末〜中期前葉		中期中葉〜後葉		摘要
頂上遺跡		五本柱遺構		九本柱遺構		祭祀施設 冬至の日没
環濠		1-a, 1-b		1-c、第2、第3		円壇又は境界と推定
焼土跡		あり		あり		焚火の祭
土器	編年	Ⅰ－4	Ⅱ－1	Ⅲ－2	Ⅳ－1	
	文様	ヘラ描直線文	櫛描文	断面三角突帯文	凹線文	家紋
	種類	壺（煤）、甕（煤）		高坏、壺（煤）、甕（煤）		山頂で飲食
石器		石鏃		石鏃		弓の儀式
		石剣		石剣		儀式・魚を捌く
				石斧		儀式
		石包丁		石包丁		藁細工
石類		つぶて石				儀式
土製品		土玉				投網（魚）
グループ		別天津神	イザナキ・イザナミ	須佐之男	物部	

行われていた稲作祭祀の再現を試みてみる。

1.4　友田遺跡

　友田遺跡は田和山遺跡の北東200m先の乃木段丘の丘陵地の先端にあり田和山遺跡と密接な関係があった遺跡だ。残念ながら現在は住宅地になり一角に標識柱が立っているだけだが友田遺跡は冬至の太陽が田和山の方向に沈むのを拝める場所に築かれていた。この遺跡（図2-8参照）から弥生前期末～後期前半の26基の土壙墓、6基の方形貼石墓、1基の四隅突出型墳丘墓が出土している。墓として使用していた期間は田和山遺跡で祭祀が行われていた期間にほぼ合致する。田和山遺跡の祭祀を司った一族の歴代に亘る墓とされる。古事記に書かれている国生みを担ったグループの人々の墓も当然この中にあると考える。

　遺跡の調査から五本柱遺構の時代に土壙墓群、九本柱遺構の時代に方形貼石周溝墓群が築かれたとされている。それぞれの時代の墓制について少し掘り下げて紹介する。

（1）五本柱遺構時代の土壙墓

　26基の土壙墓のうち木棺墓が23基と木棺主体であった。発掘調査報告書

図2-8　友田遺跡発掘調査図

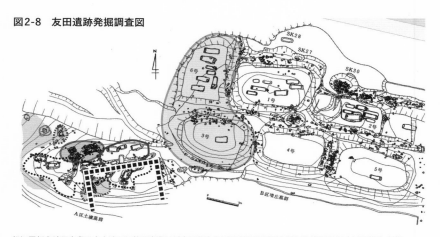

松江圏都市計画事業乃木土地区画整理事業区域内埋蔵文化財包蔵地発掘調査報告書「第135図」より引用し加筆

には土壙墓が墓上の配石（標石）の様式や棺の有無等で５つの様式に分けられている。５つの様式はそれぞれまとまって出土しており祭祀を司る人々を含む複数のグループが固有な様式を持っていたと考察されていた。

①標石や配石のない木棺墓が６基（実線黒枠）

②土壙の縁を配石で囲い頭部あたりに標石を置いている木棺墓が10基（点線枠）

③土壙の側面に石を積み土壙の上を石で覆う石槨様の木棺墓が４基（薄枠＋灰色）

④標石のみの木棺墓が３基（点線の薄枠＋灰色）

⑤円形や楕円形をした土壙が３基（灰色）

　副葬品は玉（勾玉、管玉）と石鏃（サヌカイト、黒曜石）が主だが②のグループは殆どの墓から副葬品が出土しており埋葬位置も尾根筋にあり最も勢力のあったグループと見られる。しかし、副葬品は相対的に多いと感じる程度で、土壙内の土器もごく僅かしかなく墓周辺から供献土器も出土していない。五本柱遺構時代は緩い結びつきのグループがお互いに協力して共同体を築き豊饒を願う祭祀を行っていた事が窺える。

　国生みのグループの墓がどの様式に該当するか気になるところだ。土壙内から出土した土器の文様を調べるとヘラ描文が①と②それぞれ１個出土しており別天津神の人々との関係がありそうだ。⑤から櫛描文土器が出土しているが単なる土壙で墓でない可能性が高い。残った③と④のいずれかがイザナキ・イザナミの人々の墓の可能性がある。なお、五本柱遺構時代は、別天津神の人々は三星堆から、イザナキ・イザナミの人々は楚の興した開明王朝から移動（表2-3参照）してきたと考えている。古蜀の埋葬風習を調べると三星堆は土葬とされ開明王朝の時代に石棺槨が始まっている。イザナキ・イザナミの人々の墓は石槨様の③の可能性が高そうだ。

（２）九本柱遺構時代の方形貼石周溝墓

　弥生中期中葉に築かれた九本柱遺構の時代から墓制が方形貼石周溝墓に変わっている。この墳丘墓上には木棺墓が複数埋葬されていたが副葬品と配石は出土していない。一方、１号墳丘墓と２号墳丘墓の周溝からは供献土器が比較的沢山出土しており、この土器を手掛かりにこの墳丘墓群が弥生中期中

葉から後期前半に築かれたものと推定されている。方形墳丘墓により墓制が統一され、多様性はなくなり、画一化された。3号墳丘墓・5号墳丘墓の主体部は1基しかなく4号墳丘墓の主体部が見つかっていない。他方、1号墳丘墓・2号墳丘墓・6号墳丘墓からは7基の主体が埋葬されていた。土器の出土が偏っているため築造の順番はハッキリしないが墳丘墓は南側の3基は尾根筋の高い位置にあり田和山に近いことと主体が1基と少ないことから北側の墳丘墓とペアで築造された可能性が高いと思える。中国では周代の葬送儀礼から「族墳墓」制度が始まっている。国王を頂点とする貴族墓地の「公墓」と平民の墓地の「邦墓」に分けている。南側の高みに祭祀の継承者、北側の墳丘墓に主要メンバーを埋葬したと思える。これに従えば2号墳丘墓と5号墳丘墓、1号墳丘墓と4号墳丘墓、3号墳丘墓と6号墳丘墓がペアになる。2号墳丘墓の周溝墓から突帯文土器が出土している事から2号墳丘墓が最も早く築かれたと考える。

　墓制の統一は九本柱遺構時代において新たな指導者体制の下で稲作祭祀を核にした強い絆の共同体組織が誕生していたことを窺わせる。この新しい墓制への移行は須佐之男の時代に始まり物部時代に引き継がれている。墳丘墓に埋葬された8主体は須佐之男を表現するにふさわしい。「八雲立つ、出雲八重垣」や津島神社に伝わる布矛8本を使った天王祭など8は須佐之男を象徴する数字になっている。大田市の物部神社の正月行事では、矢道式に1組、奉射祭に7組の、合わせて8組が弓を射る。又、三瓶山周辺に佐比売山神社(別名八面神社)と言われた8つの神社がある。物部神社は一の瓶の佐比売山神社とされる。物部の人々にとっても8は重要な数字になっている。ちなみに、三瓶の名前の由来は三の瓶からきている様だ。

　同じような方形貼石墓は中期中葉から後期前葉に日本海沿いの各地で築かれている。最古の遺跡は弥生中期中葉に出雲の中野美保遺跡や友田遺跡と丹後の日吉ケ丘遺跡とされている。

　須佐之男の人々は方形貼石墓の墓制を持ち込み新たに友田遺跡の主となり田和山遺跡の稲作祭祀を始めた。丹後の日吉ケ丘遺跡からは須佐之男の人々の家紋とみなす断面三角突帯文土器が出土し、気比から出土した外縁付鈕2式銅鐸も合わせ、須佐之男の人々が丹後を重視していた事を窺わせる。

　中期の後葉になると、方形貼石墓は丹後に集中する一方で、出雲での活動は徐々に停滞していた様だ。この時期、山陰の各地には四隅突出型墳丘墓の構築が始まっていた。当初は方形貼石墓と四隅突出型墳丘墓は三次、妻木晩田等で共存しており友好的な関係を築いていた。しかし、その関係は徐々に変化していったことが窺える。弥生後期になると三次の花園遺跡の第1号方形台状墓には215基の埋葬施設が築かれている。周辺の四隅突出型墳丘墓には埋葬施設は極めて少なく数十倍の差がついている。弥生後期前半には四隅突出型墳丘墓を「公墓」、方形貼石墓が「邦墓」と明確に区別される墳丘墓も出てきている。庄原の佐田谷遺跡では後期初頭の1号墓の四隅突出型墳丘墓と3号墓の方形区画墓（貼石ではないが）のペア、妻木晩田の洞ノ原墳丘墓群では後期前葉の1号墓の四隅突出型墳丘墓と2号墓の方形貼石墓のペアが築かれている。

　出雲への大国主の人々の進出に伴い友田遺跡の方形貼石周溝墓の築造は、田和山遺跡の稲作祭祀の終焉とほぼ時を同じくして、弥生中期末に終わったとされる。

（3）四隅突出型墳丘墓

　田和山遺跡の祭祀が終わった直後の弥生後期前葉に友田遺跡の土壙墓群に覆いかぶせるように四隅突出型墳丘墓が築かれる（図2-8左下隅の太い点線）。南側が削られており北半分しか残っておらず埋葬施設は見つかっていない。この四隅突出型墳丘墓は墓としてよりは国生み王朝に代わる新たな国づくり王朝を樹立したモニュメントの色彩が濃い様に見える。

2　三星堆文明の「鳥と太陽信仰」

　当初は田和山遺跡で行われていた稲作祭祀が何処から持ち込まれたのか考えあぐねていた。課題設定が漠然とし過ぎていたと反省し与件を整理しターゲットを絞ってみた。

稲作民が行っていた祭祀	稲作技術と祭祀は表裏一体
冬至の日没を意識した祭祀	太陽信仰（稲作の暦は太陽暦に拠った）
祭器に銅鐸（鈴の役割）	銅は雲南省産と推定し青銅器の技術を持っている
北九州に移住した時期	弥生早期（BC8〜5世紀？）に別天津神のグループ

　この情報をベースに中国大陸の稲作文明を探していると三星堆文明が有力な候補として俎上にのせられてきた。三星堆から奇妙な青銅器が出土したのはよく知られている。私はこの小冊子をまとめるまでは異様な出土物を宇宙人の造形などと揶揄して深入りを躊躇していた。長江文明で行われていた太陽暦や太陰太陽暦に切り替わる経緯などを調べ直している時に、東東会でお会いした竹本雅昭さんに巴蜀の話は面白いとのアドバイスを頂いた。何冊か資料を読み直していく過程で徐朝龍さんの『長江文明の発見・中国古代の謎に迫る』に書かれた三星堆の太陽樹（通称で正式には一号神樹や扶桑樹）に出会った。たぶん読むのは初めてではないと思うが頭に少しも残っていなかった。

2.1　三星堆文明

　三星堆文明は、長江文明の流れを汲む稲作文明で、長江上流域の北に広がる四川盆地の西側に位置する成都の北40kmにある三星堆遺跡（図2-37参照）を中心にBC2800年頃からBC800年頃まで2,000年に亘って栄えた。この文明は、展開した文化の違い（主として土器様式）で、4期に分けられている。BC2800〜BC2000年頃とされるⅠ期は独自の土器・石器を用いていた。Ⅱ・Ⅲ期は

BC2000～BC1200年頃とされ中国中原の夏・殷の時代に相当し中原の影響を受けた三足器と言われる土器形式が次第に主流となり青銅器・玉器が出現する。Ⅱ期後半には城壁の建造を始めており夏と殷の中原の争いが四川盆地にも広がったと言われている。Ⅳ期は殷末・周初期のBC1200～BC800年頃に相当し精美な青銅器・玉器を作っていた。

　長江文明すなわち稲作文明が生み出した鳥と太陽信仰は長江下流の河姆渡<ruby>河姆渡<rt>かぼと</rt></ruby>から始まったと推察する。稲作の豊饒を願う素朴な信仰は良渚<ruby>良渚<rt>りょうしょ</rt></ruby>文明が階層化社会へ大きく変貌するなかで、鳥と太陽信仰の文様をデフォルメし神秘的な祭器を用いた天円地方の宇宙観を生み出し、社会を治める為の祭祀に衣替えしていった。

　一方、鳥と太陽信仰は長江上流の辺境の地で命脈を保っていた。三星堆の人々は稲作を始めた当初の農村共同体の形を維持し、高度な青銅器の製造技術により、自らの文明の宇宙観を青銅器で具象化し後世に残した。もちろん鳥と太陽信仰は具象化の中心テーマであった。しかし、BC9世紀頃に三星堆文明を築いた人々は度重なる水害に遭い三星堆を放棄し何処かに移動したと言われ、青銅器などの遺品は燃やされ埋納されて忘れ去られ2,000年間に亘って歴史の闇に埋もれていた。

2.2　三星堆の「鳥と太陽信仰」

　三星堆の人々が信じていた鳥と太陽信仰の宇宙観や祭祀は語り継がれ、春秋時代に蜀に侵入して開明王朝（BC？～BC316年）を建てた楚の人々によって集められ戦国時代から前漢の楚の複数の作者によって書き残され、中国の古代神話の書物『山海経』<ruby>山海経<rt>せんがいきょう</rt></ruby>に採用された。

（1）『山海経』と「10個の太陽」

『山海経』は全18篇からなり西周後期以前の巴蜀の神話や伝承をまとめた大荒経<ruby>大荒経<rt>だいこうけい</rt></ruby>5篇（東西南北、海内篇）、周時代の荊楚の呪術的な伝承を集めた五蔵山経5篇（東西南北、中山経）と神話や伝承をまとめた海外経4篇（東西南北）、秦末から漢初の神話や伝承をまとめた海内経4篇（東西南北）から成っている。『山海経』に残された理解不能な10個の太陽、名前が付けられ十干として

中国の暦に採用されるなど様々な形で使われているが、その神話に光を当てたのが1986年の三星堆遺跡の大発見であった。神話の舞台は東シナ海や朝鮮半島・日本にも及び三星堆周辺に限定した神話でないことを物語っている。長江文明の鳥と太陽信仰は、三星堆の遺物から、急速に明らかになりつつある。まずは『山海経』から話を進める。

『山海経』の10個の太陽は扶桑樹と組み合わせて大荒経大荒東経編にまず登場する。古代の中国の人達は地球を方形の大地と考えていた。大荒とは大地を取り巻く果てしない荒野とされ、東は東海（東シナ海）の外、底知れぬ深さの谷間にあった。

「大荒の中に孽揺頵羝という名の山があった。山上には扶桑樹あり、三百里に渡ってそびえ立っていた。葉の形状は芥菜葉のようであった。温源谷という山谷があり、湯谷上面には扶桑樹が生い茂っており、一つの太陽が先ほど湯谷に戻り、別の一つの太陽が先ほど扶桑樹の上を出て去った。全て鳥の背中に乗っていた。」

　次に海外経海外東経編で10個の太陽を描いている。海外とは方形の大地の周辺部で中国の文明の及ばない地域とされ東は東南の隅から東北の隅の国家地域を指し、周時代には、朝鮮半島や日本はこの地域にあったようだ。黒歯国は魏志倭人伝にも記述され邪馬台国の東南にあると言われた伝説の国である。その黒歯国の説明の後に10個の太陽と扶桑樹が出てくる。「下方には湯谷があった。湯谷には一本の扶桑樹があり、十個の太陽が入浴する場所で、黒歯国の北面にあった。大量の水を湛えた中間にある大きな樹木に九個の太陽が下の枝に、一個の太陽がその上枝に止まっていた。」太陽が湯谷で湯につかり疲れをいやし輝きを増して出番を待っている場面を描いている。

　海外経海外東経編では10個の太陽が止まる扶桑樹のある湯谷は黒歯国の北にあるとされていた。黒歯国では稲を食べたとも書かれており、国生みによって稲作が始まっていた西日本を指すと考えれば、湯谷は本州の北側（日本海側）になる。黒歯国は蛇についても言及しており稲と蛇との関わりからイザナキ・イザナミの人々が入植した地域を連想する。古代中国の人々は湯谷が日本列島にあったと考えていた様だ。私は田和山遺跡と玉造温泉を思い浮かべる。

『山海経』には、大荒経大荒北経編に崑崙（こんろん）の西に若木を登場させ「赤樹で葉は紫で花は赤く」と夕陽を連想させ、若木を太陽の日の入るところとしている。鳥は湯谷の扶桑樹の頂上から太陽を背負って飛び立ち（日の出）、崑崙の西の若木に辿り着いた（日の入り）。若木に辿り着いた鳥と太陽は翌朝には湯谷の扶桑樹の下の枝に移動している。三星堆の人々は太陽の営みに無限の力と神秘を感じていた。なお、扶桑樹と若木は同じだとされている。

（2）一号神樹と鳥

三星堆遺跡の二号坑で発見された一号神樹（図2-9参照）は『山海経』の扶桑樹の10個の太陽の伝承を青銅器で具象化したと考えられ考古学的に貴重な出土品とされている。発見から20年間が経過し、この間に発表された資料や公表された遺物から、一号神樹の全貌が明らかになってきている。三星堆の人々は祭祀を青銅器でビジュアル化して共有化していた。良渚文化は宇宙観をデフォルメして祭器を作り神秘化したが三星堆の人々は逆の選択をした。階層化社会を嫌い太陽信仰と共同体社会を守っていたように思われる。そして単に祈るだけではなく自らの力で太陽の恵みを享受しようとしたと思える節があるのだ。

この一号神樹は389㎝だが復元が完成すると4mを超えると言われている。幹の3カ所から3本の枝が伸びておりその枝の中間のピークに蕾（つぼみ）があり蕾の上に鳥が止まっている。枝の上には計9羽の鳥が

図2-9　一号神樹

三星堆博物館にて2011年撮影
東海林芳郎先生提供

立っており幹の先端は欠けているが蕾が飾られその上に烏が立っていれば10羽になる。烏は太陽を背負って枝にとまっていると想像する。10羽目は太陽を背負って飛び立った後なのだろうか。一号神樹は扶桑樹に宿る10個の太陽の神話をそのまま青銅器に鋳造し具現化し祭器として使用していた。

　一号神樹の出土した二号坑から魚と鈴の飾りが出土している。一号神樹の枝の先端にフックを付け付属品をぶら下げていた。魚飾りは烏が太陽を背負って元気に飛び立つように好物の魚を貢ぎ物にしたと考えられる。私は近江などに伝わっている烏勧請（先食烏、烏の棚）の習俗を連想する。三星堆の一号坑から出土した三星堆王朝最後の魚鳧王の黄金の杖（金杖）には矢で捕まえた魚を鳥に与えている文様を彫りこんでいる。三星堆の祭祀の中で鳥に魚を捧げる儀式が重要な位置を占めていた事を示唆している。三星堆王国の王は蚕叢・柏灌・魚鳧とされる。柏灌とは魚を捕る鵜、魚鳧の鳧も水鳥を指している。シャーマンも兼ねた王自らが鳥となり魚を捕って烏へ捧げる儀式を強調している。なお、この文様は鳥を太陽、魚を水、矢を稲穂と見立てて豊富な水と太陽の光を浴びて豊饒を願う金杖とする解釈もある。三星堆は稲作を生業とした国であった。

　鈴飾りは鈴の音を聞かせて烏が寝過ごさずに太陽を背負って勢いよく飛び立ってくれることを願ったと想像する。鷹は烏の天敵であり、今日でも烏に悩まされる地域では鷹の鳴き声を聞かせて烏を追い払っている。鷹の高い金属性の鳴き声は青銅の鈴の音によく似ている。烏に鷹の鳴き声に似た銅鈴を聞かせ日の出（太陽の再生）を祈った。この鈴が稲作祭祀に用いられた銅鐸に繋がったと思える。三星堆の人々は魚や鈴の飾りを利用して、単に神に祈るだけでなく、自らの力で光り輝く元気な太陽を呼び寄せ豊穣を願う祭祀を行っていた。

（3）二号神樹と鶏

　二号神樹は槃木（幡木）や桃都樹・桃樹とも呼ばれた神樹だ。私が注目したのは二号神樹の頂上に立っていたとされる天鶏（図2-9-1参照、金鶏とも呼ぶ）だ。中国の西晋時代の博物誌『玄中記』に「……桃都と呼ばれる大きな木が生えている。……そのてっぺんには天鶏が一羽いる。日が昇りかけてその光がこの大樹を照らすと、天鶏が鳴きはじめ、（世界中の）他の鶏たちも一斉に鳴き

だす。」とある。天鶏は夜明けを告げる即ち太陽（神）の出現を告げる先触れとして描かれている。

秋祭りで神様が乗る神輿は屋根の四隅に鳥が飾られている。鳥が神様を背負って運ぶ事を象徴していた乗り物だ。屋根の天辺に飾られている鳳凰はまさに天鶏に比定できる。三星堆の宇宙観が伝承されている。

この榃木の根元に二人の神がいて不詳の鬼を捕まえて殺すと書かれている。この木に生る桃の実は西太后の不老不死の桃とされている。古事記にも

図2-9-1　二号神樹の頂上の天鶏

三星堆博物館にて2011年撮影
東海林芳郎先生提供

イザナキが桃の種で鬼から逃れる逸話があり、桃樹の番人と鬼の逸話を想起させ、三星堆との強い結びつきを感じる。

2.3　蛇と神壇

第1部「古代出雲王国」の中で水田を開発し西日本に稲作を拡げた事例に宍粟の昔ばなしを取り上げた。宍粟の昔ばなしは、老翁に化けた蛇が五穀豊穣を約束する「鍋ヶ森」など、蛇をシンボルとする祭祀が稲作と共に伝わった事を示唆している。それともう一つ田和山遺跡の環濠や各地に伝わる山車のモデルと思える三星堆から出土した神壇に注目した。そこで三星堆から出土した青銅器に立ち戻って三星堆の蛇と神壇に触れておく。

再び徐朝龍さんの『三星堆・中国古代文明の謎』から引用させてもらう。この本の中で徐朝龍さんが、中国の古代の文献では龍と蛇の区別が曖昧だとしながら、三星堆遺跡の二号坑から出土した蛇（徐朝龍さんは龍と考えられているが）とされる出土品を幾つか紹介されている。

（1）蛇

二号坑から出土した一号神樹の根元に造られた怪物を『山海経』の海内経

図2-9-2　三星堆遺跡の縦目仮面

三星堆博物館にて2011年撮影
東海林芳郎先生提供

「南海の外、黒水と青水の間に木があり、名は若木という。若水はそこから流れ出る。禺中之国があり、霊山がある。赤蛇が木の上にいる。名を蝡蛇（ぜんだ）という。木を食う。」から説明されている。ここで赤蛇がいる木は一号神樹を指す若木とされ怪物は龍（蛇）を表すと書かれている。なお、一号神樹の写真（図2-9参照）には神樹の根元に蛇とおぼしき怪物が陣取っている。

　二号坑から出土した3点の大号獣面（縦目を持つ青銅製仮面）には私も本当に驚いた。深海魚が深海から引き揚げられた時の様に目が飛び出している人面の仮面（図2-9-2参照）だ。この目が飛び出している様を古代の中国の文献では縦目とか直目（ただめ）と表現している。『華陽国志』の蜀伝に古代蜀の最初の王の蜀侯蚕叢の記述に縦目とあり蚕叢の仮面とされている。徐朝龍さんは縦目を持つ青銅製仮面を『山海経』に燭龍として登場する神に結びつけられている。『山海経』の大荒北経に「西北の海の外、赤水の北に章尾山という山がある。そこに人間の顔をし、蛇の体をもつ赤い神がすんでいた。『直目』で『正乗』である。この神が目を閉じた時は天下が夜を迎えるが、彼の目が開いた時は天下が昼になる。彼は食わず、寝ず、休息せず、風雨も彼の指示を仰ぐ。彼はその神通力でもって天下隅々の暗い所を照らすため、『燭龍』（しょくりゅう）と呼ばれている。」と書かれている。蜀の国を火で照らすことから頭文字を燭とし蛇身を龍と名づけられていた。直目は縦目、正乗は顔の正面の飾りを指すと考えられ、縦目仮面の裏面には紅褐色の粘土が沢山付着して体が赤と推定できることから大号獣面を燭龍に比定されている。なお、徐朝龍さんは正乗を龍のシンボルと書かれている。

　以上から三星堆遺跡から出土した遺物の中に、『山海経』で蝡蛇と燭龍と呼ばれていた、2つの蛇が存在していた事が分かった。蝡蛇は蛇そのものをモデルにしているがその役割や霊力についての記述がなかった。燭龍は人面

蛇身で昼夜や風雨及び季節を支配する霊力を持つ神とされている。日本に伝わった蛇には、宍粟の伝承（第1部1.4（3）「宍粟の昔ばなし」参照）から、人へ変身し晴雨を自在にコントロールする霊力を持つものもいた。三星堆の蜥蛇と燭龍が宍粟の昔ばなしの蛇や八岐大蛇に比定できる可能性がありそうだ。

　時代が下って『山海経』だけでなく様々な文献に登場する祝融（しゅくゆう）は、燭龍と共通する記述が多く、ローカル色豊かな蜀の神から長江流域を支配する神にグレードアップしたと考えられている。『山海経図賛』に「祝融は火の神である。雲に乗り、龍を駕す（乗りこなす）。」とある。馬王堆一号漢墓から出土した祝融が描かれた帛画（はくが）には右に扶桑に宿る烏に背負われた太陽と蛇を、左に月に乗った兎と蛙を従え、人面蛇身の祝融は中央上部に描かれている。祝融が太陽と月を従える姿によって、もはや太陽が中心ではなく、天円地方の宇宙観が支配する世界に移った事を示唆している。

（2）神壇

　荒神谷遺跡から出土した銅矛16本を何に使ったか調査した時に10本の布鉾を使った津島神社の天王祭を調べた。祭りは、人が曳く山車の台車を舟に置き換えた、車楽船（だんじり）（図2-27参照）の上で行われている。

　この山車が三星堆から出土した「神壇」（神殿とも呼ばれる）と名づけられた青銅造形物にそっくりで驚いた。写真（図2-9-3参照）は出土した神壇の下部でこの上に上部の構築物が載っていたと考えられている。前述の徐朝龍さんは神壇が中国の『山海経』に登場する崑崙山（こんろん）をモデルに3層目が「霊となり、風雨を操る大帝の居」、2層目が「不死を得る」層との説を紹介されている。

　曽布川寛さんは「三星堆祭祀坑銅神壇の圖像学的考察（ずぞう）」に神壇の詳しい考察を述べられている。復元した神壇の図を三星堆の

図2-9-3　三星堆遺跡の神壇

三星堆博物館にて2011年撮影
東海林芳郎先生提供

神話的な宇宙観（天上・地上・地下）を表現し祭祀の様子を表し崑崙山の頂きでシャーマンが天を祀り龍が神の使いとして天と地の間を上下している図とされた。

　徐朝龍さんや曽布川寛さんはこの神壇を1層目が地下とされ3層目を祭祀場とされている。この点に異存はないが稲作を生業とする三星堆文明に大帝とか不死の概念は少し違和感が残る。

　神壇の復元図によると図2-9-3の上部に聖山があり頂上に扶桑樹が聳え天辺に神が坐っている。扶桑樹の天辺と根元に沢山の蛇がいる。この蛇は神と聖山の上の人々との間を取持つ神の使いと考えられる。日本に伝わっている神木を上下する山の神の使いの藁蛇の雛形のようだ。聖山と下部の構造物の間に3本の凸線文の様なものが描かれている。田和山遺跡の3重の環濠は、山頂の天を地上世界から切り離す、この3本の凸線文に見立てた様に見える。

　神壇は怪獣に担がれ運ばれる乗り物を表現しており国の中を巡り稲作の豊饒を願っていたと考える。日本の各地に伝わる山車も何層かの構造物を、舟に載せ漕いだり、台車に載せ人が引いたり、担いで運んでいる。神壇と山車は同じ宇宙観の乗り物と見てよいのではないか。

　山車の祭りは中部地方を中心に分布しており弥生後期に櫛描文土器が分布していた地域と重なっておりイザナキ・イザナミの人々との密接な関わりを感じる。

3　五本柱遺構時代の祭祀

　三星堆の宇宙観を念頭に各地に伝わった豊饒の祭祀から五本柱遺構時代の稲作祭祀の復元を試みる。祭祀の復元には民俗学からのアプローチが唯一の方法と考えた。幸い、イザナキ・イザナミの人々が足跡を残した地に、蛇にまつわる様々な習俗が伝えられていた。まず田和山遺跡の足元の出雲の蛇に関わる習俗から調査を始めた。続いてイザナキ・イザナミの人々が入植して稲作祭祀を拡げた地域を芋づる式に辿って調査範囲を広げた。田和山遺跡の稲作祭祀が復元できると確信したのは藁蛇を辿って橋本鉄男さんの『藁綱論』を読ませてもらった時だ。『藁綱論』には近江各地の詳細なフィールドワークシートが集められ整理されていた。田和山遺跡の出土遺物を思い浮かべながら読ませてもらった。

3.1 出雲の藁蛇と大樹

　出雲周辺の藁蛇と大樹の習俗を調べてみた。蛇に関する伝承は八岐大蛇だけと高を括っていたが出雲と中国山地の荒神さんに出会って驚いた。私の故郷（江津市）の近くにも地区ごとに神木を決めて藁蛇を使った託宣を行う大元神楽が伝わっていた（図2-10参照）。

　イザナキ・イザナミの時代に出雲から出土した外縁付鈕1式銅鐸は全体の38％に上り全て稲作民を象徴する袈裟襷文で占められていた。古事記にはイザナミが比婆山に葬られたと書かれている。出雲周辺に伝えられた藁蛇と神木の習俗はイザナミの人々の祭祀を色濃く残しているようだ。

（1）出雲の荒神信仰

　2017年末、出雲の名越先生の紹介で「古代出雲の謎に迫るバスツアー」に参加した時にガイドをされた荒神谷博物館の平野芳英副館長から『古代出雲を歩く』を頂いた。この本に意宇川の支流の桑並川沿いの志多備神社と島根半島の日本海側の玉結神社の荒神さんが紹介されていた。

図2-10　蛇（藁蛇・託綱）をテーマにした神楽と神事

らす下り蛇もあった。藁蛇は天上と交流し稲魂を再生させる使者ともされる。志多備神社の神木と藁蛇は三星堆遺跡から出土した第一神樹と蟠蛇を連想させた。

志多備神社の藁蛇は桑並地区を守る総荒神の宿る神木「スダジイ」（図2-11参照）の根元から数回、幹に巻きつき、まさに昇天しようとしている。藁蛇は毎年11月にその年の収穫された稲魂を持ち帰るものとされ、かつては春に新たな稲魂をもた

図2-11　意宇の志多備神社の神木

そこで田和山遺跡周辺をもう少し詳しく調べて『松江市史』の民俗編を見つけた。民俗編には出雲の荒神信仰の記述があり神木と藁蛇による民間信仰が古くから行われていた。享保2年（1717年）の『雲陽誌』によると、なんと約4,800柱の荒神が祀られている。

現在でも、出雲では平野部のほとんどの集落近辺の山や谷や屋敷内に荒神が祀られている。荒神を祀る集団は集落単位から同族集団・個人（屋敷神）な

どとされ祭祀を秋から冬にかけて行っている。戸外で神木に祀られ藁蛇を奉納する形は出雲の特徴とされていた。荒神は荒ぶる神や火の神ともされるなど地域によって多様な顔を持っている。出雲の蛇も幾つかの顔をもって祀られていたようだ。現在の松江市周辺を調べると須佐之男を祭神として祀っている所が多いが『雲陽誌』には須佐之男が7例、オキツヒコ・オキツヒメ（火の神）が5例、蛇が2例、死者が4例などと書かれている。

　古事記の八岐大蛇の逸話などから蛇の信仰は、須佐之男より前の、イザナキ・イザナミの時代に広がっていた。稲作民が入植を始めた弥生時代中期には田和山遺跡周辺に神木と藁蛇による稲作祭祀が広がり荒神信仰の原形になったと推察する。国生み時代の数百年間に亘って神木と藁蛇を舞台にした稲作祭祀が出雲や周辺地域に深く浸透していった。

　弥生時代は様々な人々が出雲に足跡を残して東方へ移動していった。イザナキ・イザナミの人々は須佐之男の人々に出雲を託して東に向かった。須佐之男の人々も、物部の人々や大国主の人々に押し出され、出雲を後にしている。出雲に残った人々は、田和山遺跡で行われていた稲作祭祀を終えた後も、藁蛇と神木の祀りを荒神信仰として今日に伝えていた。

（2）島根の神楽

　蛇の伝承は出雲や周辺の地域で舞われる神楽にも残されている。私の故郷でも秋祭の前夜に石見神楽が奉納される。私は神楽に登場する蛇は古事記にも書かれている八岐大蛇だけだと思っていた。今回、改めて出雲近辺で行われる神楽を島根県古代出雲歴史博物館企画の『島根の神楽』でおさらいをした。

　神楽は中世後期に山伏が猿田楽の技法を取り入れた余興の舞が始まりとされる。遠江等には猿田楽がそのまま伝承されている。明治以前は、門田などに稲架などで仮の高殿（神殿）を建てて舞台にして舞っていた。出雲神楽は、近世初頭に佐太神社の神主らが能様式を取り入れて始めた、新たな神楽の影響を強く受けている。

　佐太神社の正殿には主祭神の佐太大神（猿田毘古大神）と伊弉諾尊・伊弉冉尊など5柱が祀られている。佐太神社周辺の古い伝承が神事として或いは神楽の演目として佐陀神能系とされる出雲の神楽に伝えられている。佐陀神能

の演目「大社」では竜神が登場し佐太大神に5色の美蛇を捧げる場面がある。イザナキ・イザナミの人々と蛇との強い結びつきを伝えている。

『島根の神楽』は島根県で舞われている出雲神楽と石見神楽及び隠岐神楽だけでなく岡山・広島・山口の地域性豊かな神楽も取り上げている。私の知らない神楽が沢山掲載されており驚いた。故郷の近くの山間部にも古式で地域性豊かな神楽が伝えられている。この中には藁蛇を題材とする演目があり注目した。

藁蛇が登場する神楽は島根では石見の大元神楽と県西端の抜月（ぬくつき）神楽、岡山の備中荒神神楽、広島の比婆荒神神楽・備後神楽、山口県の山代神楽・三作（みつくり）神楽など広範囲の地域に伝えられていた。藁蛇は式年の大規模な神楽の時に舞われ核心となる神事部分に登場する場合が多いとされている。

藁蛇の神楽が伝承された地域（図2-10参照）を見ると大国主の人々が東遷した三次・庄原や伯耆・出雲とその間のルートから外れた地域が多い。神木と藁蛇の祭祀は大国主の人々の圧迫を逃れ周辺の地域で命脈を保っていた。

（3）大元神楽

大元（おおもと）神楽（図2-12参照）では神木から藁蛇に勧請した神が夜神楽の明け方に祭場の託太夫（又は見物の人）にトランスする。憑かれた託太夫が村人の、向こう7年の天候・作柄・健康などの問いに答え（託宣し）、クライマックスになる。その日、藁蛇は元の神木に巻き付けて戻され神事は終了する。

各地の神楽でも藁蛇によって村人がトランスし託宣した後に藁蛇を神木や祠に巻き付けている。地域によって式年の間隔がまちまちだったり藁蛇が託綱になっていたり藁蛇が祭場にセットされていたりしてまったく同じではないようだ。

出雲の志多備神社の荒神さんや大元神楽は、三星堆の神樹（扶桑）と蜿蛇の関係を想起させ、山の神（神木に宿る神）と神の使いの藁蛇の役割を教えてくれた。大元神楽の藁蛇が蜿蛇とすれば蜿蛇の役割は扶桑に宿

図2-12　大元神楽の託宣

島根の神楽「106頁」より　島根県古代文化センター提供

る神（烏に背負われた太陽）から勧請した神の使いの役になる。三星堆の後裔とされるイ族のピモと呼ばれるシャーマンが鶏を通じて豊作祈願をしている儀式をNHKのテレビで見たことがある。神が勧請するのが蛇と鶏の違いはあるが基本的には同根の儀式に見えた。

（4）比婆荒神神楽

　先日、久方ぶりに佐倉の国立歴史民俗博物館に出かけ展示室のリニューアルに伴うお披露目「先史・古代展示」を見てきた。稲作の暦年代の考え方に少し疑問があったが展示が分かり易くよくまとまっていた。行き詰った時に何げなく眺めると頭の整理の助けになる。

　時間があったので民俗ゾーンを覗いてみたら比婆荒神神楽が展示されていた。この舞台を見て古事記の大国主神の条の「根の堅州国訪問」に書かれた大国主の試練が田和山遺跡の稲作祭祀を描いていると気付いた。比婆荒神神楽は、比婆山のふもとの地域に伝えられ、田和山遺跡のイザナミの稲作祭祀を受け継いでいる。古来、舞台の高殿は田和山山頂と同じ天の神との対話の場を模していた。

　図2-13「比婆荒神神楽の舞台—藁蛇」の藁蛇は古事記の「……其の蛇の室に寝ねしめき。是に、其の妻須勢理毘売、蛇のひれを以て其の夫に授けて云ひしく、……。故、教の如くせしかば、蛇、自ら静まりき。」に蛇として描かれている。ひれは御幣に読み替える。

　さらに「亦、来し日の夜は、呉公と蜂との室に入れき。亦、呉公と蜂とのひれを授けて教ふること、先の如し。故、平らけく出でき。」は図2-14「比婆荒神神楽の舞台—祭壇」

図2-13　比婆荒神神楽の舞台—藁蛇

国立歴史民俗博物館「民俗ゾーン」にて
2020年1月20日撮影

図2-14　比婆荒神神楽の舞台—祭壇

国立歴史民俗博物館「民俗ゾーン」にて
2020年1月20日撮影

の五穀豊穣の祭壇が浮かんできた。呉公は稲や小麦の穂、蜂はさやのままの大豆や小豆を表す。稲作民のイザナミの人々は、藁蛇を神の使いとして、五穀豊穣の祭祀を田和山遺跡で行っていたと推察する。

　なお、古事記に書かれた大国主神の4つの試練の残りの2つ、鏑矢と野火は交易・開拓民のイザナキの人々の習俗（3.2「近江の『オコナイ』」参照）の的射と左義長に伝えられた。

（5）岩国行波神楽の八関

　神楽に八の数字を冠にした演目が幾つかあった。太陽暦の八節（立春、春分、立夏、夏至、立秋、秋分、立冬、冬至）は稲作の農作業を決める重要な季節の変わり目であった。数字の八は重要な意味を持っている。『島根の神楽』には岩国行波の神舞「八関」、出雲神楽の「八澤」又は「八注連神楽」、隠岐神楽の「八重注連神楽」などが紹介されている。

　岩国行波神楽の八関（図2-15参照）は「五穀豊穣・民安穏・厄疫退散」を祈願して行われ、奉吏が鬼の守る八つの関を破って高さ25mの柱松を登り天辺に飾られた三光（日月星の宇宙を表す）を燃やす（破る事もある）筋書きだ。私は八つの関を八節とし鬼を蛇と見立てた。三星堆の建木とおぼしき、天に通じる梯子を登って、天に君臨し季節を操る神の燭龍を模した三光を燃やして新たな支配者になったと解釈した。八岐大蛇の岩国版だ。神楽は祭祀を祀る人々が、八節の暦を祀ってきた人々から、新しい暦を持ちこんだ人々に替わる場面を神木の舞台で表現している。

　「八澤」、「八注連神楽」、「八重注連神楽」は、今日では見ることが出来ないが、浄土神楽と呼ばれる葬祭・霊祭で行われた神楽だ。これらの神楽は古代の五穀豊穣の伝承が中世の仏教の死生観に形を変えて伝えられている。隠岐神楽の葬祭・霊祭で舞われる八重注連神楽では、古代の太陽の宿る湯谷の宇宙観が死後の黄泉の世界と結びついた。出雲の八澤（八

図2-15　岩国行波の神舞「八関」

島根の神楽「94頁、写真①」より
島根県古代文化センター提供

注連神楽とも呼ばれた）は死後の「蛇形」の姿の苦しみからの救済を祈る舞であった。

（6）市木神社の八注連神事

八注連神事は石見東部の浜田市旭町市木の市木神社と隣接する安芸山県郡東部の北広島町志路原の熊野新宮神社に伝えられている。現在でも特別な大祭の時に、神輿渡御（とぎょ）の御旅

図2-16　市木神社「千百五十年祭」における八注連神事

島根の神楽「97頁、写真①」より
島根県古代文化センター提供

所の行事として行われ天下泰平・五穀豊穣の祈願の神事とされる。八注連神事は注連縄を八角形の各角から中央に立てた竹竿に張って行った神事から名前が付けられたとされる。中央には神輿が鎮座し、八角形の各角に神主さんが立ち各角で奉幣と弓矢の神事（図2-16参照）を行っている。八節の季節へ矢を射て神（太陽）への道を通す神事を御旅所で行っていたと推察する。田和山遺跡から出土した石鏃との関連に注目している。

神楽の説明で同じ名の八注連神楽が舞われていたと紹介した。浄土神楽とされる神楽の舞台が八注連神事と似ており根は同じとの説もある。

（7）佐太神社の龍蛇神

多久の折絶（おりたえ）はイザナキ・イザナミの人々が出雲に足を踏み入れた日本海側の古浦遺跡から堀部第1遺跡を経て宍道湖畔の西川津遺跡や意宇の田和山遺跡に至る道の入り口に位置している。イザナキ・イザナミを祀る佐太神社は多久の折絶を抜けて宍道湖畔に至る秋鹿郡の神名火山（朝日山）のふもとに鎮座している。

佐太神社で行われる神在祭（じんざい）では、八百万の神々の先触れ、あるいは竜宮の使いとされる龍蛇神を祀っている。龍蛇神は、人々が龍蛇さんや龍神さんと呼ぶ海蛇で、黒潮に乗って南の海からやってくるセグロウミヘビだそうだ。昔は龍蛇祝（りゅうじゃはふり）と呼ばれる龍蛇上げの役目が世襲であった。図2-17「龍蛇神を祀る三方」は太陽の八節の光芒を表すと考える八角星文の銅鏡を祀った神坐の手前の三方に龍蛇神が祀られている。この舞台の複数の八角星文銅鏡は三星堆の扶桑に宿る鳥に背負われた10個の太陽に、龍蛇神は扶桑に棲む蜷蛇

に、竜宮は南海の彼方の海底にあり太陽が
宿る扶桑がそびえる湯谷を思い浮かべる。
佐太神社の人々は竜宮を『山海経』の大荒
経と海外経に書かれている湯谷をモデルに
したと思えるのだ。『山海経』の記述は中
国文明の拡がりに伴い地（球）の果ての大荒
にあった湯谷が地の周辺（海外）へ含まれた
ことを示唆している。魏志倭人伝の記述も
考慮すれば湯谷を日本列島の中に存在して
いたと考えていたふしがある。佐太神社の
竜宮は、湯谷の位置づけを当初の大荒を変
えず、更に東の太平洋の海中に移動させて
いる。

図2-17　龍蛇神を祀る三方

佐太神社公式HP「神在祭2」より引用

　神在祭は祭りの終わりに神々をお送りする神等去出神事を執り行う。注目
したのは神等去出神事を行う祭祀場だ。竜宮ならば海岸近くの水場と思える
が実際は近くの神ノ目山の山頂にて行われる。神々は3鳥が先導する小舟に
乗り竜宮に戻ってゆく。古事記の神生みに立ち戻れば山は「天」を連想し、
鳥と小舟は「天」を往来する天鳥船を思い浮かべる。

　神在祭には、三星堆で神が宿るとされた、神木や太陽を背負う鳥の出番が
表に出ない。出雲の荒神信仰は、神木に宿る荒ぶる神は須佐之男命とされ、
神の使いとされる藁蛇と天に通じる神木を須佐之男命が支配していた。八岐
大蛇（燭龍）が担っていた風雨や季節等を操る役割を須佐之男命が引き継ぎ君
臨している。古代出雲王朝がイザナキ・イザナミの人々から須佐之男の人々
に引き継がれた舞台裏を垣間見せる神在祭だ。

　余談だが、佐太神社には神前に供えた「神在餅」と小豆を煮て雑煮を作り
食べる風習があった。これが転化して「ぜんざい」となったとされ「ぜんざ
い発祥の地」とされる所以である。

3.2　近江の「オコナイ」

　古事記にはイザナキが淡海の多賀に鎮座したと書かれている。イザナキの人々は、須佐之男の人々に田和山遺跡の祭祀を譲り、出雲を後にして列島を東に移動し近江に拠点を築いていた。近江は大岩山からは突線鈕式銅鐸が多数出土しかつ弥生後期まで櫛描文土器を使用し続けていた最西端の地域だ。イザナキの人々は、倭国大乱の時期と一致する、弥生後期に伊勢遺跡に祭祀施設を築いている。伊勢遺跡は、大岩山の銅鐸出土地から見て冬至の日の入りの方向に位置しており、稲作祭祀と強く結びついていた。

　田和山遺跡の五本柱遺構で行われていた古式の稲作祭祀が近江に伝わり今も残っているのではとの期待を込めて藁蛇の祭祀を調べてみた。

（1）藁綱論

　国会図書館の検索画面から藁蛇で検索すると橋本鉄男さんが書かれた『藁綱論—近江におけるジャのセレモニー』が唯一ヒットした。近江の藁蛇は難解である。まず登場する藁蛇はタツと呼ばれていた。タツは大蛇とされ神木に宿る山の神を須佐之男命と結びつける見方があり驚いた。山の神については後でもう少し触れてみたい。祭事はオコナイと呼び地域によって総オコナイ、宮オコナイ、寺オコナイなど表現が違う。年頭のオトウ、神事、春祭もオコナイと呼ぶ場合もある。山の口明、火祭、弓を射る的射の行事をプシャオコナイと呼んでいる。

　図2-18「『藁綱論』で紹介された事例」に『藁綱論』の中に紹介されていたオコナイの場所をプロットした。藁綱に取り上げられたオコナイは琵琶湖西岸全域にわたって伝えられた民俗習俗であった。一方、オコナイは仏教用語との説があり餅を中心とした寺のセレモニーとの誤解を生んでいたとされる。橋本さんは『藁綱論』で藁綱のオコナイは仏教が伝わる前から続いている祭祀だと主張されている。

（2）藁綱による年頭のオコナイ

　橋本さんは藁綱のオコナイは13の歳時習俗的な要素から成ると主張される。初山踏、綱打ち、勧請吊、烏勧請、鉤曳キ、タイゲハヤシ、正月田植、綱引き、的射、角力、左義長、初祈禱、綱切りだそうだ。概ね理解できてい

図2-18　『藁綱論』で紹介された事例

Google Map より

ないが烏勧請で烏、的射で弓矢が登場し、左義長は火祭りを指している。烏は太陽を運ぶ烏を意識し、弓矢と火祭りは田和山遺跡の石鏃と焼土跡と関連づけられる。

『藁綱論』に近江市の箕川と蛭谷の山の神祭を例に祭祀の日程がまとめられている。箕川では1〜7日までが年頭のオコナイの主要な行事の日程になる。この行事を少し整理すると1〜3日がタツガマイラハルの神迎え・五穀豊穣の祭、4〜6日はタツノケヤキとされる山の神祭、7日はタイキリと呼ばれる稲の再生の祀りの3部構成となっている。この日数は蛭谷では少し違っている。ここでは7日間の行事を行う箕川に焦点を当てる。

『藁綱論』の「藁綱論のためのノート」に収録されていた年頭のオコナイの行事から近江湖東小椋谷の箕川の古拙なおもむきとされる年頭習俗を少し詳しく紹介する。

　2日の朝を「伐初メ」と呼びオコナイで使うカギ（鉤）を柳の木で作る。カギにはキンタマと呼ばれる炭切れを包んだ藁包みを2個ぶら下げる。蛭谷の場合は河原で恵方を向いて小石を2個拾ってきて藁包みを作っている。恵方

は十干で決まる方角なので太陽を意識した行為だ。この小石が田和山遺跡の環濠から出土したつぶて石の謎を解くヒントを与えてくれた。3日は若衆が氏神の仮屋に集まって藁でタツを作り、コウドノ（神主）とシュウシ（宮座の集会で飲食）を行う。シュウシには尾頭付きの肴が必須とされていた。魚を使う飲食が田和山遺跡の頂上で行われたとの推測に少し展望が見えてきた。シュウシが終わるとタツの頭を本社の前面へ尾を鳥居の真下に置き引き伸ばす。この習俗はタツに勧請させる神事とされる。続いてタツの前に盛砂をしてジュウニトウ（御幣）を挿して円形状のものを造作（正月田植）する。キンタマの藁包みをぶら下げたカギにジュウニトウを付け、タツに引っ掛けて鉤曳きしながら「早稲よォ、中稲よォ、晩穂よォ、五穀成就ゥ」と唱和し五穀豊穣を祈念する。鉤曳きが終わるとカギを付けたジュウニトウをその場に投げ捨てている。ここまでがタツガマイラハルと呼ばれている。

　山の神の祭りとされるタツノケヤキは4日（コウドノネント・湯殿初め）、5日（炭の口）の行事から始まる。6日の年越しの行事にタツが再び登場する。5日の晩から6日にかけて仮屋で、3日に作ったタツを、一回り大きなタツに作り替える。作ったタツを、いったん左巻きに7巻半の蜷局を巻き、引き伸ばして綱引きを行う。現在、箕川では的射は行われていないが、蜷局は弓矢を射る行事を行っていた名残だと書かれている。タツを氏神の本社へ引っ張って行き仮屋の前へ納める。納めた後にお神酒をタツに供え篝火を焚いて（左義長）3度ばかり周囲を廻って終了する。綱引きはその年の稲魂を天に持ち帰るか決める儀式で焚火の煙で稲魂を天に戻している。

　翌日7日はクライマックスの新年のタイキリの行事となる。まずカギカクシと呼ばれる性的秘儀の行事で橡の木で雄のタイと雌のタイを作りその2つを重ね合わせて縄でくくり若衆が背負って山の神の依り代とされる杉の古木の下の祠に参拝する。この時タイを背負った若者が一種のトランス状態に墜ちて託宣する。この性的秘儀が新しい稲魂や神（太陽）の再生を象徴していると考える。

　最後にタツガカエラハルを14日に行う。若衆が仮屋に集まりカギを牛王杖に作り替える。タツにお神酒と一緒に牛王杖をお供えしてシュウシ（飲食）を行う。続いてタツの頭を鳥居に尾を本社へ向けて引き伸ばして行事が終了

する。

　以上が古拙の趣とされる箕川の「年頭のオコナイ」だ。この習俗は田和山遺跡の祭祀の復元に大いに参考にさせてもらった。

（3）習俗の補足

『藁綱論』に紹介されているオコナイの習俗で気になる物を幾つか深掘りしておきたい。的射で矢を射る行事だ。藁蛇を蜷局を巻かせたり藁綱の輪で円形の的を作り弓矢を引いたり空に向かって矢を射たりする事例が収録されている。円形の的や空に向かって射る所作は太陽の光を通す行為だ。稲魂を神（太陽）に戻すために天への道を付けるとの説が有力だ。

　左義長には火祭りで蛇縄を作った残りの藁や古い蛇縄を燃やす行事が収録されている。収穫した稲魂を煙にして天に向かって昇らせる行事のようだ。

　鳥勧請は神社や山の神の依り代とされる神木の下などで行われる。鳥勧請は先食とも呼ばれセンジキ棚を設けお供えしてまず鳥に食べてもらう行事だ。多賀大社では4月22日の古例大祭に先立ち16日に先食行事を行っている。多賀町敏満寺（廃寺）の胡宮神社のように毎日鳥に先食を上げていた所もあった。この先食は、神社だけでなく、年頭のオコナイの山の神祭で行われていた。

（4）イザナキとイザナミの稲作祭祀

　年頭のオコナイは村の五穀豊穣と除災招福を願う行事とされている。特にタツに関わる行事は稲魂の再生による五穀豊穣を強く意識している。橋本鉄男さんは「……実はジャの和魂による再生、荒魂による死と再生といった姿で、その転生がなお繰り返し続行されているようにも受け止められるのである。」と述べられている。私には年頭のオコナイが稲だけでなく神（太陽）の再生を願い積極的にその再生に関与する気持ちが表れている儀式に思える。

　近江の年頭のオコナイではタツ（藁蛇）が神の使いとして重要な役割を果たし山の神の依り代の神木の前で鳥の先食の儀式を行っている。三星堆遺跡から出土した一号神樹には9羽の鳥が止まっており根元には蜿蛇が陣取っていた。太陽を背負った鳥は神（太陽）そのものとも考えられる。2つの祭祀はほぼ同じ舞台装置と宇宙観で祀られている。

　出雲の荒神さんと近江の年頭のオコナイとは神木や藁蛇の舞台装置は共通

だが、出雲では藁蛇と神木が強く結びついて託宣が重要な神事として伝えられ、近江で伝えられた鳥勧請、的射、左義長は出雲では影が薄い。稲作民のイザナミの人々は出雲を中心に五穀豊穣の祭を、交易・開拓民のイザナキの人々は近江を中心に山の神祭を広めておりこの違いが表れたと考える。

3.3　藁蛇の足跡

　藁蛇にまつわる伝承や民俗習俗は日本各地に残っている。私はイザナキ・イザナミの人々が蛇を自らのシンボルとしていたと考えている。そこでイザナキ・イザナミの人々が足跡を残したと思われる地域の蛇に関わる伝承や藁蛇の習俗について触れてみた。弥生前期末〜中期初頭の早い段階から稲作祭祀が行われたとみられる淡路島、弥生中期に櫛描文の生駒西麓産土器が盛行した奈良盆地の民俗習俗を調べてみた。

（1）淡路島の「蛇供養」

　最古式の袈裟襷文の松帆銅鐸が出土し、イザナミの足跡を強く感じる、南あわじの地に神木と藁蛇の祭りが寺の行事として伝えられている。南あわじ市の安住寺に500年前から伝わったとされる蛇供養だ。田んぼを荒らす大蛇を殺したところ不作が続き供養したとの言い伝えだ。ワラで作られた長さ約12mの蛇を人々に巻き付けながら、五穀豊穣と無病息災を願って、お寺の近くのムクノキに巻き付ける。お寺さんに残っていたとはビックリだ。村人が守っていた伝承をお寺さんが形にして残したと推察する。淡路島では大国主の人々の東征により早い段階で稲作祭祀を終えたが蛇の伝承を粘り強く伝えた象徴と思える。

（2）福良大綱引き

　綱引きの藁綱を藁蛇の原形と考えて南あわじ市福良や松帆に近い洲本市の鳥飼八幡宮で行われている大綱引きの祭を取り上げた。綱引きは、東軍と西軍に分かれ、長さ約500mの綱を引き合う。永禄3年（1560年）に豊作、大漁を祈願して始まったと伝えられている。近江でも年頭のオコナイでタツを曳き合う綱引きの習俗が伝えられており、イザナミの人々が活動した名残のようだ。

(3)奈良盆地の「野神祭り」

奈良盆地の藁蛇は野神祭りとして知られている。関西外国語大学の研究論集の第94号（2011年9月）に牛承彪さんが「奈良盆地における藁の大蛇」を投稿されておりサブタイトルが「日本・中国における龍蛇信仰の比較研究に向けて」だった。藁で龍蛇を作った中国の事例として清代・民国時代の民俗誌に「中国の長江やその南で雨乞いとして広く行われている論文が散見された。」と紹介している。しかし高谷重夫さんの雨乞いの研究も取り上げ、野神祭りと雨乞い習俗との関連に触れ、別の性格とした説も紹介されている。

野神祭りは地域の共同体で行われる祭で出雲周辺の屋敷神や祖霊神の形態はない。また、託宣などの神からのお告げの神事はなく願いを藁蛇に託して神木などに巻き付けて神に伝える形態だ。奈良は櫛描文土器として有名な生駒西麓産土器の産地に近い。私は奈良に最初に乗り込んだ稲作民が櫛描文土器と一緒に持ち込んだ祭祀が起源と考える。

3.4　蛇の祀りの起源

イザナキ・イザナミの人々は、稲作を各地に普及させると同時に、先住の人々の心に蛇との遭遇を深く刻み蛇に関わる伝承や民俗習俗を各地に残していた。この神木と藁蛇を組み合わせた伝承や民俗習俗が、田和山遺跡の稲作祭祀を経由して、三星堆から出土した青銅の神樹と蛇に結びつく、と3.2「近江の『オコナイ』」に書かせてもらった。

この章のまとめに、各地に伝えられた蛇が三星堆の蜿蛇と燭龍のいずれを起源とするのかまとめてみた。

三星堆の蜿蛇は扶桑の根元に陣取り鳥に背負われた太陽の宿る樹との強い結びつきを示唆している。しかし蜿蛇の役割は明らかにされておらず謎であった。この小冊子では各地の蛇を紹介し神木と強く結びついた蛇を幾つか見てきた。最も蜿蛇に近い日本の蛇は大元神楽や比婆荒神神楽の藁蛇だ。佐太神社の神在祭では神木の榊と神の分霊と思われる複数の八角星文の銅鏡を祀った祭壇の前に龍蛇神を飾っている。龍蛇神は神の先触れとも竜宮からの使いとも言われる。出雲の荒神で意宇郡の志多備神社の神木に巻かれた藁蛇は

秋に稲魂（新たな稲）を天に持ち帰り、春に新たな稲魂をもたらす下り蛇（龍）とペアで、稲魂を蘇らせる天上からの使者の役割を行う。近江の年頭のオコナイに登場する藁綱は神木の前で行われる鳥勧請の習俗や山の神が勧請した藁綱から村人にトランスして性的秘儀を託宣する習俗が残っている。神木の前の鳥勧請から神木は扶桑樹に比定できる。上記の他に蜥蛇と推定するケースを紹介する。淡路島の蛇供養と奈良盆地の野神さんは神木と藁蛇だけのシンプルな五穀豊穣を願う祀りとして蜥蛇に分類できる。遠江の蛇の昔話のからす蛇は鳥と蜥蛇が一体で描写されていると考える。

　燭龍は八岐大蛇がピッタリだが八岐大蛇以外の燭龍を考えてみる。燭龍は風雨や昼夜を操る神で燭は火偏と蜀を合成しており火の神ともされ単独で伝えられている。宍粟の昔ばなし「鍋ヶ森」では蛇が村人の好意に晴雨自在の力を発揮する場面がある。静岡県の昔話には蛇が蛙やカニをのみこんで殺すのを村人の願いで助けている。蛙やカニは田んぼに生息している生き物で水不足を象徴し蛇が溜池や用水路を引いて水を提供して助けたと解釈できる。古事記の八岐大蛇、すなわちイザナキ・イザナミの人々が原野に溜池や用水路を引いて田んぼを拓く話と同じく燭龍に分類できると考える。天竜川流域に伝わる八大竜王は眼病を治したとされる。燭龍は暗やみを照らす火の神の役割を担っていた。

　今回紹介した各地の蛇は三星堆の蜥蛇と燭龍を起源として説明できると考える。勿論、私が取り上げた以外にも沢山の蛇の伝承や民俗習俗が伝わっている。蛇の起源は多様だが五穀豊穣を祀る蛇は蜥蛇や燭龍をまず候補に挙げてもらってよさそうだ。

4 九本柱遺構時代の祭祀

　須佐之男の人々は北九州から出雲に移動し弥生中期半ばに田和山に九本柱遺構を築き中腹の環濠を3重に掘り直して中断していた稲作祭祀を復活させた。その後、稲作祭祀は物部の人々に引き継がれ弥生中期末まで続いた。

4.1　須佐之男の祭祀

（1）根の堅州国

　古事記に、イザナキが須佐之男に海原を治める海神を命じたとき、須佐之男は泣き崩れ「僕は、妣の国である根之堅州国に罷らむと欲ふが故に、泣く。」と答えてイザナキにより神やらいに追い払われている。古事記の大国主命の条にも大国主が根の堅州国の須佐之男を訪問する件がある。この根の堅州国をどう解釈するか様々な提案がなされているが結論が出ていない。まず、根の堅州国の解釈から始めてみたい。

　根の堅州国の基になった長江文明を受け継いだ三星堆の宇宙観（でもある）を『山海経』から抜粋して下記に整理した。

　　①地球は方形で周囲を大荒で囲まれている。

　　②大荒は果てしなく続く荒野で底知れぬ谷間にある。

　　③東側の大荒は東海の外、海の向こうにある（大荒経）。

　　④湯谷の湖の真ん中に太陽が宿る扶桑樹があり10個の太陽が入浴する。

　以上の宇宙観から根の堅州国を解釈してみる。「州」からは河川に土砂が堆積している場所を、「堅」からは州が固まって草木が生えない不毛な荒れ果てた様を思い浮かべる。「堅州」は『山海経』で云う大荒の荒野を指し大荒経では日本列島を東海の外で大荒に含まれるとした。「根」は物事の根源即ち太陽の休む湯谷を表していると考える。「根」から「寝」や「子」を連想させ、日没から日の出や「子の刻」（0時）の時間も指し、太陽の宿る場所を暗示する。「音」の韻も踏んでいれば銅鐸の鳴り響く祭祀を行う世界を思

い浮かべる。根の堅州国は大荒にある、鳥に背負われた太陽が宿る扶桑樹の
ある湯谷、と解釈できる。

　古事記ではイザナミの人々が田和山遺跡の五本柱遺構で稲作祭祀を行って
いた地を根の堅州国と表現したと考える。神の宿る神木の前で稲作祭祀を行
う宍道湖の畔の田和山を湯谷と見立てた。日本の最古の歴史をもつ玉造温泉
は田和山遺跡の近くだ。

　その後、稲作祭祀は中断するが、須佐之男の人々が田和山に九本柱遺構を
築き祭器を揃え祭祀を再開する。物部の人々に引き継がれた稲作祭祀は大国
主の人々の進出によって終焉を迎える。祭祀の終焉に伴い田和山の祭器は荒
神谷遺跡に埋納された。

　大国主の条の「根の堅州国訪問」には、大国主への須佐之男の試練が田和
山遺跡の稲作祭祀「蛇、五穀、矢、焚火」をモデルに描かれ、大国主が根の
堅州国に黄泉の国の入り口から訪れたと書かれている。大国主の時代には根
の堅州国は、黄泉の国の入り口から入る。地下にあり稲作祭祀の描写から祭
祀に関わる遺物が埋納された事を示唆している。荒神谷遺跡に埋納された青
銅器が根の堅州国を指すのは自明だ。古事記では根の堅州国を支配する須佐
之男を描いており、青銅器を鋳造して祭祀を揃えたのも、須佐之男の人々と
解釈できる。

（2）稲作の暦1（淀江の絵画土器）

　鳥取県米子市淀江町の稲吉角田遺跡（図2-19参照、角田遺跡とも呼ぶ）から出

図2-19　田和山遺跡の稲作祭祀と関連遺跡

図2-20　稲吉角田遺跡の線刻絵画の復元図

日吉塚古墳「第16図」より引用し編集

土した弥生中期中葉の土器に描かれた線刻絵画（図2-20参照）がある。江頭務さんがイワクラ学会15号に発表された論文「田和山幻想　稲吉角田遺跡の絵画土器」を読んでこの絵画と田和山遺跡の祭祀の関係に注目した。この論文との出会いが淀江の絵画土器によって田和山遺跡の稲作祭祀を紐解くきっかけになった。

　私は淀江の絵画が稲作の暦を表現していると感じた。図の高い階段を昇る建物は田和山遺跡の祭祀施設（九本柱遺構）を描いている。羽人が漕ぐ船は再生した太陽を宍道湖に浮かぶ船で運ぶ祀りに見える。これらの絵は冬至の太陽の祀りと解釈できる。ツリー状の絵画は稲の実りを表現し、高床式建物により収穫した稲の保管を表している。鹿だけが謎だった。

　この鹿の謎は突然解決した。播磨国風土記を読んでいた時に讃容郡の条に鹿の話が出てきたのだ。讃容郡の条には「いける鹿を捕り臥せ、其の腹を割きて、稲を其の血に種きたまひき。仍りて一夜の間に苗生ふれば、即ち取りて植えしめたまふ。」とあり種蒔きと苗代の期間を表現している。絵画土器に描かれた鹿にピッタリだった。西播磨の養久山・前地遺跡の絵画土器の鹿を調べていた時に角が生えた鹿は秋を表現していると指摘されていた。角がまだ生えていない淀江の鹿は春を表現している。

　淀江の絵画土器の鹿は春の種蒔きと苗代を表現しているのは疑いの余地はない。他の絵画と合わせると種蒔きから収穫を経て冬至の稲作祭祀を含んだ稲作の暦を表しておりそれぞれは稲作を管理する単位を象徴している。

（3）稲作の暦２（荒神谷遺跡の青銅器）

　出雲の荒神谷遺跡に埋められた銅剣・銅鐸・銅矛の世界は古事記では根の堅州国と呼ばれ田和山遺跡の稲作祭祀に使われた祭器との考えを述べた。伯

耆の稲吉角田遺跡から出土した絵画土器が田和山遺跡の稲作祭祀の暦を描き荒神谷遺跡の銅剣・銅鐸・銅矛と強く結びつくことをここで示したい。

　荒神谷遺跡で出土した銅剣358本（図2-21参照）は一年の日数365日に7日足らない本数である。銅剣と同時に発見された銅鐸・銅矛（図2-22参照）を使って祭祀の7日を表すことが出来れば年間の暦となる。

　まず、淀江の絵画土器の絵（暦の管理単位）と銅剣を並べた列を対応させ両者が同じ稲作の暦を違う見方で表現していた事を確認してみる。

　358本の銅剣は4列に並べて整然と埋納してあった。1列目は34本、鹿の絵は種蒔きから苗代なので、種蒔きから34日目に田植えを行う。2列目は111本、稲の穂の絵を稲の生育期間とすれば、田植えから111日目に稲刈りを行う。3列目は120本、稲刈りした稲を貯蔵し120日目に冬至の祭を迎える。4列目は93本、絵画土器には絵はないが、太陽の再生の日から翌年の種蒔きまでの待機の93日をカウントしている。

　冬至の祭は淀江の絵画土器に神社と羽人の漕ぐ舟を描いている。五本柱遺構時代の7日間の稲作祭祀をモデルにして冬至の祭りを再現する。銅鐸6個は、田和山遺跡の九本柱遺構にて、冬至に至る6日間の祭祀を行う日数を示す。最初の3日間は五穀豊穣を願う地の祀りを下向きの銅鐸3個で表している。後半の3日間は太陽の祀りを上向きの銅鐸3個で表現している。銅矛16

図2-21　荒神谷遺跡の銅剣の出土状況

図2-22　荒神谷遺跡の銅鐸・銅矛の出土状況

荒神谷遺跡HPより
島根県教育庁埋蔵文化財調査センター提供

荒神谷遺跡HPより
島根県教育庁埋蔵文化財調査センター提供

本は、羽人の漕ぐ舟の絵に描かれ、太陽の再生した日に船首と船尾に銅矛を立てた8艘の舟に太陽（太陽を模した鏡）を乗せて八節に太陽の光を届ける祀りを表している。

　絵画土器の絵を基に荒神谷遺跡の青銅器の個数を日数に見立てて暦を作成する作業は全く違和感なく進めることが出来た。この稲作の暦を実際の暦日で表現してみた。

種蒔きの祭り　　　　　　　　　3月28日　　→A列：銅剣34本

田植えの祭り　　　　　　　　　5月1日　　→B列：銅剣111本

稲刈りの祭り　　　　　　　　　8月20日　　→C列：銅剣120本

冬至の祭祀（銅鐸・銅矛7日）12月18〜24日

　　五穀豊穣　　　　　　→下向き銅鐸3個　12月18〜20日

　　太陽の祀り　　　　　→上向き銅鐸3個　12月21〜23日

　　太陽の再生の祭祀　　→銅矛16本　　　　12月24日

太陽の再生の日　　　　12月24日　→D列：銅剣93本

今の稲作の暦と言っても違和感のない暦を作ることが出来た。須佐之男の人々は稲作の暦を、八岐大蛇の人々が持ち込んだ八節から、暦日に切り替え稲作の改革を行ったと考える。

　冬至の祭りが各地で行われていた痕跡が残っている。信濃の柳沢遺跡では銅戈8本と壊された銅鐸5個が出土している。柳沢遺跡と安曇野に伝えられたお船祭を組み合わせれば同じ祭祀が復元できそうだ。摂津の桜ヶ丘遺跡では銅戈7本と銅鐸14個、和歌山県では銅戈6本と銅鐸1個が発掘されている。祭祀には、銅矛の代わりに、8本の銅戈が使われたと考える。特に桜ヶ丘遺跡の傍には焼土跡や丸礫300個程が出土した会下山遺跡があり祭祀遺跡と見られている。

4.2　津島神社の天王祭

　出雲の稲作祭祀は荒神谷遺跡と加茂岩倉遺跡に銅鐸等の祭器を埋納して終息する。田和山遺跡の稲作祭祀の終焉に伴い日本列島の稲作祭祀は途絶えたかに見えた。しかし、出雲の名越先生に紹介して頂いた鳥取教育委員会編『東

西日本からみた山陰の弥生社会』を読んで近江の伊勢遺跡に出会った。弥生後期に鋳造された突線鈕式の銅鐸が多数出土した大岩山遺跡から冬至の日の入りの方向に伊勢遺跡が見える。伊勢遺跡の建物の配置は冬至の日の入りを意識した配置に見える。稲作祭祀が伊勢遺跡に引き継がれていた。

　邪馬台国の行程に関連して古代天文学を調べていた際に読んだ野上道男さんの『魏志倭人伝・卑弥呼・日本書紀をつなぐ糸』に矛を使った祭の紹介があり天王祭を知った。なんと主祭神が須佐之男命であった。急ぎ、津島神社へ行き愛知県立図書館に立ち寄り、津島神社や天王祭の由来など調べた。なかなかよい感触なので紹介させてもらう。稲作祭祀の足跡が現代に繋がる淡い夢を見させてもらう事にした。

（1）津島神社の由来

　愛知県津島市の津島神社（図2-23参照）は木曽川と長良川及び揖斐川が伊勢湾に注ぎ込む河口近く、濃尾平野の交易の要に位置している。近くには菱環鈕式銅鐸の鋳型が出土した朝日遺跡（清須市朝日）があり外縁付鈕1式の流水文銅鐸が出土した八王子遺跡（一宮市大和町）とは距離が数kmと極めて近い。早くから稲作普及や稲作祭祀の拠点として拓かれていた地域にある。

　社伝には欽明天皇元年（540年）に現在地に鎮座とされている。欽明天皇は近江出身の継体天皇の息子で継体天皇は息長氏や和邇氏に近い。福岡猛志さんの書かれた『津島神社の信仰』によると、年不詳の「津島牛頭天王祭文」を引用して、牛頭天王が孝霊天皇の時に対馬に来往し欽明天皇の元年に「東海道尾張国海部郡門真庄津島の津」にやってきたと書かれている。古来、津島神社は牛頭天王と須佐之男を習合（同一視）して祀っていた。津島の地名は平安中期（931〜938年）に作られた『和名抄』にない。史料に津島の地名が出てくるのは弘安5年（1283年）だ。しかし、飛鳥京跡苑池遺構から出土した木簡に地名と天武天皇7年（678年）という文字が書かれていた。津島神社は『延喜式』にも出てこず、

図2-23　津島神社

最初の史料に書かれていたのは承安5年（1175年）だが津島牛頭天王社として平安中葉まで遡ることが出来る様だ。社伝の6世紀が現実味を帯びてきている。

　津島神社は全国の天王社の総本山として全国三千余社の分霊社がある。分霊社は、東海・関東を中心に東北・信濃・近江など、概ね総本社の東方に分布している。主祭神は須佐之男命、相殿に大穴牟遅命を祀り、疫病厄難除・授福の神とされる。

　津島神社の人々は、分霊社が概ね総本山から東に分布している事から、西からの稲作移民を受け入れ未開地の東日本への入植を支援してきたことが伝わってくる。田和山遺跡の稲作祭祀を取り仕切りながら西日本への稲作民の入植を支援した国生みのDNAがそっくり残っている。

　疑問が残るのは、津島や津島神社が何故『和名抄』・『延喜式』になく、何世紀もの間、王都の近くで、束縛もされず活動できたかだ。意図的に除外された大和王権と因縁のある人達がいたとは驚きだ。

（2）天王祭

　天王祭の最古の記録は長禄3年（1459年）だが、これより以前から行われていたと推察する。江戸時代の尾張名所図会（図2-24参照）にも取り上げられている盛大な祭祀だ。祭祀は疫病厄除の祭で昔は旧暦6月朔日に始め宵祭りを6月15日に行い8月の晦日までの3カ月余り91日間に亘って行われていた。

図2-24　尾張名所図会　江戸時代の尾張天王祭

出典：Network2010HPより

しかし、祭りの隠された目的は新たな年の稲作の豊饒を太陽に願う事の様に見える。時代の流れの中で名を捨てて実を残し、本来の姿を色濃く映していると考える。祭りの中心は神薙神事、宵祭の提灯祭、朝祭の車楽祭

図2-25　宵祭

出典：Network2010HPより

図2-26　朝祭の布鉾

出典：Network2010HPより

とされ宵祭と朝祭を川祭と呼ぶ。神葭神事は新しい「真の神葭」を作り古い「真の神葭」を更新する祭事を朝祭の４日前から始める。「真の神葭」の更新は宵祭後の深夜１時に行い朝祭後の深夜１時に神葭流し神事を行う。神葭着岸祭、神葭祭を経て朝祭の75日後に神葭納め神事を行っている。宵祭（図2-25参照）は５艘の提灯船に一年の月数（12個）と日数（現在は400個）の提灯を点灯して神の使い「稚児」を乗せて津島笛と太鼓で拍子をとる（現在は稚児を省略）。朝祭（図2-26参照）は宵祭の５艘を車楽船に衣替えし、市江から「高砂」を飾る１艘の車楽船が加わって、「高砂」車楽船に未婚男性10名（鉾持）が乗り込み川に飛び込んで泳いで渡る。先頭の２人の鉾は太鼓橋前から社務所へ向かい、残り８人の鉾は太鼓橋を渡り本殿へ奉納する。

　少し補足すると、葭は冬至の頃に古い葭を刈って新たな葭の芽吹きを促している。神葭神事は稲の新たな芽吹き（再生）を思い起こさせる。神葭神事の91日間は冬至の後に稲の種蒔きを待つ日数、荒神谷遺跡の銅剣Ｄ列93本、に近い。川祭の稚児は現在各船に１人だが昔は２〜３人乗せていた。宵祭は新たな年の再生を10個の太陽に見立てた稚児に願う夜祭に見える。冬至の夜に響いた銅鐸の音は津島笛に代わっている。布鉾は悪霊・邪霊を払う武器とし、江戸時代初期の市江祭記に「市江島から天王社へ鉾を十本献上するのは、天王・蛇毒気・八王子の十神に各々献上するためである。鉾は悪魔を降伏し災難を払う神剣である……」とある。しかし、朝祭は日の出、即ち太陽の再生を祝う祀りである。10本の鉾は当初の８本を後世に２本追加したと考える。鉾は船の方向を示す祭器と考えられている。この場合は太陽の行き先を示すと考える。8は須佐之男のトレードマーク的な数字で八節（春分・夏至・

秋分・冬至・立春・立夏・立秋・立冬）を表す。太陽が八節に満遍なく輝きますようにとの願いが込められている。

（3）車楽船と神壇

天王祭の朝祭の舞台になる車楽船（図2-27参照）の姿は曽布川寛さんの「三星堆祭祀坑銅神壇の圖像学的考察」に紹介されている三星堆遺跡の神壇の復元案と非常によく似ている。三星堆遺跡から出土した神壇は3層に復元された壇を怪獣が運んでいる。天王祭の車楽船は舟で3層構造の車楽を運んでいる。三星堆の神壇の宇宙観が日本列島に持ち込まれ天王祭の車楽船に表現されている様に見える。

尾張や東海地方には、津島神社の天王祭の車楽と同じ施設を載せた、山車の祭が各地に伝わっている。突線鈕式銅鐸や櫛描文土器の広がっていた地域だ。安住の地を得た長江流域からの稲作民は故地の神壇を尾張や東海に伝えていたようだ。

（4）天王祭と須佐之男の稲作祭祀

津島神社の人々は、伊勢神宮の豊饒の祭りを意識し、役割を疫病厄除けに変え日程も宵祭を冬至の日から旧暦の6月15日に変えたと考える。前述の福岡猛志さんの資料に伊勢神宮との強いつながりを示す言葉がある。「やはり神様の役割分担があります……お互いに分を侵さない関係があり、そういうものがずっと伝統として残っていて、……」強い信頼関係が培われていたようだ。

田和山遺跡は、荒神谷遺跡から出土した銅鐸の数から、冬至までの祀りは

図2-27 津島神社天王祭の車楽船の説明図

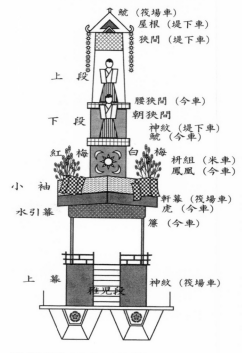

鯱（筏場車）
屋根（堤下車）
狭間（堤下車）
上段
下段
腰狭間（今車）
朝狭間
神紋（堤下車）
鯱（今車）
紅梅　白梅
枡組（米車）
鳳凰（今車）
小袖
水引幕
軒幕（筏場車）
虎（今車）
簾（今車）
上幕
神紋（筏場車）
稚児段

津島神社天王祭のパンフレットより引用

6日間だが天王祭は神葭神事から宵祭まで4日であった。囃子は津島笛と太鼓だが、銅鐸が普及する前の弥生前期の遺跡から土笛が出土しており、銅鐸の代わりに津島笛を使ったと考える。宵祭の提灯は一年の暦を表現しており、稲作の暦を銅剣や銅鐸で表現した、須佐之男時代の田和山遺跡の祭祀に通じている。天王祭の朝祭は車楽船を舞台にした8本の布鉾による神事だが田和山遺跡の祭祀は、船首と船尾に銅矛を立て、羽人が漕ぐ舟に再生した太陽を乗せて八節を目指した。宵祭と朝祭の祭事は田和山遺跡の須佐之男時代の祭祀と極めてよく似ている。津島神社に移動した人々は、田和山遺跡の祭祀を受け継ぎ、東海・関東や東北へ入植する稲作民を支援し現在まで祭祀を伝えていた。

（5）牛頭天王

　津島神社は津島牛頭天王社とも呼ばれ須佐之男命と牛頭天王は一体とされていた。明治の廃仏毀釈で牛頭天王の像が神社から取り上げられ同じ市内の寺に預けられて分離されている。牛頭天王信仰は仏教から来たとの誤った認識から起きた不幸な出来事と私は考える。

　中国文化研究者の川野明正さんのブログに牛頭天王のヒントを見つけたので紹介する。

　「中国では、立春に春を迎える行事である「打春牛」（ダーチュンニュウ）の行事が、かつて各地の府・州・県の各行政区画で行われていました。泥で造った牛（清代から紙の張り子でも造るようになります）、芒神あるいは太歳とかと呼ばれる牧童の像を造ります。春牛は春の農耕開始の象徴です。……春牛の身体は4尺の高さで四季を象徴し、長さは8尺で、春分・夏至・秋分・冬至・立春・立夏・立秋・立冬を象徴しています。尾の長さは1尺2寸で、一年の12ヶ月を象徴しています。

　加えて牛の頭は年干（甲乙丙丁…）、牛の体は年支（十二支）を象徴するなど、各部位にわたって細かい規定があります。……干支が相当する五行で、色を変え、金に属すれば白、木に属すれば青、水に属すれば黒、火に属すれば紅、土に属すれば黄色。このほか、……角・耳・尾・首・蹄に至るまで各部位は事細かく規定されています。」

中国では牛が春を迎える暦の象徴として祀られていた事がわかる。暦の表紙には必ず春牛（図2-28参照）を描いた。牛頭天王とは、牛の頭が年干を指すことから、稲作の暦を象徴したと考える。津島神社の天王祭も田和山遺跡の祭祀も新しい年を迎える暦を主題にしている。牛頭は須佐之男の人々の代名詞でもあった。

古代より雲南省では牛の神様を「牛王」として祀っていた。雲南省西部の大理地方でも「三木大王」（図2-29参照）という西遊記の孫悟空と戦う牛魔王のモデルが祀られている。滇王国から出土した青銅器にも牛をモチーフにしているものが多

図2-28　「春牛図」陝西省西安図

雲南の牛（その3）春牛打の行事つづき「図6」より引用

図2-29　白族の三木大王
（雲南省大理州）

雲南の牛（その2）春牛打の行事「図3」より引用

い。この風習は古代から牛を大切にしてきた雲南省で行われており須佐之男の人々と共に日本列島にやってきた可能性が高い。

4.3　出雲の舟の祭祀

地元出雲にも舟の祭として美保神社の諸手船神事（図2-30参照）と阿太加夜神社のホーランエンヤが伝わっている。勿論、由来からは、田和山遺跡の稲作祭祀と直接結びつけられない。現在行われている神事や祭祀及び神社の祭神などから田和山遺跡との関わりを探ってみる。

美保神社の祭神は三穂津姫命と事代主神とされ三穂津姫命は「五穀豊穣、夫婦和合、安産、子孫繁栄、歌舞音曲（音楽）」の守護神、事代主神は「海上安全、大漁満足、商売繁昌、歌舞音曲（音楽）、学業」の守護神として篤く信仰されている。日本書紀には三穂津姫命は事代主神の子等で初代神武天皇・

第二代綏靖天皇・第三代安寧天皇の妃とされるが、古事記には事代主神は大国主神の子と書かれている。出雲国風土記には「天下造（あめのした）らしし大神命、高志国に坐（いま）す神、意支都久良為（おきつくらいの）命の子、俾都久良為（へつくらいの）命の子、奴奈宣波比売命（ぬなかは）に娶（めと）ひて、産ましめたまひし神、御穂須々美命（みほすすみの）、是の神坐す。故、美保といふ。」とある。

図2-30　美保神社の諸手船神事

美保神社ウェブサイトより引用

　この記紀と出雲国風土記の関係はなかなか難しい。事代主神と三穂津姫命は、祖霊神ではなく、国生みの人々が祀っていた稲作祭祀を引き継いでおり大国主神の国づくりによって大国主の配下になった国生みのグループであったと推察する。事代主神を祀る神社は大阪湾岸沿いや徳島県に多く、外縁付鈕2式流水文銅鐸が出土した地域とも重なり、須佐之男の人々の一部が大国主神の国づくりに参加し事代主神と呼ばれたと考える。日本書紀にある三穂津姫命を妃にした件は妻木晩田で倭国の樹立を宣言した初代神武天皇・第二代綏靖天皇・第三代安寧天皇の時代に日本海の交易を支配していた事代主神と呼ばれた須佐之男のグループを支配下に置き丹波や高志へ進出した証だ。古事記にある大国主の子とされる事代主神は大国主が初代神武天皇から九代開化天皇の総称と考えれば矛盾はない。

　美保神社で現在も行われている朝御饌祭・夕御饌祭は、荒神谷遺跡から出土した358本の銅剣を使って行われていた、田和山遺跡の日々の祀りを伝えており諸手船神事は羽人の漕ぐ舟で行われた太陽再生の祀りを、歌舞音曲は銅鐸の音を連想させた。神事の期間は7日間に亘り地の祭と神の祭の考え方は全く同じだ。

　ホーランエンヤ（松江城山稲荷神社式年御幸祭）は稲荷神社の神様を船渡御（渡御祭）し出雲郷の阿太加夜神社にて五穀豊穣を祈願し帰る行事（還御祭）を式年（現在は10年に1度）に行う船祭だ。江戸時代の慶安元年（1648年）に始まり文化5年（1808年）から現在の櫂伝馬船による形態を整え今日まで続いている。勿論、ホーランエンヤは新しい祭りなので田和山遺跡の稲作祭祀とは直接に

は結びつかない。注目したのは阿太加夜神社（図2-31参照）で行う7日間の五穀豊穣を祈願する祀りだ。阿太加夜神社の主祭神は大国主神の子とされる阿太加夜奴志多岐喜比賣命とされ出雲鎮守（土地・地域を守る）の神様とされる。配神に須佐之男命や国之底立命ほか2柱が祀られてい

図2-31　阿太加夜神社

る。国之底立命は古事記に国之常立神として神代七代の最初の神として書かれており国生みの初期段階に出雲郷にやってきた神とされ、須佐之男命は船祭りと関わりが深い。本殿右側の御神木のタブノキ2本には地域の荒神を祀っている。

　阿太加夜神社の7日間の祈願の祀りが田和山遺跡の稲作祭祀を引き継いでいると考えて少し調べてみた。祀りの詳細は不明だったが配神や荒神さんから田和山遺跡で行われていた太陽再生の祀りとの思いを強めた。もし引き継いでいるとすれば、五穀豊穣の3日間の祀りは阿太加夜神社の人々が行い、中日祭（4日目）に稲荷神社の神様を阿太加夜神社の境内に迎えるのは3日間の太陽の祀りに重要な役割を担っていた事を示唆している。

　なお、ホーランエンヤは櫂伝馬船が5艘、津島神社の宵祭は5艘の提灯船、安曇野のお舟祭は5艘のお舟が祭を盛り上げる。この5艘は必然なのか偶然の一致なのか面白そうな課題である。

4.4　滇王国

　須佐之男の人々の出自が何処かは非常に興味あるテーマだ。私は「鳥と太陽信仰」、「羽人の漕ぐ舟」、「流水文」、「牛頭天王」のキーワードを満足する滇王国を推す。長江は源流域のチベット高原から南進し四川盆地をかすめて東に流れを変える。長江が大きく左折する南の地域は標高2,000mの高原地帯で古代では「滇」と呼ばれ今日の雲南省に属する。この地域は照葉樹林帯文化圏に属し稲作を生業としており日本文化の源流として注目された事もあ

った。高床式住居、入れ墨、抜歯、赤豆、モチゴメ、歌垣など古代日本と多くの共通項を持っている。

　本格的な青銅器時代はBC5世紀頃から始まる。滇王国はBC3世紀頃に楚の将軍・荘蹻が滇池に遠征して現地住民を支配したが、帰路を秦軍に阻まれて楚に帰れず建国したと言われる。人々は自らの文化を青銅器の農工具、楽器、武器、貯貝器、動物文様入りの装身具などに表現して後世に残した。楽器類の銅鼓からは打撃面に火炎を伴った太陽の文様を描き打撃面を取り巻く側面に羽人の漕ぐ船や鳥を配置し「稲作祭祀」を守っていた事を窺わせた。羽人による船は太陽を自らが運んで豊饒をもたらすとの強い意志が表現されている。銅鐸に似た編鐘には流水文が描かれていた。滇王国の人達が通貨とした貝を貯める貯貝器の蓋に様々なリアルな政治や生活の場面が鋳造され我々に滇王国の一端を垣間見せている。様々な人種が描かれ交易が盛んな多民族国家を、王や貴族、平民、武士、奴隷、捕虜などから階層社会が見えてくる。牛や馬が頻繁にモチーフとされ遊牧民族との融合や稲作に牛耕の導入などが指摘される。滇王国は前漢の武帝に攻撃されBC109年に軍門に降り属国となった。王墓から発掘された金印「滇国之印」は志賀島で発見された「漢委奴国王」印と酷似している。

　須佐之男の人々が日本に足を踏み入れた時期は第1部「古代出雲王国」に、呉楚七国の乱によって中央集権化が進み交易民の活動が難しくなった、BC154年頃と書かせてもらった。

4.5　物部の祭祀

　物部時代の祭祀は実はよく分かっていない。田和山遺跡から出土した土器に刻まれた凹線文を物部の人々の家紋と推定し最後の国生み王朝として田和山遺跡の祭祀を取り仕切っていたと推察した。勿論、物部の人々が田和山遺跡で祭祀を行っていたとする資料は残されていない。関連する資料から祭祀の一端を推測してみる。

　島根県大田市にある物部神社は、物部の人々が国生み王朝を終息させ大国主の人々に出雲を譲り、移動した拠点に鎮座している。まずこの物部神社の

祭祀を紐解いてみた。次に弥生中期末の高地性集落とされた西播磨の養久山・前地遺跡を紹介する。凹線文が刻まれた絵画土器が出土しており物部氏と関連する祭祀施設ではないかと睨んでいる。最後に出自を探ってみる。

図2-32　物部神社

ひおい鶴の画像
物部神社のHPより引用

（1）物部神社

　物部神社は中国山地を源とする静間川が大田市街に通ずるやや拓けた谷筋に流れ出した島根県大田市川合町川合に鎮座する。社殿の創建が継体天皇8年（513年）と伝わる石見国一の宮である（図2-32参照）。御祭神宇摩志麻遅_{うましまじ}命は、饒速日命_{にぎはやひ}の子とされ、物部氏の祖神として知られている。物部神社の御由緒によると神武天皇の東遷に協力し、尾張・美濃・越国の平定に参加、播磨・丹波を経て石見国に入ったとされている。

　私が冒頭で書いた出雲から大田に来た事や大国主の人々と物部神社の御由緒との整合は大国主が初代神武天皇から九代開化天皇の総称でかつ神武天皇の東征が伯耆・出雲を目指した事で説明できる。第3部「倭国大乱」に詳細な経緯を載せており参照されたい。

「ひおい鶴」（図2-32参照）は全国で唯一とされる物部神社の御神紋だ。この紋は、物部の人々が田和山遺跡の九本柱遺構の祭祀に鶴を持ち込み、国生み王朝を担っていた証になる。イザナキ・イザナミの人々は「ひおい鳥」、須佐之男の人々は「羽人の漕ぐ舟」が太陽を運ぶと考えていた。物部の人々は「ひおい鶴」によって太陽を運んでいたようだ。

『島根県物部神社の古伝祭』によると物部神社の正月行事に行う神事は7日間に亘る。

　　　　1日の歳旦祭_{さいたん}と3日の元始祭_{げんし}は明治より始まった行事

　　　6日　矢道式

　　　7日　若菜御賛神事

　　　　　斧始式

奉射祭（的前神事＋奉射7組）

　田和山遺跡から出土した石斧や石鏃から斧始式と矢道式・奉射祭は九本柱遺構の祭祀を伝えている可能性が高い。正月行事ではないが鎮火祭（7月19日）、庭火祭（12月19日夜）の行事が行われている。

（2）養久山・前地遺跡の絵画土器

　絵画土器が出土した兵庫県たつの市揖西町の養久山・前地遺跡は通称養久山から派生した北へ延びる舌状の丘陵にある。この尾根の最高所に竪穴住居と掘立柱建物及び絵画土器（図2-33参照）が出土した。

　尾根の祭祀場と思われる竪穴住居の柱の配置から正面は冬至の日の入りの方向を向いている。土器の文様は凹線文が主体で、鳥人は羽根の形状から鶴を模した様に見え、物部の人々と強く結びついた施設である。環濠状の遺構は見つかっていないが田和山遺跡の稲作祭祀と同じコンセプトで築かれた祭祀場と推察した。尾根上の土坑から出土した祭祀土器は壺が主体で甕が少なかった。田和山遺跡では壺と甕が同じ比率であるのと対照的だ。神事は収穫物や酒などを供える壺で行われ甕を用いる煮炊きは限られていたと思われる。遺跡から石鏃は出土しておらず弓矢の儀式を行っていない。祭祀を行っていた時期は弥生中期終末（様式Ⅳ－3）とされている。

図2-33　養久山・前地遺跡の絵画土器復元図

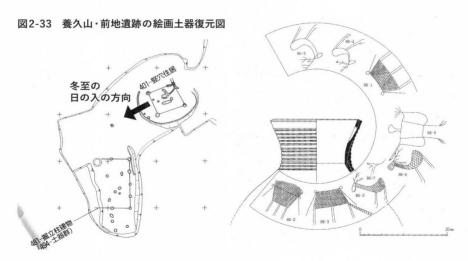

養久山・前地遺跡調査報告書「第31図、第93図」より引用し加筆

絵画には、鹿と高床式倉庫及び階段のついた神社様の建物など、淀江の絵画とほぼ同じモチーフが描かれている。違いは鹿の角が生えており羽人の漕ぐ船の代わりに鳥人のシャーマンと考えられる人物が描かれていた。暦ではなく秋の稲作の豊饒の喜びを表現している。

(3)洞庭湖周辺の青銅器文明

長江中流域の石家河文明は中原の夏王朝の執拗な攻撃によりBC2000年頃に崩壊した。その後、春秋戦国時代の楚が台頭するまで、この地域に新しい文明を築いた王国は見つかっていない。しかし、長江中流域では洞庭湖の南を中心に独特の青銅器製品が400点近く出土し独自の文化を築いたと考えられている。青銅器は宗教色が薄れ日常の身近な動物をモチーフにした物が多数見つかっている。特筆すべき青銅器に楽器の銅鐃がある。形が鈴に似て手で鳴らしていた。主に祭祀に使われていた。

この青銅器を生んだ文化の都市国家や王侯貴族の墓は未だ見つかっていない。長江文明を受け継ぐ長江中流域の人々は殷周の圧力から逃れ洞庭湖の南へ退避し、長江下流域の良渚文明に象徴される階層化社会を拒み、初期稲作文明の太陽信仰と共同体を堅く守っていたのだろうか。これらの青銅器は墓ではなく山頂や山麓、水辺に埋納されていた。殆どが1個、または数個が孤立した埋納穴から見つかっている。BC11世紀に誕生した楚にこの風習が受け継がれていた。楚では王墓や市民の墓は太陽を意識し、楚以外は北向きの所を、南向きに造られている。

湖北省荊州市で戦国時代のBC4世紀の墓から出土した漆製品の虎座鳳凰架鼓は鳥に運ばれる太陽をモチーフにしている。鳥と太陽信仰が楚に引き継がれていたと考えられるのだ。鳥は鶴をモデルにしている様に見える。太陽を模した太鼓には八角星文をデフォルメした模様が描かれている。楚は秦によってBC223年に滅ぼされたが、弥生中後期の日本の銅鐸の出土状況と楚の青銅器の埋納方式は酷似している。弥生中期後葉に日本列島にやってきた物部の人々は鶴を神鳥としていた。蜀や滇と強く結びついていた楚を物部の人々の出自とするのが有力と考える。

5　祭祀の復元

　祭祀の復元はまず近江のオコナイをベースに田和山遺跡の出土物を勘案しながら組み立てを行った。一つの基本となるモデルが出来たら各地に残る祭祀で盛り付けを行い五本柱遺構時代と九本柱遺構（須佐之男）時代のモデルを作り上げてみた。

5.1　近江のオコナイと田和山遺跡の祭祀

　古式の習俗を残していると思われる近江の箕川で行われていた年頭のオコナイと田和山遺跡の遺物との関連を確かめ、出雲周辺に残された藁蛇の習俗や九本柱遺構時代の荒神谷遺跡の青銅器及びこのレポートに取り上げた神社の祭祀も合わせて、表2-2「稲作祭祀の日程表」を作成して両者の関係を明らかにする。

　箕川の年頭のオコナイのスケジュールは7日だが3段階に分かれており1段階は神がタツに勧請し五穀豊穣を祀り、2段階は今年の収穫（稲魂）を山の神に捧げ、3段階は神のお告げ（託宣）を聞き山の神の前で新たな太陽と稲魂の再生を祀っている。箕川の年頭のオコナイの習俗に田和山遺跡から出土した遺物を対応させ表に載せた。石斧は箕川に対応する習俗がないが、物部神社の正月行事で行われている斧始式から、田和山遺跡の祭祀でも九本柱遺構時代に斧始式を行っていたと考える。

　荒神谷遺跡から出土した青銅器のうち銅鐸と銅矛は田和山遺跡の祭祀施設遺構で冬至に行われていた太陽再生の祭祀の日程を表している。3個の下向きの銅鐸は3日間の地（五穀豊穣）の祀りを表現し、3個の上向きは天（太陽）に対する3日間の祀りを、16本の銅矛は太陽の再生を祝う祀りに使われたと推察する。この日程は箕川の年頭のオコナイの行事のスケジュール構成にピッタリ一致する。

　表2-2にまとめた各地の祭祀・習俗と日程の関係を整理してみた。祭祀や

表2-2　稲作祭祀の日程表

	年頭のオコナイ	田和山遺跡	大元神楽（/市木神社）	荒神谷遺跡	津島神社（天王祭）	ホーラン エンヤ	美保神社	物部神社
			五本柱遺構			九本柱遺構		
準備		つぶて石（川原石）	墨蛇に勧請	日々の祀り 銅剣358本	鯉のまな箸料理	御渡祭	朝御饌祭 夕御饌祭	鎮火祭（7/19） 庭火祭（12/19）
1日	炭を薦で包みネンタマを2個作る						地主社宵祭	（歳日祭）
2日	釣を作りキンタマを掛ける	石包丁		下向き 銅鐸3個			地主社祭	
3日 （タガライブル）	タツウチ／タツを伸ばす（勧請吊）／盛土にジュウドウを挿す（正月田植え）／シュウシン／タツを釣で曳き、五穀豊穣を唱えて帰る	煤付き土器			御段祭			（元始祭）
4日 （タツノヤキ（山の神祭））	湯殿初め（お清め）			上向き 銅鐸3個		中日祭		
5日							甘酒造込／餅搗き／客人當神楽参籠	
6日	タツの蟠局／綱引き／焚火	石鏃／焼土跡／高坏、煤付き土器			宵祭（提灯）		宵祭／御餅献上	矢道式（1組）
7日 （タイキリ）	カギカカシ（雄タイ、雌タイ）神木の前／託宣	土玉（魚）、石剣／石斧／石鏃	夜神楽 墨蛇による託宣 八注連神事（市木神社）	銅矛2×8本	朝祭（布矛8+2本）		諸手船神事 真魚箸式等	斧始式 奉射祭（1+7組）
後始末	タツガカエリハル（14日）	神木に墨蛇を巻き付け				環御祭		

習俗の日数が7日間とは限らないので7日目の太陽の再生の祀りを基準日にして表を作成している。

第1段階は稲作民主体で藁蛇を作り勧請させ神の使いとして五穀豊穣を願う祭を行う。津島神社の御葭祭は太陽の再生を祀る朝祭の4日前（3日目）に行われている。

第2段階は交易・開拓民主体の山の神（太陽）の祭を行う。ホーランエンヤでは4日目の中日祭に舟を神社の境内に入れる。舟は、淀江の絵画土器に描かれた、羽人の漕ぐ舟を意識し神様（太陽）を運ぶ乗り物と考える。羽人は太陽を運ぶ鳥を想定している。6日目に太陽を模した的射に矢を射て太陽への道を通し、焚火によって稲魂を神に捧げている。

第3段階は冬至の日の夜から夜神楽を舞い夜空が白み始める朝方に新たに生まれる神から託宣を受け日の出を迎える。

メインイベントとして再生した太陽へ弓矢を射て太陽の光を八節に行き渡らせる行事が行われていた。祭祀場の外でも神を神輿や船に乗せ地域を巡り各地の八節へ太陽の光を届ける祀りを行っていた。祭祀場で行う物部神社の奉射祭、津島神社の舟による朝祭、御旅所で行う市木神社の八注連神事などだ。物部神社の奉射祭では八組が弓矢を射て矢道を八節に通して太陽が一年中降り注ぐようにと祀りを行っている。市木神社の八注連神事でも再生した神（太陽）が神輿に乗って村々に渡御し御旅所で物部神社の奉射祭と同じ主旨の祭祀を行っていたと推察する。

銅矛は舟の船首と船尾に立てて舟の方向を決める2本ペアの羅針盤とされる。荒神谷遺跡の16本は8組の羅針盤として八節を象徴している。津島神社の朝祭は、8本の布矛が舟を漕ぐ方向を象徴し、再生した太陽を八節に導いた祀りと考える。

対応は非常によく、スケジュールもほぼ一致しており、田和山遺跡の祭祀が箕川の年頭のオコナイに引き継がれ同時に各地の祭祀にも大きな影響を与えたと判断した。

五本柱遺構で行われていた稲作祭祀を近江の「年頭のオコナイ」をベース
に再現を試みる。祭祀は7日間とし第1段階は稲作民のイザナミの人々が五
穀豊穣の祀りを行う3日間、第2段階は交易・開拓民のイザナキの人々が冬
至を迎える太陽を祀る3日間、第3段階を太陽の再生の祀りとして復元して
みた。

(1) 祭祀の舞台

最初に祭祀の舞台から眺めてみたい。田和山の北西から南東へ延びる細長
い山頂が終わる西斜面に五本柱の祭祀施設が築かれている。施設の正面は冬
至の日没の方向を向き周囲の眺望も良く太陽の祭祀を行う遺構として最適な
立地だ。冬至の日没の方向には加茂岩倉遺跡があり埋納された銅鐸と祭祀遺
跡を太陽によって強く結びつけている。

五本柱遺構時代に築かれた第一環濠は遺構から見て前面と後面及び右側の
山の中腹に同じレベルの溝を掘り左側の中腹にレベルを上げた切段を設けて
いる。五本柱遺構時代は独立した溝を周囲に掘っただけで九本柱遺構時代に
環濠として完成する。この第一環濠の役割だが焼土跡や遺構のある山頂区域
を他の場所から切り離す円壇又は結界の役割を果たしている。

田和山遺跡と周辺との位置関係を調べてみると面白いことに気が付いた。
冬至の日の沈む方向に玉造温泉がある。冬至の太陽は玉造温泉で湯浴みして
一年の疲れを癒して役目を終える。翌日の日の出の方向には八重垣神社が建
てられている。再生した新しい太陽の光を八節に届けるとの強い思いが伝わ
ってくる。私は八重垣を、八節に光の垣を作ると解釈し、櫛名田比売(即ち
稲田)に一年中太陽の光を注ぎ五穀豊穣の願いを込めたと推察する。

(2) 祭祀の日程

これまでの検討を踏まえて箕川の年頭のオコナイを基に五本柱遺構時代の
祭祀の日程を作成した。日程は冬至までの6日と太陽再生の日、合わせて7
日を3段階に分けた。

○五穀豊穣の祀り

〈1〜2日〉木(箕川では柳の木)の枝で鉤を作る。

〈3日〉稲藁を持ち寄り、石包丁を使って、藁蛇を作る。

　　　　稲・粟・大豆等を神饌して五穀豊穣を願う（比婆荒神神楽）。

　　　　祭祀場で魚を石剣で捌いて料理し飲食を行う。

　　　　神木の前で藁蛇に勧請する。

　　　　勧請した藁蛇の頭の前に盛り土して御幣を挿す（正月田植え）。

　　　　鉤で藁蛇を曳いて五穀豊穣を願う。

○太陽の祀り

〈4日〉湯殿初め（お清め）。

〈5日〉

〈6日〉藁蛇を蜷局に巻いて的射を作る。

　　　　弓矢（石鏃）で的射を射て太陽への道を通す。

　　　　藁蛇を引き伸ばし綱引きして今年の稲魂を天へ戻すかどうか決め
　　　　る。

　　　　今年の稲藁を使った焚火をして煙によって稲魂を天へ戻す。

○再生した太陽の祀り

〈7日〉夜明けまで銅鐸を鳴らして夜神楽を舞って太陽の再生を願い朝方に
　　　　藁蛇からトランスした託太夫が託宣を行う（大元神楽）。

　　　　烏勧請を行う（若桜町御子の正月行事）。

　　　　太陽の恵みが一年中得られるように八節に矢（石鏃）を射て太陽の光
　　　　を通す。

　　　　再生した太陽を神輿に乗せ地域を巡り八注連神事を行う（市木神社）。

　銅鐸は1〜6日まで五本柱遺構の祭祀場や各地の神木の前で鳴らされたと
考える。神輿は、今の神輿の原形がこの時代に生まれ、既に祭祀で使われて
いたと推察する。古事記に書かれている八咫烏は八咫鏡を烏が運ぶ神輿を指
している。神輿については次項でもう少し詳細に眺めてみたい。

（3）神輿

　私の神輿の記憶は秋祭りに、男衆が担いだ大きな花笠の飾りと一緒に、町
内を練り歩いていた景色だ。岬の津門神社で舞う石見神楽が夜明けまで続き
明けた日が神輿の本番（図2-34参照）だった。道筋に出店が並び静かな町が一
年で一番賑わう日で待ち遠しかったのを覚えている。祭は地域の共同体に根

差した日本人のDNAを感じる記憶だ。田
和山の稲作祭祀をまとめ故郷の秋祭りを振
り返ってみると古代の稲作祭祀が私の身近
にも残っていると錯覚しそうだ。田和山遺
跡の九本柱遺構では羽人が漕ぐ船で再生し
た太陽を運んでおり津島神社の天王祭には
この船による祭祀が受け継がれている。し
かし神の太陽を運ぶ輿として各地に広まっ
たのは神輿だった。

　神輿の起源は、文献上では奈良時代の元
正天皇の治世の養老4年（720年）の「隼人
の乱」の時に、八幡神が乗る神輿を作った
と書かれたのが最初である。しかし、古来

図2-34
津門神社から繰り出す神輿

島根県江津市宗近喜美子さん提供

より行われていた収穫祭の祭壇が起源との説もある。現在の神輿は後世に
様々な神が登場して神輿に乗る神も多様になりバリエーションが追加されて
いる。まず、稲作が始まって、稲作祭祀が日本に持ち込まれた頃の神（太陽）
に焦点をあてて原形は何かを模索する。

図2-35　小舟町天王祭神輿の絵

Wadaphoto.jpより引用

　神輿の屋根の上には鳳凰か擬宝珠
が置かれている。擬宝珠は仏教の建
築物の構造的な装飾である。仏教が
伝わったのは6世紀と時代がかなり
下る。田和山遺跡の稲作祭祀に神輿
の原形を求めると鳳凰に限られる。

　神田明神境内にある八雲神社の小
舟町天王祭の神輿（図2-35参照）を見
ると鳥が神輿に乗った神を空高く運
ぶ事を暗示している。屋根の天辺に
留まる鳳凰は三星堆遺跡の第二神樹
の天辺に留まる天鶏（図2-9-1参照）
と見なせる。鳳凰は鶏を象徴し屋根

の四隅の鳥は烏だ。氏子さん
が担いで運んでいる神輿は烏
が背負って運んでいると解釈
出来る。この構図は三星堆遺
跡の太陽を運ぶ鳥（図2-9参照）
の概念に重なる。

　図2-36の絵は神田明神祭
礼絵巻にある江戸時代の神幸
祭で神輿の先頭を務める大伝

図2-36　2015年神田祭ポスター（諫鼓山車）

神田神社提供

馬町の諫鼓山車がデザインされた神田祭のポスターである。諫鼓鶏が先触れ
を務め神輿が近づくのを知らせている。鳳凰（天鶏）が神輿に乗った神が来た
と告げると、諫鼓鶏が町の人々に神が来たと知らせるのだ。三星堆の天鶏の
役割とされる太陽（神）が昇る朝を天下に知らしめると各地の鶏が人々に朝を
告げる構図を受け継いでいる。

　因みに、閑古鳥の語源は諫鼓鶏から変化したと感じるが実際は様々な意見
があるようだ。閑古鳥は寂しげな鳴き声のカッコウとされる。人がいない場
所に神が来たと人を集める諫鼓鶏と人を集めたが人が集まらない閑古鳥だが
鳴いている時は人がいないのは同じだ。

5.3　九本柱遺構の稲作祭祀の復元

　ここでは九本柱遺構に新たに組み込まれた稲作祭祀を復元する。

（1）祭祀の舞台

　田和山の細長い山頂に九本柱の祭祀施設が築かれている。背後に6本の柱
穴が見つかり用途は不明とされるが銅鐸を吊るし冬至の日のカウントダウン
を行ったと推察する。

　五本柱遺構時代の第一環濠を掘り直し2本の環濠を追加して3本の環濠が
頂上の祭祀施設を取り囲んでいる。この3重の濠は三星堆から出土した神壇
に刻まれた3本線の天と地を分ける境の宇宙観を受け継いでいると考える。
第一環濠の上部に九本柱遺構時代の焼土跡が残っており焚火は継続してい

る。新しい3重の濠からはつぶて石が出土して祭祀の内容が大幅に変わった事を示唆している。

（2）祭祀の日程

　九本柱遺構時代の祭祀の日程の追加・変更部分を簡単に紹介する。

　　　　荒神谷遺跡の一年分の銅剣を反映

　　　　つぶて石を使った新たな神事を始める

　　　　九本柱遺構時代に出土した高坏→酒を使う行事を追加

　　　　九本柱遺構時代に出土した石斧→物部神社の斧始式に伝わる

　　　　太陽の再生の日に羽人の漕ぐ舟で八節に向け太陽を運ぶ神事を追加

　　　　真魚（美保神社は鯛、津島神社は鯉）を箸と剣で捌く行事を追加

○日々の太陽の祀り

　〈毎日〉銅剣で朝日を迎え夕日を送る祀りを行う（美保神社の朝夕祭）。

○五穀豊穣の祀り

　〈1～3日〉つぶて石を供える神事を始める。

○太陽の祀り

　〈4～6日〉酒を使った行事を始める。

　　　　　薪を使った焚火を始める（大田市五十猛のグロ）。

○再生した太陽の祀り

　〈7日〉斧始式を行う（物部神社）。

　　　　羽人の漕ぐ8艘の舟で八節に向かい太陽の光の道をつける（淀江の絵画土器）。

　　　　真魚箸式（美保神社の行事だが津島神社には鯉のまな箸料理が伝えられている）。

6 長江文明の「鳥と太陽信仰」の足跡

　長江文明の稲作の豊饒を祀る太陽信仰は、長江中流域の城頭山遺跡から推察されるように、太陽そのものを祀る信仰から始まった。太陽信仰は、長江下流域の河姆渡遺跡から出土した「双鳥朝陽」によって、春を呼ぶ渡り鳥が太陽を運ぶとの想いの「鳥と太陽信仰」に生まれ変わったと考えられる。鳥と太陽信仰は、長江下流域の安徽含山 凌 家灘遺跡の墓から出土した玉に刻まれた太陽の図柄と鷹及び八角星文・八角柱文との組み合わせから、人々の宇宙観を深化させている。

　しかし、下流域の良渚文明は、共同体意識を持つ社会から階層社会へと変貌を遂げ、鳥と太陽信仰の宇宙観は天円地方へと変わっていった。呉城文化の新淦大洋洲遺跡の墓から出土した副葬品からは太陽信仰の位置づけが如実に示されている。

図2-37　長江文明の「鳥と太陽信仰」の足跡

廃れたと思われた鳥と太陽信仰は長江上流域の三星堆遺跡で命脈を繋いでいた。三星堆遺跡で出土した第一神樹により、『山海経』で語り継がれた10個の太陽の神話が実在した祭祀に基づいていた事を示した。鳥と太陽信仰は日本列島にもたらされ、国生みを支えた稲作祭祀として弥生時代の稲作普及の一翼を担った。

田和山遺跡は長江文明の鳥と太陽信仰が日本列島に渡り第一歩を印した拠点と考える。図2-37「長江文明の『鳥と太陽信仰』の足跡」に鳥と太陽信仰に関連した遺跡を示した。

6.1 長江文明の誕生

（1）城頭山遺跡の太陽信仰

長江中流域の湖南省常徳市澧県（れい）に位置する城頭山遺跡は1998年から10年間に亘って行われた日中共同プロジェクトによって発掘された遺跡として有名だ。詳細は梅原猛・安田善憲共著『長江文明の探求』に詳しい。

当時、安田善憲さんは城頭山遺跡を中国最古の都市型集落とされ最古の城壁（BC4300年）、最古の水田（BC5000年）、最古の祭壇（BC4000年）、最古の祭政殿（BC3300年）、最古の祭場殿（BC3300年）、最古の焼成レンガ（BC4300年）を根拠とされた。

遺跡は直径360mの円形城壁に囲まれ東西南北それぞれに門が築かれている。東門付近の城内の発掘調査により城壁が築かれる前のBC5000年頃の水田跡が見つかった。水田跡にBC4500年頃の多量の稲籾が見つかり稲作に関連する祭祀が行われたと推測された。

BC4000年頃には、多数の祭祀坑を伴った、焼成レンガを使った大型の祭壇が設けられていた。周辺から赤色を含む土器片が大量に見つかり、土坑から人体が4体とウシの下顎骨らしい動物骨も見つかっている。頭を夏至の日の出の方向に向けた埋葬と土器や焼成レンガの赤色から太陽祭祀を行っていたと考えられている。生贄を捧げて豊饒を祈っていた様子が窺える。

長江中流域には稲作の普及に伴って城頭山遺跡で行われていた太陽信仰が広がっていたと推察される。

（2）河姆渡遺跡の「鳥と太陽信仰」

　長江下流域の浙江省余姚市河姆渡村から発見されたBC5000〜BC4000年に栄えた河姆渡遺跡は河姆渡文化とよばれ杭州湾南岸から舟山群島に広がっていた。大量の水稲の籾や各種の植物、野生動物、魚、家畜が見つかっており米を中心に多彩な食生活が窺える。高床式住居が数多く見つかり木製や骨で作った装飾品や農工具を使っていた。特に最古の漆器や陶器（黒陶・紅陶・灰陶）が注目されている。

　この河姆渡遺跡から出土した象牙に彫られた「双鳥朝陽」は長江文明の鳥と太陽信仰を象徴する出土品として有名である。「People's China」から長江文明の鳥と太陽信仰の誕生を要約して紹介する。「河姆渡の人々は稲作を始め、太陽崇拝・豊作祈念を陶器や工芸品に刻んだ。『双鳥朝陽』は鳥崇拝も表している。春、渡り鳥の到来は耕作の時を告げた。鳥が害虫を捕食し、稲を守ってくれると信じていた。鳥崇拝は呉越地方に広がり、東夷を『鳥夷』、越人を『鳥種』と呼ぶようになり言葉を『鳥言葉』といった。今も呉越地方にいろいろな鳥崇拝の習俗が残っている。この図案は、太陽の三本足カラス伝説の『金烏負日』という古代思想を生み出したようだ。河姆渡の人々が、太陽の日の出、日没は二羽のカラスが運ぶ、と考えていた事を描いているとされている。」

　長江文明の鳥と太陽信仰の誕生は同時に鳥と太陽信仰の苦難の始まりでもあった。河姆渡遺跡は近くの姚江の度重なる大洪水により水没を繰り返し放棄された。

（3）安徽含山凌家灘遺跡の八角柱文・八角星文

　長江下流の馬鞍山市の西端にある安徽含山凌家灘遺跡からBC3500年のものとされる祭壇1カ所、60基の墓葬、紅焼土堆積遺構が発見され多量の玉器が出土した。出土物に太陽信仰を示すものを含み、副葬品の出土数から既に階層差・社会分化が出現していたとされる。最盛期には黄河流域や長江中下流域の並行する文化に甚大な影響を与えた。

　4号墓から出土の玉版には一歩進んだ太陽の図柄を、29号墓出土の玉鷹も太陽の炎を刻んでいた。私は玉版・玉鷹の小円を太陽と考え、玉版の四角柱文を東西南北の方位とし8区画の八角柱文と玉鷹の八角星文は八節（立春、春

分、立夏、夏至、立秋、秋分、立冬、冬至）をあてはめた。玉版の小円の中の八角星文は四立（立春、立夏、立秋、立冬）を指している。玉鷹の鷹は目線を上へ向け太陽に訴えかけている。豚はお供えと考えた。祈りで期待するのは稲の豊作であり豚を太陽にお供えするのは城頭山遺跡で人や牛を生贄で差し出した祈りの延長線上にある。

　地球の気候は河姆渡時代の温暖な時期を過ぎ長江が頻繁に洪水を繰り返す時代へ向かっていた。鳥と太陽信仰も新たな段階に足を踏み入れた。一年の暦を8分割して八節を生み出し稲作の管理を精緻化し、鷹に生贄を運ばせ、太陽を自らの力で能動的に活性化したいとの願いを込めている。鳥と太陽信仰の宇宙観が確立されていた。

　一方、京都大学名誉教授の曽布川寛さんは「天井より降臨する神々と祖霊」で玉版は中国の宇宙観の祖型と指摘されている。外枠は地を表し四角柱文によって大円の天を支えている。天を支える四角柱文は天柱（山岳）を表すと書かれている。内側の8区画は八天（東方を蒼天、東北を変天、北方を玄天、西北を幽天、西方を顥天、西南を朱天、南方を炎天、東南を陽天）を表し四角柱文で支える小円（鈞天）とともに九天を表すとされる。中央小円内の八角星文は北極星を象徴していると述べられている。玉鷹の八角星文も北極星を表し、豚は天からの神聖な恵み物とされている。

　私はこの時期、長江下流域の人々は太陽に疑念を抱きながら望みを捨てず、何とか稲作の豊饒の願いをままならない太陽（天候）に伝え動かそうと鳥と太陽信仰の宇宙観の原形を形作ったと考える。曽布川寛さんの述べられている様に、太陽を見捨てて、天円地方の宇宙観へ辿り着くのは地球の気候の更なる試練を経た次の時代であったと考える。

6.2　「天円地方」の宇宙観

（1）良渚文明

　良渚文明は長江下流域の浙江省杭州市余杭区良渚鎮周辺のデルタ地帯に稲作経済を成熟させ宗教的な階層社会の初期都市文明をBC3300～BC2500年にかけて花開かせた。稲作で豊かな社会を築きバラエティに富む食器〔鼎、壺、

豆（高坏）、甕、杯、瓶、盤（大皿）、蒸し器、大臼〕などの黒色土器と灰色土器を
ロクロで大量生産していた。一部は器種構成を標準化し統一して死者の埋葬
に副葬された。これらの器種セットは漢時代まで約2,000年近く墓の副葬に
用いられ社会的階層化を示す象徴的存在となった。また手工業が発達し養蚕・
絹製品、漆器業、竹編物が知られる。

　良渚文明の玉器産業は特筆に値する。玉器には良渚文明の宗教活動や政治
活動のベースとなる宇宙観を示す物も多い。しかし最も重要な玉器はデフォ
ルメされ用途を含め明らかになっていないものが多い。

　玉器には定型化された神人獣面紋の図柄が線刻され祖先崇拝が神格化され
たものとも、鳥と太陽の日の出・日の入り又は太陽と月などのデフォルメさ
れたものとも言われている。私はこの図柄は3世紀に呉の時代に成立した神
話集『三五歴記』に記述がある盤古を思い浮かべる。盤古の左目から太陽、
右目から月が生まれたとされる。

　最も重要視された玉器は玉琮、玉璧、玉鉞とされている。玉琮・玉璧は良
渚文明の宇宙観「天円地方」を表しているとの意見もある。玉琮は宗教的な
性格を持ち祭祀に関わるシャーマンや呪術師が所有した道具と考えられてい
る。玉璧は祭祀用または威信財としても使われたと言われており出土数が多
い。玉鉞の祖型は「有孔石斧」とされ所有者は国の軍隊を指揮する軍事統帥
権を握っていたと考えられている。玉琮、玉鉞は必ずペアで副葬されており、
祭祀と軍事を握る絶対的な王が誕生していたと考えられている。

　BC3000～BC1900年に地球は寒冷化の時代に突入している。良渚文明は
温暖な時代から寒冷化へ切り替わる時期を迎え寒冷化に直面することになっ
た。

　鳥と太陽信仰により稲作の豊穣を祀った共同体社会は様変わりした。鳥と
太陽信仰は、洪水を繰り返す長江に立ち向かい階層社会を築き社会の秩序を
維持する、玉器を用いた新たな祭祀へと変貌を遂げている。

　良渚の人々は、天候不順や寒冷化が常態化して太陽への不信を募らせた、
そして天に輝く絶対的な星、北の夜空に微動だにせず輝く北極星を新たな神
として選んだ。祭祀は天地が主役となり太陽を脇役に追いやった。良渚文明
は良渚鎮に東西670m、南北450m、高さ7～8mの巨大な基壇の上に更に3

つの基壇を設けて宮殿や神殿を築いていた。玉器による祭祀を行い厳格な階級社会を生みだした。

次に玉琮と「天円地方」に関連する2つの見方を紹介する。

○玉琮を「天円地方」由来のものとした見方

曽布川寛さんは前掲の「天井より降臨する神々と祖霊」で「良渚文化の代表的な玉器である玉琮はこの天円地方の宇宙観に則って作られていることが既に判明している。」と述べられ「上端円形の側面に翼を広げた鳥や、太陽とその下に飛ぶ鳥を刻して、中国古代の太陽神話に基づいた背に日輪を載せて天空を運行する鳥が表されていた。」とされた。

○玉琮を望筒とし天体観測の道具とした見方

『中国の科学と文明 5巻天文学』でJoseph Needhamさんは玉琮と玉璧を紹介されている。筒を通して星を見ると星の輝度が増し観測が改善できる事が分かっている。玉琮の先端の丸い端部に特殊な玉璧を嵌め星の動きを観測していたとされる。支配層は天体の観測によって太陽の挙動をより正確につかみ稲作へフィードバックして自らの力を誇示していたと考える。天体観測の中心は天（北極星）であり太陽は脇役に押しやられた。

良渚文明はBC2500年頃に突然崩壊した。大洪水によるとの説が有力である。しかし、良渚文明で構築された祭祀の宇宙観「天円地方」は中国の中原の文明に引き継がれ郊祀として歴代の王朝の祭祀の骨格を担った。

（2）呉城文明の「鳥と太陽信仰」

長江下流域と中流域の境を流れる支流の贛江（かんこう）が流れ込む鄱陽湖（はよう）周辺でBC1400〜BC1000年に呉城文明が栄えた。江西省瑞昌市銅嶺村に巨大な銅鉱山が発見され、殷中期から戦国時代にかけて青銅を中原に提供し、青銅産業が発展した。青磁器の発祥の地ともされ有名な景徳鎮に受け継がれている。

この呉城遺跡から大規模な葬祭儀礼用と見られる基壇が見つかっている。4〜6m幅で東西方向に延びる150mの版築道路を築き終端部は多数の小柱穴が両側に並び北へカーブして赤い基壇に達していた。基壇部の前端部に祭祀

用の供献台座があり東向きで扇形をしていた。その正面は南北方向に赤土壁
の痕跡が残り供献台の前の南東部と基壇上に大型建物を配置していた。道路
の北へのカーブは天（北極星）を意識し、東向きの供献台や扇形の形状及び日
の出方向の建物は太陽を祀っていると思われる。

　呉城文明に属する新淦大洋洲で見つかった商（殷）墓からは486点の青銅器
を始め103点の大型の玉器など総点数1,900余が出土した。注目されるのは
墓室に置かれた青銅器の配置である。北側に祭祀儀礼用の煮食器（鼎、甗、鬲）、
酒器（罍、三足卣）と楽器の大鐃が東西一列に並べられていた。天（北極星）へ
向けた祈りを伝えている。東南の角に中型の煮食器（鼎、甗、鬲）、酒器（罍、壺、
瓿）、水器の盤、両面神人頭像と生産道具（炭箕、犂、鍤）が置かれ、西南の角
には武器類（大鉞、戈、矛、鉞、鏃）と楽器の銅鎛、煮食器の甗及び少量の土器
があった。

　東南角は太陽の日の出を祝う豊饒の喜びを、頭に兎の耳を模した飾りをし
た、月の神と思しき両面神人頭像が見つめている。西南角は武器類が多く日
没の太陽を鼓舞（脅し？）する気持ちが表れている。銅鎛には鳥が飾られて銅
鎛の音が鳥の鳴き声を模していると示唆する。埋葬者の頭は北を向いて太陽
のお供えは足元にあり天が主役で太陽は脇役であることを如実に示してい
る。

　上記の祭壇と墓いずれの場合も天（北極星）への祀りの下に太陽の祭祀を行
っている。墓の埋葬品の多さから階層社会が確立され祖霊の概念が呉城文明
に浸透していたことを窺わせた。日の出に月の登場は太陰暦の採用を思わせ
る。日の入りの太陽に、鳥の鳴き声、銅鎛の音を聞かせ太陽のお出ましを催
促していた。

6.3　国生みと長江文明の「鳥と太陽信仰」

　田和山遺跡で行われていた稲作祭祀は稲作移民と共に西日本各地に伝えら
れ今日の五穀豊穣を願う祭祀として様々な形で受け継がれている。国生みの
各グループは故地の祭祀を田和山遺跡に持ち込み祭祀をリニューアルして自
らの稲作移民に伝えている。各グループの祭祀の特徴から各グループが何処

から何時頃やってきたか、これまで紹介した内容を整理して表2-3「長江文明の『鳥と太陽信仰』の足跡の年表」にまとめてみた。

　別天津神のグループは三星堆文明が終焉を迎えたBC9世紀からほどなく北九州に足を踏み入れて稲作を始めている。木棺墓を墓制にもつ人々は弥生前期中葉に出雲へ移動し弥生前期末には田和山遺跡に祭祀場を設けている。イザナキ・イザナミのグループは、古事記にあるホトが噴火した描写から、由布岳が噴火した弥生前期末から中期初めに出雲を目指した。蜀の開明王朝がBC316年に秦に滅ぼされた時期だ。この2つのグループは五本柱遺構を祭祀施設とし銅鐸に、三星堆遺跡の青銅器と同じ、雲南省産の銅を使い三星堆遺跡から出土した第一神樹（扶桑樹）の宇宙観を受け継いだ神木と藁蛇の祭祀を始めている。

　出雲国風土記にイザナミの時代に古志国から来た人々が堤を作る件がある。竹本雅昭さんに固始古城の資料を紹介して頂いたので中国の河南省信陽市固始県に古志が比定できるか検討してみた。固始県は春秋戦国時代に宋に属していたが隣国楚との国境に近く戦国時代のBC4世紀前後に固始古城を築いている。戦国時代の宋は一帯が戦場になりBC286年に斉に滅ぼされた。固始県の人々は宋の滅亡に伴い新天地を目指す人が多数出たことは想像に難くない。時期もイザナキ・イザナミの人々が出雲で国生みをした時期（表1-4参照）に一致する。古志の堤を作る版築技術はお手のものだし青銅器も出土しており銅鐸の鋳造技術もある。古志は、越前ではなく、河南省の固始県が出雲国風土記には合いそうだ。

　九本柱遺構の須佐之男時代の特徴は稲作の暦、牛頭天王、銅鐸の流水文、羽人の漕ぐ舟を挙げたい。滇王国はこのいずれも兼ね備えている。雲南省周辺では、牛頭は年干を表現し、暦の表紙に牛が描かれていた地域だ。貯貝器に牛を飾るなど牛をモチーフにした遺物が多い。滇王国時代の編鍾には流水文、銅鼓には羽人が漕ぐ舟が刻まれていた。滇王国の交易民であった須佐之男の人々はBC154年の呉楚七国の乱により後漢の体制が郡国制から中央集権に変わり活動が制限され日本列島に移動してきたと推察する。

　物部神社の御神紋の「ひおい鶴」から物部の人々の故地を探してみた。湖北省荊州市にある戦国時代、BC4世紀の天星観2号墓から出土した漆器製品

表2-3　長江文明の「鳥と太陽信仰」の足跡の年表

位置	地域	時代区分	縄文時代	弥生時代				古墳時代
		暦年代	BC5000	BC800	BC500	BC300	AD50	AD250
				早期	前期	中期	後期	
日本列島	大和						伊勢遺跡	大和王朝 / 晩倭韓王朝
	近江							
	出雲・伯耆					田和山（稲作起源記）／ 9本柱遺構／ 5本柱遺構		妻木晩田王朝
	筑紫				貼石木棺墓の稲作民			
中国大陸	長江流域 上流域		滇高原	古蜀	開明王朝 BC316年秦により滅亡	三星堆	滇王国	
	長江流域 中流域		四川 坡頭山遺跡	呉城遺跡	天星観2号墓	固始古城	BC109年武帝により征服	
	長江流域 下流域		河姆渡遺跡 良渚遺跡					
	黄河流域		安徽含山凌家灘遺跡	商（殷） / 周	楚 / 燕	春秋時代	秦 / 前漢 / 新 / 後漢 BC154年の乱 七国の乱	三国時代 蜀 呉 魏 / 晋 / 東晋
	遼東半島					戦国時代	衛氏朝鮮 BC108年武帝により征服	

凡例：□ 鳥と太陽信仰の文明　■ 青銅器文明

の虎座鳳凰架鼓が該当すると判断した。この飾りは丸い盤に太陽と八角星文をデフォルメし2羽の鶴が太陽を背負って運ぶ図に見える。日本へ移動する契機は須佐之男の人々と同じく呉楚七国の乱と推察する。須佐之男の人々より少し遅れて出雲へやってきて田和山遺跡の祭祀を引き継いだ。

6.4　三星堆文明の拡散と邂逅

　稲作祭祀の調査を進める過程で沢山の神仏習合の例に出くわした。最初の事例は津島神社の牛頭天王だった。明治の廃仏毀釈で牛頭天王の像が、お寺さんの仏像との解釈から神としてそぐわなかったのか、近くのお寺に預けられていた。近江の年頭のオコナイがお寺の行事となり餅が主役の習俗として伝えられていたのには驚いた。淡路島や奈良盆地では神木と藁蛇の習俗がお寺さんに伝えられた事例があった。遠江の蛇の昔話に出てくる八大竜王は仏教だけでなく神社にも祀られる神だ。明治初期まで隠岐神楽において死者を供養する葬祭・霊祭の浄土神楽が行われていた。比婆荒神神楽の本山三宝荒神の三宝は火の神・竈の神とされるが、三宝は仏・法・僧を意味する仏教用語である。神在祭を行っている佐太神社では各祭神の本地仏を定め仏教施設（神宮寺）を神社境内に創建していた。これらの事例を見て神様と仏様が非常に近しい関係にあるのに気が付いた。

　日本には大きく3種類の神さまが祀られていると考える。自然の様々なものに神を感じる原始信仰から派生した神として磐座信仰などがあげられる。弥生時代に稲作祭祀と一緒に持ち込まれた神は天照大御神、林業の神、火の神、穀物の神、水神、航海の神などイザナキ・イザナミの生んだ神々だ。古墳時代前後から始まる祖霊信仰によって祀られた神は大国主神や神武天皇などが代表的だ。

　稲作祭祀により伝えられた神は太陽や稲の再生を繰り返す営みを祀り、仏様は人の生と死を輪廻と表現して説いている。稲作祭祀を起源とする神様が仏様と相性が良いとの思いが頭をよぎった。稲作祭祀の神は三星堆からやってきた神だ。では仏様はどこからやってきたのだろうか。この疑問を払拭するために仏教の由来から紐解いてみる事にした。

（1）仏教

釈迦はガンジス川中流域の、ヒマラヤ山麓のネパールとインドの国境にあった、シャーキヤという小国でBC6世紀に生まれた。シャーキヤは専制王の支配するコーサラ国に属していた。シャーキヤ族は釈迦族とも呼ばれ、王が存在せず部族民の集会で政策を決定する、サンガと呼ばれる政治形態を採用していた。この政治形態は周辺の世襲的な王を首長とする体制とは明らかに違っていた。先住していた釈迦族をアーリア人のコーサラ国が配下に置いて共存していたと推察する。

図2-38　菩提樹とナーガ神

Wikipedia参照

仏教はBC450年頃に釈迦がインドのブッダガヤの菩提樹の下で悟りを開き始まったとされる。初期の教義は中道、四諦と八正道とされるが私はナーガ神に注目している。ナーガ神は人面蛇身の神として釈迦の悟りを守護したとされる。ナーガ神は風雨を支配する神ともされ三星堆の燭龍や八岐大蛇との類似性がある。仏教の日本伝来は、日本書紀の552年と元興寺伽藍縁起などの538年の2説があるが、538年が有力とされる。日本に渡ったナーガ神は八大竜王として仏様の守護神や雨乞いの神様として祀られている。

釈迦族のサンガと呼ばれた政治形態を読んだ時に国生みによって拡がった農村共同体を思い浮かべた。友田遺跡の土壙墓には副葬品が極めて少なく差別がない平等な世界を示唆している。菩提樹の前でナーガ神に守られて悟りを開く釈迦は神の宿る神木の前で勧請した藁蛇から託宣する人々を思い浮かべる。稲作の技術を携えて長江流域からインドにやってきた人々が釈迦族の人々と交流していたとの思いが強くなった。仏様も三星堆の祭祀と深く関わっている可能性が大だ。

（2）タミル語

古日本語はどこから来たか調べていた時に名越先生から大野晋さんの『日本語の源流を求めて』を紹介してもらった。この中で大野晋さんは言語体系

の探求においては単語と文法の2本立てで比較する必要があると説かれている。例えば中国語とは単語は一致するが文法が一致せずアルタイ諸語（ツングース語、モンゴル語、トルコ語）とは文法構造は一致するが単語が一致せず日本語と同じ言語体系とは言えないとされた。一方、タミル語とは両方が一致して同系と断言されている。タミル語に辿り着く経緯は文法構造が同じドラヴィダ語族の中に一致する単語を見つけ対応語が一番多かったタミル語を重点的に調査した成果とされた。

　一致する単語には日常生活の言葉の他に水田稲作に関わるものや機織り、銅、祀り、蛇、翼、神、航海などが含まれている。稲作を生業として機を織り銅で祭器を作り神や鳥・蛇を祀り交易を行う人々の姿が浮かんでくる。日本語とタミル語は同じ稲作文明を持つ人々によって使われていたと推察する。

　タミル語は南インドで話されているドラヴィダ諸語の中で一番古いとされBC3世紀の碑文が残されている。古タミル語をしゃべる人々が北九州へやってきて日本の稲作を始めたと大野晋さんは主張されている。更に、同じ時期に、鉄も日本へ持ち込まれたと書かれている。この点については私に別の考えがあり次項で紹介させてもらう。

（3）拡散と邂逅

　三星堆の人々はBC9世紀ごろ、水害等災害が頻発する故地に見切りをつけたのか、三星堆を放棄し何処かへ旅立ったとされる。三星堆遺跡から出土した遺品には焼けた跡が残っており災害で焼けたか意図的に焼いて埋納している。意図的に焼いたとすればもう戻ってこないとする固い決意が窺える。

　三星堆の人々が故地を放棄した時期は北九州で本格的な稲作が始まったとされるBC10世紀とほぼ一致する。三星堆を放棄した人々は幾つかのグループに分かれ日本だけでなく様々な地を目指した（図2-38-1参照）。太陽信仰を守る人々の向かう先の一つが日の出の方向の東海（東シナ海）の外の大荒にある湯谷、即ち、日本列島であった。弥生時代の稲作は三星堆からやってきた別天津神や開明王朝のイザナキ・イザナミの人々によって本格的な展開が始まっている。

　太陽の日の入りの方向に目を向ければ、三星堆から西の方向は、南北に走

図2-38-1　三星堆文明の「鳥と太陽信仰」の拡散

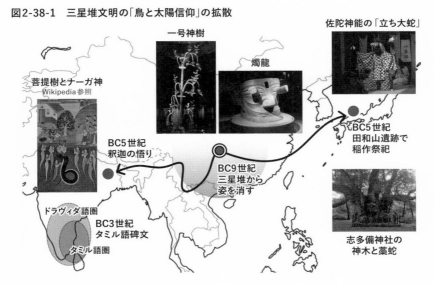

る山脈と深い渓谷が幾重にも重なる、横断山脈によって行く手を塞がれているが「雲南・カチン・アッサム」を東西回廊（西南シルクロード）と見なせばインドは目の前だ。古代から稲作の伝播、民族の交流、交易などが西南シルクロードを経由して行われていたと推察する。インダス文明は樹木崇拝、末裔の人々が樹木崇拝と蛇崇拝を行っていた事が知られている。BC6世紀頃に釈迦族の人々はコーサラ国の属国としてガンジス川の中流域で自治を許されていた。BC5世紀には八大竜王に守られ釈迦が菩提樹の下で悟りを開き仏教を始める。仏教の誕生には三星堆の神樹と蛇を彷彿させる舞台装置が用意されていた。

　稲作を生業とし太陽を中心に樹木と蛇及び鳥を崇拝する三星堆文明は、10進法を生み出したインダス文明の末裔がBC2000年代に西南シルクロードを東進し、四川盆地で長江流域の「鳥と太陽信仰」に出会い生まれた10個の太陽を祀る新しい文明であったと考える。いまだに解読されていないインダス文字と古巴燭文字が同じ系統の言語との指摘もあり、三星堆文明の言葉はインダス文明の末裔によってもたらされた可能性が高い。インダス文明の

末裔とされるタミルの人々がいつからインドに住み始めたかは定かでない
が、BC3世紀にタミル語による碑文が作られている。三星堆の文字と言葉が
日本に伝わり、荒神谷遺跡の銅剣に「×」を刻み、古出雲語になったとすれ
ば日本語とタミル語は同じ系統の言葉になる。

　大野晋さんがインドから伝来したとされる鉄の問題はややこしそうだ。大
野晋さんは鉄の言葉を共通語に含めず銅の単語を鉄と解釈されていた。共通
する言葉に鉄を明示的に表現するものはない。鉄の日本への伝来はBC4世
紀前後とされる。古式の日本の銅鐸は石製の鋳型を使って鋳造していた。細
かな模様から金属の工具を使っていたと考えられ鉄が最有力候補だが遺跡か
ら出土していない。残念ながら結論は、可能性を残して、先送りとしたい。
いずれにしても鉄は中国大陸を経由して持ち込まれたと考える。

　定めなのか運命のいたずらか538年に仏教が伝来する。伝来時、神を祀る
物部氏と仏の導入を謀る蘇我氏が争い、587年の丁未の乱にて蘇我氏が勝利
して決着する。仏教は人々の安寧を祈る祀りだけでなく医術、農業、法や建
築・土木技術など新たな衣をまとって日本に伝えられ当時の権力者の治世を
助ける役割も果たした。しかし、稲作祭祀の神様と仏様は本来一心同体であ
り必然として神仏習合が進み今日に至ったと考える。

参考文献

山口佳紀・神野志隆光『古事記』新編日本古典文学全集1、小学館、2015年

沖森卓也・佐藤信・矢嶋泉「風土記」『常陸国・出雲国・播磨国・豊後国・肥前国』

　　　　　　　　　　　　　　　　　　　　　　　　　　　　　山川出版社、2016年

松江市教育委員会・財団法人松江市教育文化振興事業団「田和山遺跡群発掘調査報告1」

　　　　　　　　　　　　　　　　　　　　　　　　　　　　『田和山遺跡』2005年

徐朝龍『長江文明の発見　中国古代の謎に迫る』角川選書、1998年

1 田和山遺跡

松江市教育委員会「田和山遺跡」2001年

松江市教育委員会「松江圏都市計画事業乃木土地区画整備事業区域内

　　　　　　　　　　　　　　　　　　埋蔵文化財包蔵地発掘調査報告書」1983年

財団法人鳥取県教育文化財団「青谷上寺地遺跡4」2002年

肥後弘幸「方形貼石墓概論」京都府埋蔵文化財論集第6集、2010年

鳥取県立むきばんだ史跡公園「史跡妻木晩田遺跡仙谷墳丘墓群発掘調査報告書」

　　　　　　　　　　　　　　　　　　　　　　　　鳥取県教育委員会、2017年

広島県埋蔵文化財調査センター「佐田谷墳墓群」1987年

2 三星堆文明の「鳥と太陽信仰」

徐朝龍「三星堆・中国古代文明の謎」『史実としての山海経』大修館書店、2009年

曽布川寛「三星堆祭祀坑銅神壇の圖像学的考察」東洋史研究第69号第3号、2010年

高馬三良『山海経』平凡社、1994年

プロメテウスHP「山海経翻訳まとめページ」2018年

3 五本柱遺構時代の祭祀

松江市史編集委員会『松江市史別編2民俗』松江市、2015年

島根県立古代出雲歴史博物館「島根の神楽」『芸能と祭儀』日本写真出版、2010年

竹内幸夫「私の神楽談義(1)」『大元神楽』柏村印刷、1995年

平野芳英『古代出雲を歩く』岩波新書、2016年

広報しょうばら「特集　農村の心『比婆荒神神楽』2013年11月号

佐太神社公式HP（http://sadajinjya.jp/）「神在祭2」2020年2月3日閲覧

橋本鉄男「薬綱論」『近江におけるジャのセレモニー』近畿民俗叢書、初芝文庫、1994年

牛承彪「奈良盆地における薬の大蛇」関西外国語大学研究論集第94号、2011年

淡路島観光協会「淡路島観光ガイドHP観光情報」『安住寺／1月：蛇供養』2018年

ふくらこよみ「大綱引き」南あわじ市商工会福良地区、2015年

4 九本柱遺構時代の祭祀

淀江町『淀江町誌』1985年

三好純一「『淀江』海を渡る　淀江弥生原始絵画土器の謎を解く」1991年

江頭務「田和山幻想　稲吉角田遺跡の絵画土器」イワクラ学会会報15号、2009年

荒神谷博物館HP（http://www.kojindani.jp）2020年2月3日閲覧

森岡秀人「倭国の形成と山陰の弥生社会」
　　　　　　　　　　　平成24年度弥生文化シンポジウムとっとり倭人伝鳥取県教育委員会、2013年

長野県埋蔵文化財センター「柳沢遺跡」国土交通省北陸地方整備局、2012年

兵庫県芦屋市教育委員会「会下山遺跡確認調査報告書」2010年

福岡猛志『津島神社の信仰—東海の神々をひらく』風媒社、2009年

津島神社「津島神社紹介パンフレット」2017年

津島神社「天王祭紹介パンフレット」2017年

川野明正さんブログ「雲南の牛（その2、その3）春牛打ちの行事」2020年2月3日閲覧

伝統・ホーランエンヤ協賛会『ホーランエンヤ2019写真集』今井出版、2019年

島根県神社庁『神国島根』福間秀文堂、1981年

美保神社ウェブサイト（http://mihojinja.or.jp/）「諸手船神事」2020年2月3日閲覧

龍野市教育委員会「養久山・前地遺跡」1995年

古典と民俗学の会「島根県物部神社の古伝祭」白帝社、1983年

6 長江文明の「鳥と太陽信仰」の足跡

北京大学『中国の文明Ⅰ古代文明の誕生と展開（上）』潮出版社、2016年

北京大学『中国の文明Ⅱ古代文明の誕生と展開（下）』潮出版社、2016年

梅原猛・安田喜憲共著『長江文明の探求』新思索社、2004年

丘桓興「長江文明を訪ねて河姆渡（上）7000年前の稲作文化」People's China HP、2010年

曽布川寛「天井より降臨する神々と祖霊」古文化研究第14号、黒川古文化研究所、2015年

Joseph Needham著「中国の科学と文明　5巻天文学」1983年

張栄「固始故城沿革考辨」建築史論文集第20号、2003年

大野晋『日本語の源流を求めて』岩波新書、2007年

徐朝龍「古代蜀國史研究の新視点」史林第79巻3号、1996年

Wikipedia「ナーガ」2020年2月3日閲覧

第 3 部

倭国大乱

はじめに

　魏志倭人伝等の中国の歴史書に書かれている倭国大乱は謎に包まれている。架空だとか朝鮮半島の話だとか様々な説が語られている。この責任の一端は古事記をはじめ日本の歴史書に倭国大乱と思われる直接的な記述が見当たらないことにあった。倭国大乱の時代を扱っている古事記の「上つ巻」は神代の世界と見做され考古学や歴史の世界で議論されていない。大国主神の条には因幡を舞台にした大穴牟遅と八十神との戦いがさり気なく描かれている。しかし、「稲羽の素兎」や「根の堅州国訪問」などおとぎ話と見まがう逸話の中にまぎれ込み、前後との脈絡も乏しく史実として取り上げられる事はなかった。

　古事記の「中つ巻」の初代神武天皇から九代開化天皇の条の出来事は考古学的な裏付けがないまま今日に至っている。残念ながら、神武天皇の条は九州から大和への東征の戦いとして解釈されており、倭国大乱の戦いの場面として認識されていない。

　まず第1章の「大国主の人々の東征」では、妻木晩田遺跡と西谷遺跡の発掘調査報告と記紀及び魏志倭人伝等の中国の歴史書を紐解いて、大国主の人々が初代神武天皇から九代開化天皇の総称で使われていた根拠を示す。更に、神武天皇の東征は大和ではなく伯耆へ乗り込んで倭を建国した事を明らかにする。古事記は大国主を伯耆の妻木晩田遺跡を都にした初代神武天皇から六代孝安天皇を大穴牟遅と呼び、倭国大乱を経て、都を出雲に移して七代孝霊天皇から九代開化天皇までを葦原志挙乎命と呼んでいる。

　第2章の「倭国大乱の前夜」では倭国大乱が始まる前の弥生の世界を2つの異なる視点から眺めてみた。一つ目は考古学的な視点から土器と銅鐸及び中国の記録に残された黒歯国に表れた倭国大乱の前夜だ。弥生後期前葉・中葉の土器文様の分布から弥生の勢力図を推定し倭国大乱は櫛描文のイザナキ・イザナミの人々と擬凹線文の大国主の人々の争いだったと結論づけた。弥生後期の突線鈕2〜5式銅鐸の分布を調べ櫛描文土器分布との強い相関からイザナキ・イザナミの人々の関わりを明らかにし破片の分布から戦いの場

所を推定した。2つ目は出雲と大和を結ぶ交易路の要衝であった播磨の前夜だ。稲作祭祀を中心にした農村共同体の社会が大国主の人々の東征によって中央集権的・階層的な社会へ組み込まれてゆく過程を追ってみた。

　第3章は本題の「倭国大乱」をまとめている。倭国大乱の再現は古事記と播磨国風土記に残された伝承を見直して再編した。大国主神の条と初代神武天皇から九代開化天皇の条の出来事及び播磨国風土記に残る天日鉾命と伊和大神・葦原志挙乎命の戦いの場を合わせて再編し全体像を描いてみた。大国主の人々の足跡は擬凹線文の分布で推定し戦場は突線鈕2〜5式銅鐸の破片が出土する地域を候補に挙げるなど考古学的な裏付けを行った。魏志倭人伝にある卑弥呼の晩年の狗奴国王と卑弥弓呼の争いも倭国大乱の余震として取り上げた。倭国大乱に相応しい西日本のほぼ全域を巻き込んだ大スペクタクルに仕上がった。

1 大国主の人々の東征

プロローグ

　弥生時代に栄えた古代出雲王国は国生みを担った稲作民の人々によって弥生前期後葉に始まった。長江文明の稲作民を主体とする別天津神王朝が意宇の田和山遺跡に祭祀場を設け、続くイザナキ・イザナミ王朝は西日本に袈裟襷文銅鐸を用いた稲作祭祀を広め稲作の普及を図った。イザナキ・イザナミ王朝を引き継いだ長江文明の交易民（漁撈民）を主体とする須佐之男王朝は流水文銅鐸を掲げて交易路を拡充して物部の人々を主体とする稲作民の西日本への入植を加速させた。弥生中期後葉には出雲以東の西日本は「鳥と太陽信仰」の稲作祭祀を守る稲作民の農村共同体が広がっていた。弥生中期末に四隅突出型墳丘墓を墓制とする大国主の人々が伯耆・出雲に侵入してくる。大国主の人々は農村共同体や太陽信仰を守る稲作祭祀を否定し新たな祭祀を持ち込み、天と祖霊を祀って、王を頂点とする階層社会を築こうとした。大国主の人々は伯耆・出雲を攻略し弥生後期初頭に自らを「倭」と名乗って日本列島の経営に乗り出した。国生みを行っていた稲作祭祀を守る人々は畿内や東海へ移動し近江の伊勢遺跡に新たな拠点を構え大国主王朝と対峙した。

1.1　歴史時代のあけぼの

　大国主の人々が活躍した弥生後期は、遺跡から出土した遺物から得られる考古学の情報に加えて、中国の歴史書に倭国に関する暦年代の記述が増加する時代だ。日本の歴史書にも古事記の「上つ巻」の大国主神の条と「中つ巻」に記述されている初代の神武天皇から九代の開化天皇までが弥生後期に相当すると考える。

　しかし残念ながら古事記には弥生後期の暦年代に関わる記述はない。古事記では、「初国を知らす」崇神天皇が大和で崩御した「戊寅」（つちのえとら）（258年：1.2「干

支」参照）の記述によって、古墳時代が歴史時代の幕開けを担っている。

　日本書紀にはこの時代の干支による記述がある。神武天皇の誕生と即位及び崩御された年月日だ。戦前は日本書紀に書かれた即位の年月日「辛酉年の春正月の庚辰の朔日」からBC660年2月11日を計算し紀元節の祝日を決めていた。しかし、日本書紀に書いてある通りに解釈すれば、考古学的には現実的な姿が浮かんでこない。そこで庚辰の縛りを止めて大国主の人々が出雲に痕跡を残した弥生後期の辛酉（61年）を神武天皇の即位の年と想定してみる。

　この章では大国主の人々が伯耆・出雲に王朝を築いたと考える弥生後期に焦点を当て、土器編年による弥生後期の年表をベースに中国の歴史書と記紀の歴史を加味した新たな弥生後期の年表作りにチャレンジする。年表作りによって初代の神武天皇から九代の開化天皇が大国主の人々と呼ばれ神武天皇の東征はまず伯耆・出雲を目指したことを明らかにする。

1.2　干支

　干支は十干と十二支を組合わせて作った六十進の数字である。中国の干支はいつの時代にできたのか詳しい事はわかっていない。商（殷）の時代に甲骨文に使われ日付に利用されていたのが記録に残る最初である。この干支の日付は今日に至るまで継続され現在も占い等で使い続けられている。古事記に記された弥生時代〜古墳時代の歴史には干支が避けて通れず改めて干支を紐解くことにする。

（1）十干

　甲骨文には日付を十干で書いているものもあった。日付として干支よりは十干が先に使われたと考えられている。十干は『山海経』で出てくる10個の太陽に名前を付けその日の名前を日付にしたのが始まりと思われる。皆さんご承知と思うが、念のため十干を次に挙げておく。

甲　乙　丙　丁　戊　己　庚　辛　壬　癸

旬は10個の太陽が一巡する事を指して、ひと月を30日としていた頃に、月の上旬・中旬・下旬の期間を表す言葉として使われるようになった。商の時代には十干を皇帝の名前にも使用している。この文字を見て私が思い出すのは祖父母や父母の古い成績表を物置の片隅で見つけた時だ。その当時の映画や小説のなかでも頻繁に出てきたような気がする。最初の4文字くらいしか覚えていないので調べたら戦前の成績表は4段階だった。

（2）十二支

　十二支は太陽の冬至の日を基準に満ち欠けを繰り返す月に名前を付けたと思うが詳しいことは分かっていない。甲骨文には十二支単独ではなく干支として登場する。商（殷）の時代にはなぜか月は数字で表されていた。戦国時代に十二支が月の名前として使われる様になる。十二支も念のため次に挙げておく。

子	丑	寅	卯	辰	巳	午	未	申	酉	戌	亥
ね	うし	とら	う	たつ	み	うま	ひつじ	さる	とり	いぬ	い
（旧）正月	2月	3月	4月	5月	6月	7月	8月	9月	10月	11月	12月
（現）11月	12月	1月	2月	3月	4月	5月	6月	7月	8月	9月	10月

　中国で太陰暦を採用した当初は正月を冬至の月とし一年の日数調整は12月の後に13月をいれたりしていた。現在はBC104年に前漢の武帝の時代に始まった太初暦をベースとして冬至を11月、立春を正月、閏月は中気のない月とする太陰太陽暦を採用している。日本には元嘉暦（445〜509年）が6世紀頃に百済を通じて伝えられたとされている。元嘉暦の記された6〜7世紀の遺物が福岡や奈良から出土している。古事記に記された八十神と大国主の人々の戦いが稲羽の素兎に込められた太陽暦と太陰暦の争いを含んでいたとすれば太陰暦はもっと早く弥生中期後葉（紀元年前後）に日本列島へ持ち込まれていた事になる。

　なお、十二支は皆さんがご承知の様に他にも様々な所に採用されている。「丑三つ時」の様な時刻や「戌亥の方角」の様に方位など主に循環する数字に採用され私たちの生活に定着していた。

（3）干支

　干支は十干（天干とも呼ぶ）と十二支（地支とも呼ぶ）を頭一桁が十干、下一桁

表3-1　干支の表

	*1	*2	*3	*4	*5	*6	*7	*8	*9	*0
1-10	甲子	乙丑	丙寅	丁卯	戊辰	己巳	庚午	辛未	壬申	癸酉
11-20	甲戌	乙亥	丙子	丁丑	戊寅	己卯	庚辰	辛巳	壬午	癸未
21-30	甲申	乙酉	丙戌	丁亥	戊子	己丑	庚寅	辛卯	壬辰	癸巳
31-40	甲午	乙未	丙申	丁酉	戊戌	己亥	庚子	辛丑	壬寅	癸卯
41-50	甲辰	乙巳	丙午	丁未	戊申	己酉	庚戌	辛亥	壬子	癸丑
51-60	甲寅	乙卯	丙辰	丁巳	戊午	己未	庚申	辛酉	壬戌	癸亥

が十二支でそれらを組み合わせて作った60個の文字（表3-1参照）を1〜60の数字として利用するものだ。単純な組み合わせなら10×12より120通りの数字が出来るが一工夫されている。

　通常の数字は下一桁をカウントし一桁目のカウントが終わったら上位の桁をカウントして下一桁目を最初の数字に戻している。しかし干支は十干と十二支を同時にカウントする。「甲子」から始めそれぞれ一回りしたら別々に最初の文字に戻しカウントを続けて最初の文字「甲子」に戻れば干支の一回りである。10と12の最小公倍数60が一巡で得られる数字である。天（太陽）と月は独立して回っているとの思いだろうか。

　この干支を使った日付は商（殷）時代の甲骨文に書かれていたと既に紹介した。干支による日付は今日まで連綿と続いており2021年1月1日は「己酉^{つちのととり}」になるそうだ。

　月にも干支は使われていたが、ここでは詳細は省略する。

　年に使われていた干支も広く普及した。商の時代には大きなイベント（皇帝の即位等）からの年数（自然数）で年を記録していたようだが戦国時代に木星の観察（12年周期）から十二支による年を用いるようになった。干支による年は前漢時代にまず木星による起年法の補足として用いられ後漢から干支だけによる起年法に切り替わり今日に至っている。

（4）弥生後期の歴史を探る

　古事記に記述されている年は干支を使って書かれている。残念ながら干支で書かれた弥生時代の故事や物語は殆どない。殆どないと書いたのはたった一つだけ弥生時代の歴史に深く関わっていると思われる記録があるのだ。非常に重要な記録なので干支をよく理解して頂くために紙面をだいぶ割いて干支の紹介をさせてもらった。

さて古事記に書かれたその記録とは崇神天皇の崩御された年「戊寅」だ。さてこの干支の年が暦年でいつになるか弥生終末期にからんでいるかで私の描いている古代出雲王国「大国主朝」像が歴史に裏打ちされた提案か砂上の楼閣かが決まってくるのだ。古事記では崇神天皇が「初国を知らす」とし「御陵は、山辺道の匂之岡の上」で初めて大和に王都を築いた天皇とされている。日本書紀では神武天皇と崇神天皇が「はつくにしらすすめらみこと」とされややこしくなっている。ちなみに日本書紀に書かれている初代神武天皇の即位の年「辛酉」は、大国主の人々が伯耆に乗り込んだ弥生後期初頭に絞れば、61年となる。

　干支を使って崇神天皇の「初国を知らす」を深掘りしてみる。弥生後期・古墳時代初期の干支と暦年代の対比をまとめこの表に戊寅の年を加えて表3-2「弥生時代後期・古墳時代初期の『戊寅』の暦年代と歴史の記録」を作成した。古墳時代になって最初の戊寅は258年に該当する。3世紀はこの年だけで次は4世紀の318年になる。一方で大和の纏向遺跡の出現は3世紀とされている。最初に築いた都が纏向付近とすれば「初国を知らす」崇神天皇の崩御は258年の戊寅しかないとするのが私の意見だ。

　一つだけ問題が残っているのは崇神天皇の陵が行燈山古墳とされている事だ。行燈山古墳の築造は4世紀前半とされており崩御の258年とかけ離れすぎている。私は箸墓か西殿塚古墳が崇神天皇の陵ではないかと考えるが今後の推移を見

表3-2　弥生時代後期・古墳時代初期の「戊寅」の暦年代と歴史の記録

時代区分	暦年(AD)	干支	古事記	記紀／中国の記事
弥生時代後期	57年	丁巳		倭の奴国が朝貢（後漢書倭伝）
	61年	辛酉		初代神武天皇の即位？（日本書紀）
	78年	戊寅		
	107年	丁未		倭国王朝貢（後漢書倭伝）
	138年	戊寅		
	189年	己巳		卑弥呼を擁立（魏志倭人伝）
	198年	戊寅		
	239年	己未		卑弥呼魏に使い（魏志倭人伝）
	247年	丁卯		卑弥呼魏に使い（魏志倭人伝）
古墳時代初期	258年	戊寅	崇神天皇崩御	（古事記）
	266年	丙戌		倭の遣使が入貢（晋）
			垂仁天皇崩御	
			景行天皇崩御	
	295年	乙卯	成務天皇崩御	
	302年	壬戌	仲哀天皇崩御	
	318年	戊寅		
			神功皇后崩御	
	394年	甲午	応神天皇崩御	

守るしかない。

　日本書紀では干支がふんだんに使われているとの指摘もある。ここでも神武天皇の即位の年を推定してみた。残念ながら私は日本書紀の暦の記述がまだ信頼できていない。古事記に望みを託してこの資料を作成している。ちなみに古事記では崇神天皇の崩御の年を戊寅と書いているが日本書紀では戊申としている。あまり違わないとの指摘も頂きそうだが一致しておらず日本書紀の干支はもう少し吟味が必要と思える。

　しかし書かれている全てが作り話ではない。今回、神武天皇の即位の年の辛酉を思い切って検討の俎上にのせてみた。時間をかけて本当の話と手が加えられた部分を精査し仕分けすれば弥生時代後期の歴史がより明らかになると期待している。

1.3　魏志倭人伝と陳寿の出自

　先日、NHKのBSプレミアムで長江文明の末裔とされるイ族の番組を見た。まさに私が取り組んでいる三星堆文明を担った人々が豊かな四川盆地を後にして辿り着いた先が環境の厳しい山岳地の高原だったとするナレーションが流されていた。人々の暮らしぶりは懐かしい香りのする故郷の村落共同体を思い出す。稲作の不適な地に移動したが劣悪な環境を正面から受け止めてソバを主食に替え弱者や高齢者を助け、富による社会の階層化を拒み、村長が率先して村落を守ろうとする姿はまさに稲作祭祀を守る人々の農村共同体に重なってくるのだ。神を鶏に勧請し、文字「×」の存在、火を大切にするピモと呼ばれるシャーマンの存在も気になる。

　魏志倭人伝が書かれていたのは晋の時代にまとめられた三国志の魏書である。三国志は中国の後漢末期から三国時代（180年頃〜280年頃）の群雄割拠した魏呉蜀の興亡史である。倭に関連した伝承が事細かく書かれていた。倭国の記述は後漢書や晋書などにも残っているが質的に大きな差がみられる。後者は外交に関わる記録に限定されているが魏志倭人伝は弥生時代の日本列島の様子を人々の風習や地理を含め広範囲に記録している。余りにも微に入り細をうがっている為に捏造した記録ともささやかれたりもした。なぜ魏志倭

人伝だけ詳細な記録を残すことができたのか、少し考えてみたい。

　私は三国志をまとめた陳寿の出自がその鍵を握っていたと考えている。陳寿は232年に巴西郡安漢県（現四川省南充市）に生まれ初めは蜀に仕官するが263年に蜀が滅んだため265年に晋に仕官し直している。三国志は私撰で280年から亡くなる297年まで編纂を行っている。出自の為か蜀への思い入れが端々に出ているとされ蜀の扱いが蜀を滅ぼした魏（魏の後継は晋）と同列だったため正史とされなかったが唐の太宗の時代に認定された。

　陳寿の出身地の蜀は、三星堆遺跡のある、成都に都を定めていた。第2部「稲作祭祀」にイザナキ・イザナミの人々が三星堆から移動してきたとの仮説を紹介した。さらに銅鐸に用いられた銅の産地は雲南省産だったとも書いた。冒頭のイ族の文からも稲作祭祀を日本列島に持ち込んだ人々の文明と三星堆の文明が重なる。仮説が正しいとすれば蜀の地と日本列島に移動した人々との間に人や物の交流があった。蜀の地に日本列島や倭の情報が伝えられ記録されて残された可能性が高い。陳寿がこの情報を目や耳にして魏志倭人伝をまとめたと考えた。魏志倭人伝は稲作祭祀を守る人々の生活や見方を一部反映した資料と見ている。その意味で魏志倭人伝は当時の日本列島を伝える貴重な資料である。

1.4　東征の足取り

　弥生後期の大国主の物語は北九州から始まる。弥生中期後葉に北九州と四国の瀬戸内海側を支配下に置いていた大国主の人々は安芸を経て吉備の三次に拠点を設け四隅突出型墳丘墓を築き始めた。さらに大国主の人々は弥生後期初頭に伯耆に進出し、国生みを行っていた物部の人々を支配下に置き稲作祭祀を止め青銅器を埋納させて、妻木晩田に王都を定めて自らを倭と称したと考える。山陰の支配を確立した大国主の人々は中国の王朝に朝貢を始める。最初の朝貢は支配下の筑紫の奴国が倭王の代理で行った。この「倭の奴国朝貢」は中国の歴史書に記録され日本列島を考古学の世界から歴史時代へ第一歩を踏み出させた。

（1）古代出雲王朝の変遷

　大国主の人々の伯耆・出雲への進出を述べる前に出雲の田和山遺跡の稲作祭祀を担った古代出雲王朝の変遷を表3-3「田和山遺跡の土器文様と同時代の祭祀者及び銅鐸の様式」に要約した。

　古代出雲王朝の幕開けは別天津神が田和山遺跡に五本柱遺構を築いて稲作祭祀を始めた時に遡る。イザナキ・イザナミの時代は土器文様に櫛描文を刻み銅鐸文様に稲作民を象徴する袈裟襷文と少数だが交易・開拓民の流水文を用いている。須佐之男の時代は銅鐸文様に交易・開拓民の流水文を多用し海上交通路の整備に注力した王朝であった。

　物部の時代は凹線文が盛行し殆どの扁平鈕式銅鐸には稲作民を示す袈裟襷文が刻まれていた。特に物部時代の前半は田和山遺跡から櫛描文を内縁や肩に持つ土器が出土しておりイザナキ・イザナミの人々との密接な協力関係にあった。古事記の神武天皇の条に「邇芸速日命（にぎはやひ）、登美毘古（とみびこ）が妹、登美夜毘売（とみやひめ）を娶りて」とありこの関係を裏付ける。しかし物部時代の後半の土器文様は凹線文だけになり両者の協力関係は解消している。このことから大国主の人々が出雲へ進出し物部の人々と手を結んでイザナキ・イザナミの人々を排除し対立した構図が浮かんでくる。弥生中期末に稲作祭祀の祭器は荒神谷遺跡と加茂岩倉遺跡に埋納された。祭器は破壊されておらず大国主の人々が物部の人々と平和裏に同盟を結んだことを示唆している。

　イザナキ・イザナミのグループに属した登美毘古は、古事記の神武天皇の条の「五瀬命の戦死」に、五瀬命と戦う姿が描かれている。イザナキ・イザナミの人々は大国主・物部だけでなく神武天皇とも対立していた。

表3-3　田和山遺跡の土器文様と同時代の祭祀者及び銅鐸の様式

弥生年代	土器編年	主な文様	田和山の祭祀者	銅鐸の様式
前期	Ⅰ－4式	ヘラ描文、突帯文	別天津神	菱環鈕式
中期前葉	Ⅱ－1式	櫛描文	イザナキ・イザナミ	外縁付鈕1式袈裟襷文
中期中葉	Ⅲ－1式	突帯文	須佐之男	外縁付鈕2式流水文
	Ⅲ－2式	突帯文、（凹線文）	須佐之男、（物部）	
中期後葉	Ⅳ－1式	凹線文、（櫛描文）	物部（イザナキ・イザナミ）	扁平鈕式1式袈裟襷文
	Ⅳ－2式	凹線文	物部	
後期初頭	Ⅴ－1式	（擬凹線文）		

注）Ⅳ－1式土器に口縁内面や肩に櫛描直線文や波状文・羽状文を持つものがある
　　土器文様の詳細については2.1「倭国大乱の痕跡（1）土器文様」を参照

（2）大国主王朝の始まり

　第1部3「大国主の国づくり」の中で大国主の人々の出自を春秋戦国時代に活躍した燕と推定した。公孫氏の衛氏朝鮮を経て九州に辿り着いた大国主の人々が出雲へ進出する経路をここで探ってみる。

　大国主の人々は古事記の大国主神の条の「稲羽の素兎」に、何処から伯耆にやってきたか触れずに、突然登場する。大国主の人々と四隅突出型墳丘墓の密接な関係（第1部3.（1）「大国主の足跡と四隅突出型墳丘墓」参照）から四隅突出型墳丘墓が初めて出現した三次を経由して弥生中期末に伯耆へ進出したと考える。大国主の人々の足跡として残された物がもう一つある。弥生中期末から後期前葉に鋳造された福田型銅鐸だ。図3-1「大国主の人々の東征」に大国主の人々が北九州から東征した推定経路と都を構えた拠点及び福田型銅鐸と鋳型の出土した地点をプロットした。神武天皇の東征と概ね合致するが高島宮は三次とした。三次から大和ではなく伯耆に向かったと考える。三次は安芸に属すると思われがちだが実は吉備に属し、大国主の人々が東征していた弥生中期末に、四隅突出型墳丘墓や塩町式土器など最先端の技術を持っ

図3-1　大国主の人々の東征

伝出雲出土銅鐸（木幡家銅鐸）と宍道町の弥生時代「図8」　松江市歴史まちづくり部埋蔵文化財調査室提供

た人々が活動していた。

北島大輔さんは『福田型銅鐸の形式学的研究―その成立と変遷・年代そして制作背景―』に福田型銅鐸の製造の順番を示され製造時期を弥生中期末から後期初頭とされている。

福田鐸（多祁理宮）→伝伯耆鐸→伝上足守鐸→［吉野ヶ里鐸→推定出雲鐸］（同笵）

安芸の多祁理宮、妻木晩田遺跡（伝伯耆鐸）、出雲（推定出雲鐸）の順番は大国主の人々が東征して足跡を残した拠点の変遷になる。伝上足守鐸は元々三次の高島宮にあった鐸を吉備の都を三次から岡山へ移した時に移動させたと考える。

北島大輔さんが推定された福田型銅鐸の推定時期は大国主の人々が三次から伯耆・出雲・播磨に進出し、伯耆の妻木晩田遺跡に拠点を設け、支配地を拡げ伯耆に大国主王朝を樹立した時期とも重なる。推定出雲鐸は製造時期が後期初頭と推定されており伯耆に王朝を樹立して間もない時期に出雲にも持ち込まれていた。

北九州で出土した吉野ヶ里鐸は推定出雲鐸と同笵とされ大国主の人々と吉野ヶ里の人々が強く結びつき大国主の人々が北九州から移動してきた確かな証である。福田型銅鐸の鋳型は佐賀県鳥栖市の安永田鋳型や福岡県福岡市の赤穂ノ浦鋳型などから出土している。福田型銅鐸は、稲作祭祀の銅鐸に対抗して、大国主の人々が北九州で製造したと考える。筑紫の岡田宮は、福田型銅鐸が出土しておらず大国主の人々や吉野ヶ里との関係は微妙だが、神武天皇の東征を意識して書かせてもらった。

推定出雲鐸には邪視文の文様と鶴の文様が描かれていた。邪視文は祖霊神を祀る大国主を象徴し、鶴は「ひおい鶴」を御神紋（第2部4.5「物部の祭祀」参照）とする物部の人々を表し、大国主と物部の人々が早い段階で同盟していた事を示している。古事記には神武天皇の条に邇芸速日（物部の人々）が神武天皇の東征に参加する件を残している。

（3）弥生時代後期の伯耆・出雲の年表

大国主が活躍していた弥生後期の伯耆と出雲の歴史を暦年表にして表3-4「伯耆・出雲の四隅突出型墳丘墓築造推定年代と歴史時代の幕開け」を作成

表3-4 伯耆・出雲の四隅突出型墳丘墓築造推定年代と歴史時代の幕開け

地区	時代区分	弥生後期					古墳前期
		前葉	中葉	後葉	終末期前半	終末期後半	古墳前期
	暦年	AD50	AD90	AD130	AD190	AD220	AD250
伯耆	妻木晩田	1号墓 4号墓(環濠) 棲配遺跡	洞ノ原 7号墓				
出雲	西谷		1号墓 2号墓	3号墓 2号墓	墳築横丘墓	9号墓	
吉備							
大和							箸墓? 行燈山古墳?

中国の歴史書等

57 倭の奴国王朝貢（後漢書倭伝）
【辛酉】
倭奴国王朝貢（後漢書倭伝）
神武天皇即位（日本書紀）

【主なし】桓霊の間倭国乱れ、暦年主なし（後漢書倭伝）

男子を以って王となすこと七、八十年、倭国乱れ（魏志倭人伝）

倭国大乱

八十神との戦いに敗れ、木国を経て出雲へ（古事記）

計間を道の口と為して、吉備国を言向け和しき（古事記 孝霊天皇）

共に一女子を王と為す、名づけて卑弥呼と呼ぶ（魏志倭人伝）

卑弥呼が死に墓を作る（魏志倭人伝）

国乱れ13歳の喜興を立てる（魏志倭人伝）

107 倭国王朝貢（後漢書倭伝）
146 桓帝即位
168 霊帝即位
189 霊帝没
220 魏朝貢（三国志）
239 卑弥呼魏に遣使（三国志）
247 卑弥呼死（三国志）
266 倭国王朝貢（晋書）
【戊寅】崇神天皇没（古事記）

した。年表は、弥生後期の王墓と推定される四隅突出型墳丘墓が築かれた、妻木晩田遺跡と西谷遺跡の墳丘墓を中心にまとめている。墳丘墓の暦年代の推定は妻木晩田遺跡と西谷遺跡の調査報告書等に書かれていたものを多少咀嚼して転記した。

　この暦年表に中国の歴史書に記述された倭国の記事と記紀の干支を加えてみた。驚いたことに中国の歴史書に記述された年代と遺跡の考古学的な年代のつじつまが合うのだ。57年の倭の奴国王朝貢に少し遅れて妻木晩田遺跡の洞の原地区の王墓群の築造が始まる。倭国大乱によって妻木晩田遺跡での王墓の築造は途絶えるが倭国大乱のさなかに出雲の西谷遺跡で王墓の築造が始まり247年の卑弥呼の死によって西谷遺跡での王墓築造も途絶える。

　この暦年表に古事記や日本書紀（都合の良い記事は積極的に利用させてもらう）の記事も加えれば妻木晩田遺跡と西谷遺跡は魏志倭人伝に書かれている邪馬台国（正式な歴史書では倭と呼ばれる）に比定してよいとの感触を得られた。実在しなかったとされている神武から開元までの九代の天皇が実在した可能性を示唆しており俄然、熱が入った。

　後漢書倭伝に57年に倭の奴国王が朝貢している。「倭の奴」と称していることは奴国の王が倭国の王の代理で朝貢したと考えてよい。タイミングからすれば荒神谷遺跡・加茂岩倉遺跡の埋納時期であり大国主の人々が倭国を樹立した報告だったと思える。

　日本書紀にある神武天皇が即位した年の干支「辛酉」を弥生後期前葉から探すと61年となる。洞の原地区の先端の祭祀遺跡（図3-2参照）は環濠が掘られており天（円）壇に模している。郊祀を行う天壇は中国の皇帝が天に対して皇帝就任の宣言をしている場でもあった。日本書紀には神武天皇が鳥見山で神武天皇4年2月に郊祀を行ったと書かれている。神武天皇4年は即位を61年とすれば64年になり祭祀遺跡の築造年推定1世紀後半にドンピシャだ。祭祀遺跡（環濠）を

図3-2　妻木晩田の環濠遺跡（空撮）

鳥取県立むきばんだ史跡公園提供

鳥見山に比定すれば天壇で倭国の樹立と天皇になったことを天に報告した事になる。つまり妻木晩田遺跡の最も古い王墓と考えられている洞の原1号墓の主体は神武天皇の可能性が高い。日本書紀は神武天皇を「はつくにしらすすめらみこと」とし、伯耆の妻木晩田遺跡に、新しい国を樹立した事を伝えていた。

魏志倭人伝に「男子を以って王となす住まること七、八十年、倭国乱れ」とある。この七、八十年の間、妻木晩田遺跡では王墓クラスの四隅突出型墳丘墓が洞の原と仙谷に築かれている。倭国が乱れたのは、倭国の樹立61年から計算すると、130〜140年頃になる。一方で後漢書倭伝に「桓霊の間倭国乱れ、暦年主なし」とある。桓霊の間とは後漢の桓帝（146〜168年）と霊帝（168〜189年）の間つまり146〜189年となる。魏志倭人伝と後漢書倭伝の倭国大乱の記述がほぼ一致する。妻木晩田遺跡の最後の王墓とされる仙谷2号墓の傍の仙谷5号墓周濠には祭祀用の土器が多数遺棄され慌てて撤退した様子が残されていた。古事記の大国主神の条に、八十神との戦いで、敗れた大国主の人々が伯耆（妻木晩田）から撤退し木国を経て出雲に移動した様子が描かれている。

倭国は、後漢書倭伝で「暦年主なし」とされたが、古事記に大国主の人々が出雲に移動して再興を図ったと記されている。年表では弥生後期後葉から出雲の西谷遺跡に王墓とされる四隅突出型墳丘墓が築かれ始め古事記を裏付ける。

魏志倭人伝では倭国大乱は189年頃に「共に一女子を立て王と為す、名づけて卑弥呼と呼ぶ」で両者の和解が成立している。卑弥呼は3世紀中頃に魏と積極的な外交を行ったことが三国志に記録されている。倭国内の融和が進み外交へのゆとりが出てきたようだ。

248年頃に卑弥呼が死に墓が築かれた。この記録をベースに西谷遺跡の墳丘墓を探すと西谷9号墓が該当する。前の王墓の西谷2号墓は弥生後期後葉の180〜190年に築かれたと推定され卑弥呼が共立された頃だ。西谷9号墓は弥生終末期後半に築かれており卑弥呼の亡くなった時期と一致する。卑弥呼が189年に即位したとすれば60年間に亘って政を担った長期政権であった。

　大筋は以上だが少しサイドストーリーを紹介しておく。まず吉備の話だ。古事記の七代孝霊天皇の記事に「針間を道の口と為て、吉備国を言向け和しき」とあり、播磨口から吉備に攻め入り平定したとされる。この場合の吉備は三次のある備後ではなく備前・備中だ。孝霊天皇は出雲大国主王朝を樹立し葦原志挙乎命と呼ばれ西谷3号墓に埋葬されたと推定する。吉備に築かれた楯築墳丘墓は平定した吉備国の統治を任された首長の墓と考えられる。

　魏志倭人伝に正始8年（247年）「倭女王卑弥呼與狗奴國男王卑弥弓呼素不和」とある。私は、吉備の上東遺跡から出土した桃核、楯築墳丘墓の埋葬施設の上に立石や破壊され焼かれた葬祭土器の出土、『桃太郎』の伝承などから、これが吉備国を巡る大国主の人々と稲作祭祀を守る人々の争いだったと考えている。この経緯を3.3「倭国大乱の余震」にまとめてみた。

1.5　古事記から天皇陵の比定

　遺跡の暦年代と中国の歴史書に記録された弥生後期の事象が矛盾なく整理できたので引き続いて古事記の「中つ巻」に記述されている初代から九代の天皇の陵と宮殿を妻木晩田遺跡と西谷墳墓群の地図に記載された四隅突出型墳丘墓や遺跡に対比（表3-5参照）して古事記の描写と矛盾がないか確認した。古事記の初代から六代の陵や宮殿の描写は畝傍・葛城等の地名が頻繁に出て相互に結びついており同一地域に築かれたと判断して妻木晩田遺跡の墳丘墓を想定し、七代から九代の天皇陵は西谷遺跡から候補を選んだ。但し、二代綏靖天皇の宮殿に記述された「葛城の高岡宮」は妻木新山地区だと想像がついたが陵と記された「衝田岡」は特定できなかった。

　二代綏靖天皇以外の陵は古事記の記述と比定した墳丘墓に違和感はなかった。古事記に書かれた大国主神は初代神武天皇から九代開化天皇の総称との認識に間違いはない様だ。

（1）妻木晩田墳丘墓の比定

　妻木晩田遺跡から各天皇陵の比定の経緯を説明する。古事記に記述された地名や場所の描写は非常に写実的で場所の特定は比較的に容易であった。図3-3「妻木晩田遺跡の古事記の推定地名」に墳丘墓と地形から古事記の地名

表3-5 初代から九代の天皇陵の比定

代	名称	宮殿名	陵	遺跡名	墳丘墓	同盟関係（娶る等）	戦い
初代	神武天皇	畝火の白檮原宮（かしはらの）	畝火山の北の方の白檮尾の上（かしのお）	妻木晩田遺跡	洞の原1号墓	邇芸速日命	
二代	綏靖天皇	葛城の高岡宮	衝田岡（つきたの）	妻木晩田遺跡	？		
三代	安寧天皇	片塩の浮穴宮	畝火山のみほと	妻木晩田遺跡	洞の原4号墓		
四代	懿徳天皇	軽の坂岡宮	畝火山の真名子谷の上	妻木晩田遺跡	洞の原7号墓		
五代	孝昭天皇	葛城の掖上宮	掖上の博多山の上（わきがみ）	妻木晩田遺跡	仙谷1号墓	尾張連の祖	
六代	孝安天皇	葛城の室の秋津島宮	玉手岡の上	妻木晩田遺跡	仙谷2号墓		
七代	孝霊天皇	黒田の廬戸宮（いおどの）	片岡の馬坂の上	西谷遺跡	西谷3号墓		播磨口から吉備を平定 大吉備津彦乃命 若建吉備津彦乃命
八代	孝元天皇	軽の堺原宮	剣池の中岡の上	西谷遺跡	西谷2号墓	穂積臣の祖 尾張連の祖 木国造の祖	
九代	開化天皇	春日の伊耶河宮（いが）	伊耶河の坂の上	西谷遺跡	西谷9号墓	丹波の大県主 丸邇臣の祖 近淡海の御上の神主 息長宿禰	

畝火山：畑の畝の様な細長い丘の山、妻木晩田遺跡の洞の原を指す
衝田岡：眼下に広がる水田に突き出たように見える丘　　みほと：窪地　　軽の坂：緩い傾斜の坂
葛城の掖上：葛城の丘（仙谷・妻木新山）に差し込んだ様に分岐した尾根　　秋津島：とんぼの尾の様な尾根筋
真名子谷：瞳の様な直線状の谷、畝火山と葛城の間の谷　　伊耶河：斐伊川に比定

図3-3 妻木晩田遺跡の古事記の推定地名

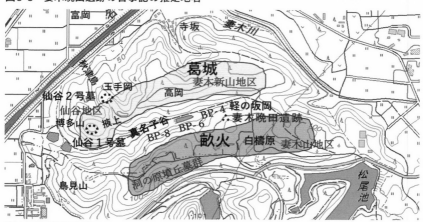

国土地理院の地図に加筆

192

を推定し妻木晩田遺跡の地図にプロットした。表3-5「初代から九代の天皇陵の比定」の地名に畝火と葛城が複数回出てくるので洞の原地区から妻木山地区に続く山並みを畝火と呼び、北側の仙谷地区から妻木新山地区に続く山並みを葛城と呼んでいたと考えた。畝火山は畝火の最高地点の洞の原地区にあったと考える。元来、畝火は畑の畝を指し畝火山は畑の畝のような山を指し写実的な表現だ。まさに妻木晩田遺跡の畝火山は地名通りの山であった。奈良の畝傍山はおわん形の山で畝と似つかわしくない。葛城は葛の城とでも呼んだのだろうか、葛が生い茂りあたかも畝火山を守る城郭と見立てたのかもしれない。

　四代懿徳(いとく)天皇陵は真名子谷(まなこ)上とあり比定した洞の原7号墓の北側にある畝火と葛城の間の谷筋を真名子谷と呼んでいる。真直ぐの谷筋に両側の山並みから睫毛の様な沢が流れ込んでおり、まさに真名子谷にピッタリの谷筋だ。

　妻木晩田遺跡の王墓と思われる四隅突出型墳丘墓は必ずペアで築かれている。これは王墓を貴族墓の公墓と一族の平民の墓の邦墓のペアで築く中国の「族墳墓」制度に準じているようだ。洞の原1号墓は洞の原2号墓とペア(図3-4参照)で築かれている。同様に洞の原4号墓は3号墓、洞の原7号墓は8号墓、仙谷1号墓は3号墓(図3-5参照)、仙谷2号墓は5号墓とペアになる。公墓と邦墓の見分けは四隅突出型墳丘墓が貴族墓と考えた。両方が四隅突出型墳丘墓の場合は埋葬主体の数や副葬品で判断するが洞の原は埋葬施設の調査がされておらず暫定的に両者の位置関係(北側の墳丘墓)を見て公墓を決めた。

○初代神武天皇(じんむてんのう)

　古事記に陵の位置は「畝火山の北の方」と書かれている。畝火山を尾根筋の最初のピークとすれば神武天皇陵に比定する洞の原1号墓(図3-4参照)は北側にあり古事記の記述と整合する。白檮尾(かしのお)は白檮(アカガシと推定)の林がきれる所と解釈した。宮殿は「畝火の白檮原」即ちアカガシの林の中にあった。

　伯耆ではアカガシは今でもポピュラーな木だ。2016年のボーリング調査(図3-3-1参照)では竪穴住居跡が見つかっている妻木山地区の尾根筋にアカガシの林の存在を窺わせる結果が得られている。BP-8は洞の原地区の真下の谷

図3-3-1　ボーリング地点の花粉分布図

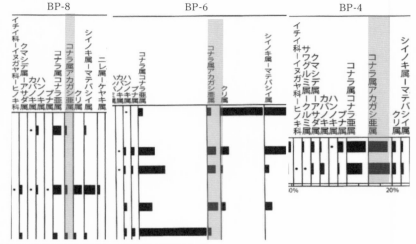

妻木晩田発掘調査研究年報2016年「第8図」より引用し加筆

筋、BP-4は妻木山地区の真下の谷筋、BP-6は両者の中間地点でありその3カ所（図3-3参照）の花粉分布図によれば、弥生後期に、妻木山地区にアカガシの林があった可能性が高く洞の原地区にはアカガシの林があった可能性は低いようだ。妻木山地区を白檮原と呼び洞の原地区を白檮尾としても全く違和感のない結果が得られている。

　洞の原地区の最西端に築かれた環濠を持つ遺跡（図3-3-2参照）は日本書紀に書かれている神武天皇が神武天皇4年（64年）に郊祀を行った鳥見山に比定する。この遺跡は祭祀遺跡とみられ1世紀後半に築造されたと

図3-3-2　洞の原西端の環濠遺跡

図3-3-3　妻木山地区復元住居

鳥取県立むきばんだ史跡公園提供

推定されており環濠は中国皇帝が郊祀を行っていた天（円）壇を模したと見做した。天壇で神武天皇が倭の樹立と天皇への即位を天に宣言した可能性が大きい。

○二代綏靖天皇
<ruby>綏靖天皇<rt>すいぜいてんのう</rt></ruby>

宮殿の「葛城の高岡宮」は妻木新山地区の最も高い丘（図3-3参照）を当てはめた。陵は「衝田岡」だが既に述べたように比定する墳丘墓を挙げられなかった。衝田岡は高岡宮の北側の眼下に広がる水田に突き出している岡と想像している。気になるのはこの陵は「岡の上」と書かれていない。

○三代安寧天皇
<ruby>安寧天皇<rt>あんねいてんのう</rt></ruby>

宮殿の「片塩の浮穴宮」は妻木山地区にあったと考えるが候補地は思いつかない。陵の「畝火山のみほと」の「ほと」は窪地を指すので洞の原4号墓を比定した。図3-4で窪地の上に築かれたように見える。

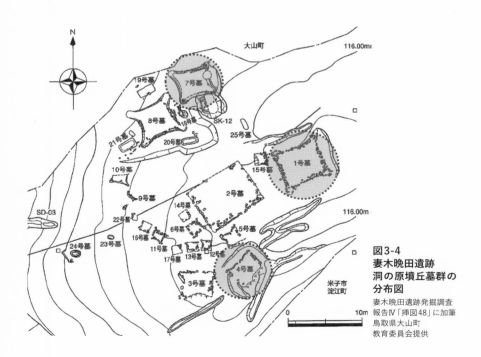

図3-4
妻木晩田遺跡
洞の原墳丘墓群の
分布図

妻木晩田遺跡発掘調査
報告Ⅳ「挿図48」に加筆
鳥取県大山町
教育委員会提供

○四代懿徳天皇

宮殿の「軽の坂岡宮」は地形の描写から妻木山地区の弥生村が復元されている場所と考える。陵は「畝火山の真名子谷上」とあるが真名子谷を仙谷地区と洞の原地区を分ける谷筋とみなし洞の原7号墓（図3-4参照）を比定する。

図3-4-1　洞の原墳丘墓群

甦る弥生の国邑　妻木晩田遺跡（改訂版）「30頁」より
鳥取県米子市文化振興課提供

○五代孝昭天皇

陵は「掖上の博多山の上」とあり宮殿は「葛城の掖上宮」なので掖上に宮殿と陵が築かれていた。掖上とは中国語で「差し込んだ」と訳される。葛城の岡に差し込まれた（枝分かれした）尾根と解釈する。葛城で山の上に築かれた墳丘墓は仙谷1号墓（図3-5参照）が該当する。確かに仙谷1号墓の尾根は葛城の尾根に差し込まれた尾根と見える。残念ながら掖上から建物の遺跡の報告はなく今後の調査に期待したい。

播磨国風土記には飾磨郡の条に「飾磨と号くる所以は、大三間津日子命、此処に屋形を造りて座しし時に、大きなる鹿有りて鳴きき。……」とあり大三間津日子命は孝昭天皇

図3-5　妻木晩田遺跡仙谷墳丘墓群の分布図

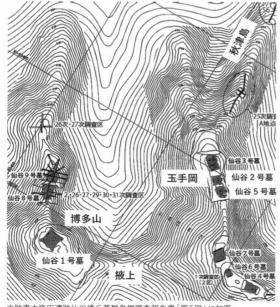

史跡妻木晩田遺跡仙谷墳丘墓群発掘調査報告書「第5図」に加筆
鳥取県立むきばんだ史跡公園提供

196

の即位前の名前との説が有力だ。1世紀末から2世紀初頭に伯耆大国主王朝が積極的に播磨から摂津へ進出した事を示唆している。

○六代孝安天皇

　宮殿は「葛城の室の秋津島宮」だが「室」は建物の形状を描写している。古文の辞書を引くと「周囲を壁などで塗り込めた家屋」とある。仙谷地区から壁を持った竪穴式住居が見つかれば有力な候補だ。秋津島（洲）は辞書を引くと日本の本州を指すと書かれておりビックリした。更に調べると日本書紀に「神武天皇三十一年に、巡行して掖上の丘に登り、蜻蛉のとなめ（尾）に似ていることから、その地を秋津洲と命名した。」とあった。なんと掖上が出てくるではないか。掖上の丘の博多山から見た景色は目の前にある仙谷2号墓が出土した尾根筋しかない。この尾根筋を秋津島と呼んでいたのだ。残念ながら宮殿は見つかっていない。「玉手岡の上」にあるとされた陵は秋津島と呼ばれた尾根筋にある仙谷2号墓に比定できる。

　図3-5-2「仙谷2・3・5号墓復元」に示す孝安天皇の陵に比定する仙谷2号墓の手前に築かれた仙谷5号墓の周溝から多数の完形や完形に近い土器が出土している。この5号墓は、2号墓を王族の墓とすれば、2号墓の埋葬主

図3-5-1　仙谷1号墓

鳥取県大山町教育委員会提供

図3-5-2　仙谷2・3・5号墓復元

手前が5号墓、真ん中が2号墓、奥が3号墓
鳥取県立むきばんだ史跡公園提供

体を支えた貴族クラスの邦墓と考えられる。丁寧な作りの土器が周溝に多数遺棄された状況は供献と考えるより八十神の軍が迫り急いで伯耆から撤退する際に宮殿で使っていた祭祀土器を遺棄したと考えられる（図3-5-3参照）。妻木晩田大国主王朝の終焉の一コマを我々に垣間見せている。

図3-5-3　仙谷5号墓南東側周溝内土器出土状況図

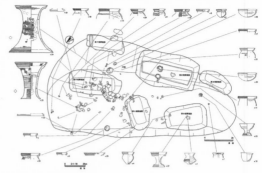

妻木晩田遺跡発掘調査報告Ⅲ「挿図263」より
鳥取県大山町教育委員会提供

（2）西谷墳丘墓の比定

　西谷墳丘墓で比較的規模の大きい四隅突出型墳丘墓は2号墓・3号墓・4号墓と9号墓の4基だが墳裾の敷石・立積の構造により2号墓・3号墓・9号墓の3基に絞った。築造の順序は3号墓→2号墓→9号墓なので古事記の七代から九代の天皇の陵の描写と西谷墳丘墓の少し古い地図（図3-6参照）を調査報告書から探して比較してみた。古事記の七代から九代の天皇の宮殿と陵の描写は妻木晩田墳丘墓のそれと比べて地名が殆ど出てこない。比較的に狭い範囲に築造されたと考えれば西谷墳丘墓群と合致する。

○七代孝霊天皇

　陵（図3-6-1参照）は「片岡の馬坂の上」とある。3号墓は丘の上に築かれ東向きは急峻な坂で谷底の西谷には灌漑用の池がある。馬坂と呼べそうだ。西側は起伏のある丘が連なるがピークに位置しており片岡と呼んで間違いない。宮殿の「黒田の廬戸宮」は難しい。廬戸は中国語とみて訳すとみすぼらしいと出てくる。小規模で簡素な宮殿の表現と考えるが候補も含め場所は特定できていない。

　古事記には孝霊天皇の条に「針間を道の口と為て、吉備国を言向け和しき。」とある。伯耆の楽楽福神社の伝承に日南町に行幸して鬼退治をした天皇とし

図3-6　旧地形に復元した西谷墳丘墓群の分布

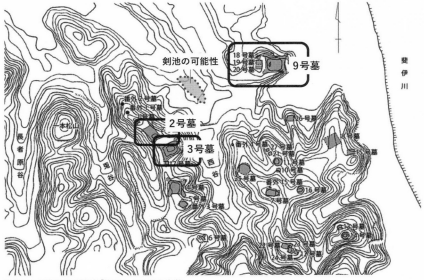

西谷3号墓発掘調査報告書「第5図」より引用し加筆

図3-6-1　西谷3号墓

出雲弥生の森博物館提供

図3-6-2　西谷2号墓

出雲弥生の森博物館提供

て孝霊天皇の名が出てくる。2つを合わせれば日南町に陣を構え出雲街道を東進し播磨へ進軍して播磨から吉備を攻略した古事が浮かび上がる。妻木晩田遺跡から大山を眺めると目前に孝霊山が聳えている。崇めていた山に天皇の名前を付けて勝利した喜びを表現している。当初、私は孝霊天皇の陵や宮殿は妻木晩田遺跡にあるものとばかり思っていた。

○八代孝元天皇
<small>こうげんてんのう</small>

陵は「剣池の中岡の上」と書かれている。西谷の北にあった水田（図3-6参照、現在は住宅地だが）が剣池と見なせる。2号墓は3号墓と尾根の先端をつなぐ中間に位置しており中岡と呼べそうだ。宮殿の「軽の堺原宮」は場所の手掛かりもなくお手上げだ。

○九代開化天皇
<small>かいかてんのう</small>

陵（図3-6-3参照）は「伊耶河の坂の上」だが伊耶河を斐伊川に比定すれば9号墓にドンピシャで一致する。宮殿の「春日の伊耶河宮」は斐伊川の川岸だが春日の縛りをどう解くかがカギになる。遺跡の候補がいくつか出ていればとっかかりもあるのだが手掛かりはない。

勿論、九代開化天皇は魏志倭人伝では卑弥呼と呼ばれている。魏志倭人伝に「卑弥呼は死に、冢を大きく作った。直径は百余歩。殉葬者は男女の奴隷、百余人である。」と陵と殉葬者の記述がある。9号墓に寄り添う様に築かれた18号墓・19号墓・20号墓は陪葬墓の可能性がある。問題は陵に関する記述だ。まず、「冢を大きく作った」の解釈だ。大きな墓を作ったとは書かれていない。ほかの墓に比較して「大きく作った」と解釈できる。西谷墳丘墓では9号墓が一番大きく42m×35mで次に40m×30mの3号墓が続き問題はない。次は大きさの百余歩の表現だ。1歩をどう見るか様々だが左右両足（つまり2歩）で1歩とする場合は130cmで見積もる。このケースは100歩×130cm→130mの巨大な墓になる。左右それぞれを1歩とすればこの半分の65mになる。墓の形状は直径と書かれているので円墳と推定される。西谷9号墓がこれに当てはまるかと問われれば当てはまらないと答えざるを得ない。

勿論、皆さんの期待に応えて、反論は準備させてもらっている。まず百余歩だ。100は帯方郡から邪馬台

図3-6-3　西谷9号墓の全景
（調査時、墓上に三谷神社）

西谷墳墓群「2頁西谷9号墓」より
出雲弥生の森博物館提供

国への道程の100里で既に説明している。100里の100は、数字の100ではなく、形容詞の「ごく近い」と解釈すべきだとした。この場合も百余歩は、数字の100でなく、（中国の墓に比較して）小さいの形容詞と解釈すべきだ。殉葬者の人数も百余人と書かれているがこれも100人ではなく少人数と解釈する。次に四隅突出型墳丘墓が円墳とされる可能性だ。一つの推理は四隅を削った四角錐台形の四隅突出型墳丘墓を円墳と勘違いしたケースだ。9号墓はおわん形の丘の上に築かれており全体像は円墳としてもおかしくない。もう一つは中国の皇帝の墓は方錐台形で諸侯は円墳とする制度があった事だ。方錐台形に近い表現を避けた可能性もある。以上が私の見解だ。全てがクリア出来ていないが魏志倭人伝の記述に9号墓がほぼ合致していると結論したい。

　西谷遺跡は墳丘墓群が主体で狭いエリアに築かれている。古事記の陵の描写から西谷墳丘墓と天皇陵の比定は比較的に容易であった。しかし宮殿は対象を周辺の遺跡に広げて探す必要がある。付近では弥生後期の遺跡として神戸川沿いの下古志遺跡等が知られている。残念ながら斐伊川の流域は江戸時代のかんな流しの土砂により4〜5mの堆積層が広がり遺跡の調査を困難にしている。斐伊川沿いからは考古学のアプローチは難しそうだ。

　古事記の「春日の伊耶河宮」を卑弥呼の宮殿とみなせば魏志倭人伝より「……乃ち一女子を共立して王と為す。名は卑弥呼と曰う。鬼道に事え能く衆を惑わす。年すでに長大。夫婿なく、男弟ありて、佐けて国を治める。王と為りてより以来、見有る者少なし。婢千人を以い、おのずから侍る。ただ、男子一人有りて、飲食を給し、辞を伝え、居所に出入りす。宮室、楼観、城柵が厳設され、常に人有りて兵を持ち守衛す。」の描写を得ることが出来る。この説明を、出雲国風土記の神戸郡朝山郷の記述「神魂命の御子、真玉著玉之邑日売命坐しき。爾時に、天下造らしし大神大穴持命、娶ひ給ひて、朝毎に通い坐しき。故、朝山と云ふ。」と併せ見れば少し光が射す。魏志倭人伝にある男弟と「飲食を給し」する男子一人とは別人とみなし男子一人を「天下造らしし大神大穴持命」、卑弥呼を「神魂命の御子、真玉著玉之邑日売命」に読み替えれば二つの逸話はつながる可能性が出てくる。魏志倭人伝の「飲食を給し」と出雲国風土記の「朝毎に通い坐しき」が、弥生時代末期に朝食

事する習慣があったとみなせば、一つながりに見えてくる。神魂命はイザナキ・イザナミの人々が祀っていた神とされ御子の真玉著玉之邑日売命は、大国主の人々と共立した、卑弥呼として申し分ない。古事記に記された春日は、出雲市朝山町から遺跡が見つかれば、出雲風土記にある朝山郷を比定できる可能性が格段に高くなる。

（3）古事記の記事

　古事記には各天皇の宮殿や陵の描写の他に系図が書かれている。この系図から倭国大乱に関連したと判断する記事をピックアップして表3-5に追記している。稲作祭祀を行っていた人々と同盟を結んだ判断は「娶る」の記事に拠った。

　伯耆の大国主王朝は初代神武天皇が物部氏の邇芸速日命と同盟を結んだ以外は五代孝昭天皇の尾張連との同盟に限られる。伯耆の大国主王朝は積極的に東征を行い因幡や播磨に進出している。四国も伊予を拠点に讃岐方面へ進出していた。古事記に大国主が高志の国のヌナカワヒメへ求婚する場面が描かれており、高志の攻略にも乗り出している。弥生後期中葉に越前に築かれ始めた四隅突出型墳丘墓によってこの進出が裏付けられる。福井市の小羽山30号墓は貼石がない四隅突出型墳丘墓とされ2世紀初めに造られた。五代孝昭天皇と尾張連の祖との同盟は大国主の人々が孝昭天皇の時に北信越へ進出し美濃から尾張に足を延ばしていた事を物語る。

　出雲の大国主王朝は倭国大乱の局面の打開と和解を模索した。七代孝霊天皇の記事には播磨口から吉備に攻め込んで平定したと書かれている。孝霊天皇の陵に比定する西谷3号墓から吉備の特殊器台が出土しておりこの記事を裏付ける。八代孝元天皇と九代開化天皇の時代は和解を進めた時代だ。稲作祭祀を続けていた地域の人々との同盟を次々に結んでいった。九代開化天皇の記事には稲作祭祀の本拠地だった近江の伊勢遺跡の祭祀者と見られる名「近淡海の御上の神主」も出てくる。和解が成立し倭国は安定を取り戻した。倭国は239年の開化天皇即ち卑弥呼による朝貢を皮切りに積極的な外交活動を再開している。

2 倭国大乱の前夜

　倭国大乱の一方の当事者は大国主の人々である。九州に橋頭堡を築いた大国主の人々は東征を始め吉備（三次）を拠点にして伯耆に進出した。山陰を平定した大国主の人々は、田和山遺跡で稲作祭祀を主催していた物部の人々と同盟を結び、妻木晩田を王都として新しい国「倭」の樹立を宣言する。勢いに乗って大国主の人々は弥生中期末に播磨、後期前半に北陸や摂津に進出し畿内を窺った。

　古事記に登場する八十神とされたもう一方の当事者について少し触れておきたい。イザナキ・イザナミの人々の主力は弥生中期中葉までに出雲を後にしている。弥生中期後葉に須佐之男の人々も、物部の人々に田和山遺跡の祭祀権を譲り、東へ向かったと思われる。当初、出雲に残ったイザナキ・イザナミの人々と物部の人々との関係は良好で、冬至の日に行われていた田和山遺跡の稲作祭祀に参加した痕跡が残っている。これは今日行われている出雲の神有月を彷彿させる。しかし、大国主と物部の人々が接近し、イザナキ・イザナミの人々は田和山の稲作祭祀から撤退し出雲からの退去を余儀なくされた。イザナキ・イザナミの人々は、大国主の人々の北陸や摂津への進出に伴い、更なる東を目指し縄文人の活動圏であった東海や遠江への本格的な入植を始めた。

　この対立の経緯から倭国大乱のもう一方の当事者にイザナキ・イザナミと須佐之男の人々が含まれていたのは確かだ。畿内に入植していた物部の人々も、出雲の物部の人々から決別し、穂積グループを立ち上げて大国主の人々と対峙した。古事記にある、大国主が兄弟と呼んだ八十神とは、田和山遺跡の稲作祭祀を主催し国生み王朝を興し出雲に足跡を残した人々が相応しいと考える。

　さて上記の唐突な筋書きに確たる証拠があるのかと疑問を持たれる方が多いと思う。この章では倭国大乱の前夜に焦点を当て上記の筋書きの論拠を示し古代出雲王国と倭国大乱の関係に迫ってみたい。実像に迫るキーワードと

して土器文様、銅鐸の破片、黒歯国、播磨の弥生中期に焦点を当て高地性集落も取り上げ全体像を探ってみる。

　土器文様に着目したのは『宮津市史』を眺めていた時に弥生後期前葉の土器文様の分布について記述があり日本海側は擬凹線文、近江と東海は櫛描文、畿内は穂積式に色分けされたとの文言を目にした時だ。弥生後期に鋳造されたとされる突線式銅鐸はそれまでの様式の銅鐸に比べ破片で見つかる比率が高い。『浜松市史』では櫛目文（櫛描文のこと）と銅鐸との強い結びつきを示唆している。銅鐸の破片と土器文様の関係に注目した。黒歯国は中国神話『山海経』の大荒東経編と海外東経編に取り上げられた国で、唯一中国の史書魏志倭人伝に登場した国だ。

　播磨は出雲から畿内へ至る交易路の要衝であった。この地の弥生中期の様子を土器文様の分析と農村共同体の広がる様から推察した。最後に弥生中期末に起こった播磨の画期を高地性集落の経営時期と役割を通して眺めてみる。

2.1　倭国大乱の痕跡

　大国主の人々が国づくり王朝を妻木晩田遺跡に定め始めた事によって、田和山遺跡の祭祀は終焉し、豊穣の祭祀を守る人々は東へ移動し新たな拠点を設けて祭祀を継続した。ここでは弥生後期前葉から中葉に国づくりによって起こっていた倭国大乱の予兆や痕跡を考古学の面から探ってみる。

　弥生後期前葉〜中葉の状況について『宮津市史』を調べていた時に弥生後期の土器文様の分布に関する記述を見つけた。そこで、『宮津市史』の指摘から各地の土器文様についての関連資料を調べ整理してみた。次に、考古学の成果として最もわかりやすい銅鐸に焦点を当てた。銅鐸については弥生後期に土製鋳型で作られたとされる「見せる銅鐸」の突線鈕2〜5式をピックアップした。両者の分布を重ねて図3-7「弥生後期中葉の土器文様と突線鈕2〜5式銅鐸の分布」に示す。土器文様からは擬凹線文と櫛描文との2大勢力の狭間で独自色を模索する吉備と地域性を失った畿内・播磨が浮かんできた。銅鐸の分布からは櫛描文との相関性の高さと破片になって出土した率が高い

図3-7　弥生後期中葉の土器文様と突線鈕2〜5式銅鐸の分布

凡例　北部近畿系土器　🅑鍛冶工房
　　　後期中葉　🅐🅐　後期中葉＋後葉
　　　破片率の高い地域　破片率
　　　突線鈕式銅鐸　★☆☆

擬凹線文＋凹線文
55.5%

櫛描文
21.8%

中部瀬戸内式土器
（ヘラ描文＋凹線文）
40.0%
57.1%

伊和大神の支配地域
香川県（無文土器）

10.0%
35.3%

10.0%

穂積式土器
（無文土器）

Google Map より

地域に注目した。

　次に中国の神話や魏志倭人伝から黒歯国を取り上げた。中国の視点から見た倭国大乱の一方の当事者を探ってみる。

（1）土器文様

『宮津市史』によれば弥生後期は土器文様によって主として3つに分かれるとされた。近江・東海地方は弥

図3-8　鼓形器台の平行線文

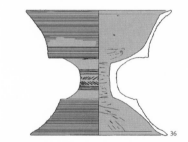

西谷3号墓発掘調査報告書「第69図36」より引用

生中期前葉〜中葉にかけて西日本に盛行していた櫛描文土器が継続した地域だ。弥生中期後葉に凹線式土器が盛行していた畿内は弥生後期に入ると穂積式（畿内Ⅴ様式）による無文化が急速に進んだ。櫛描文土器が色濃く残っていた生駒西麓産土器も無文化する。山陰・近畿北部（但馬・丹後・北丹波）・北陸の日本海側は擬凹線文土器（図3-8参照）が分布する。中部瀬戸内は西日本一帯に弥生中期後葉から続く指ナデによる凹線文が残る。両地域を凹線文・擬凹線文の分布する地域として一つにまとめている。この土器文様の分布も土

器文様が何らかの政治的な意味合いを持っていた事を示している。

　土器文様を家紋（図1-1参照）とする説を図3-7に当てはめれば櫛描文を持つ土器の出土する地域はイザナキ・イザナミの人々の末裔で稲作祭祀を引き継いだ人々の暮らす地域と考えられる。イザナキ・イザナミの人々は大陸からの新たな移民に押され東へ東へと新天地を求めて移動し弥生後期には縄文人の暮らす地域へ本格的な入植を始めたと見られる。

　畿内は穂積式（畿内Ⅴ様式）土器に移行し無文化の画期がなされていた。穂積の人々は、出雲の物部が大国主の支配下に入り階級社会へ移行するのを目の当たりにして、イザナキ・イザナミと大国主の2大派閥に属さず両者の争いから一歩身を引き物部の家紋の凹線文や生駒西麓産土器の櫛描文を取り止め無文化したと考えられる。穂積の人々は畿内でグループ間の垣根をなくし新たな共同体社会の構築を目指したように見える。

　弥生中期末に出現する擬凹線文は大国主の人々が採用した文様である。擬凹線文土器の分布する地域が大国主の人々の支配下であったとの推測は弥生後期前葉から中葉にかけて築かれた四隅突出型墳丘墓と擬凹線文土器の分布がほぼ一致することからも確認できる。弥生後期前葉〜中葉の中部瀬戸内土器のエリアはヘラ描文と凹線文が盛行し別天津神と物部の人々が共存する地域として残っていた。この顛末については3.3「倭国大乱の余震」で触れてみたい。

　この時期の播磨は播磨国風土記に登場する大汝命や伊和大神などの記述から弥生中期末から後期前葉に大国主の人々が侵攻し占拠されたようだ。ただ、擬凹線文土器の出土は極めて少なくその統治は伊和大神が担っていたと考える。後期中葉には、土器文様の無文化が進み、出土した讃岐の土器から讃岐の勢力が進出してきたと考えられる。

(2) 突線鈕2〜5式銅鐸の破片

　弥生後期の時代模様を映したと考えるのは突線鈕2〜5式の、いわゆる「見せる銅鐸」だ。突線鈕式銅鐸は、豊饒を祀る祭器として音を「聞かせる銅鐸」から、巨大化して神の力を人々に示す「見せる銅鐸」へと変貌した。稲作祭祀を守る人々と大国主の人々との緊張感が極限にまで高まっていたと推察する根拠となる事象だ。国立博物館所蔵品統合検索システム（ColBase）から引

表3-6　銅鐸様式毎の銅鐸出土数と破片比率の分析

様式	様式名	(出土地域)	銅鐸出土数	破片				
				小計	(%)	耳・鰭	身・鈕等	不明
I	菱環鈕式		6	1	16.7%		1	
II	外縁付鈕式		120	9	7.5%		9	
III	扁平鈕式		145	9	6.2%	1	8	
IV	突線鈕1式		14				0	
	突線鈕2〜5式	櫛描文	87	19	21.8%	15	4	
		穂積式	17	6	35.3%	3	3	
		(播磨)	5	2	40.0%	1	1	
		擬凹線文	18	10	55.6%	2	8	
		(吉備)	7	4	57.1%		4	
		その他	30	3	10.0%		2	1
		(小計)	164	44	26.8%	21	22	1
不明			87	6	6.9%		2	4
計			536	69	12.9%	22	42	5

用して掲載した図3-9「大岩山出土突線鈕5式銅鐸」は、以前の銅鐸が最大40cm前後だったのに比べ、1mにまで巨大化していた。

図3-9　大岩山出土突線鈕5式銅鐸

出典：国立博物館所蔵品統合検索システムより

　図3-7の土器文様の分布の上に弥生後期に鋳造された突線鈕2〜5式銅鐸が出土した地点をプロットしている。この分布から明らかなように櫛描文土器のエリアから突線鈕式銅鐸が大量に出土している。表3-6「銅鐸様式毎の銅鐸出土数と破片比率の分析」から突線鈕2〜5式銅鐸の出土数は164鐸だが櫛描文土器の分布する地域からは87鐸（53.0%）と半数強を占めている。特に遠江からは、大岩山から大量に出土した近江（22鐸）より多い、28鐸が出土し三河からも15鐸が出土している。大国主の人々に圧迫された稲作祭祀を守る人々は東進して縄文人の生活圏に深く入って入植したと推察する。

　遠江の『浜松市史』によると櫛目文（櫛描文）土器は弥生中期中葉以降に盛行し始め、中期後半から後期前半に発達し、後期後半に飛躍的に増加したと書かれている。櫛目文土器を用いる人々が倭国大乱の前後に遠江に大挙して移動してきた事を示唆している。更に、『浜松市史』では櫛目文土器と銅鐸

の出土地域の分布の重なりを指摘している。伊勢・尾張からはそれぞれ6鐸が出土し銅鐸を祀る強固な基盤が存在したことが窺える。

櫛描文エリアから出土した突線鈕式銅鐸の破片（表3-6参照）の内19鐸（21.8%）が双頭渦文飾耳（図3-10参照）・鰭飾耳等の破片だった。Ⅱ様式（外縁付鈕式）・Ⅲ様式（扁平鈕式）では、破片の部位が身・鈕にほぼ限定され、破片率7%程度と小さい。異変の勃発を予感させる事象であった。

弥生後期前半に穂積式土器に移行していた畿内の地域からは17鐸の銅鐸が出土した。摂津が8鐸と多く大阪湾岸沿いに河内と和泉ではそれぞれ3鐸出土している。破片は6鐸（35.3%）だが耳・鰭で3鐸と身・鈕で3鐸見つかっている。摂津は稲作祭祀の祭祀場と推定する会下山遺跡があり、河内と和泉は古事記の神武天皇の条にある「五瀬命の戦死」の場所に該当する。櫛描文と擬凹線文のいずれの地域との関わりを窺わせる。

擬凹線文土器の分布する地域は稲作祭祀を圧迫し排除した地域であった。しかし18鐸にのぼる銅鐸が出土し因幡で5鐸、越前で4鐸、丹後で3鐸などとなっている。半数強の10鐸（55.6%）がほぼ身（図3-10-1参照）の破片で見つかっており櫛描文土器の分布地域と質の違う異変を感じさせる。中部瀬戸内式土器の備前・備中、吉備は弥生後期前葉まで櫛描文土器や銅鐸が残り擬凹線文土器と共存していた珍しい地域だが、ここからも7鐸が出土し4鐸（57.1%）が身等の破片だった。

播磨からは銅鐸が5鐸出土しそのうち破片は2鐸（40.0%）、鰭と鈕が各1鐸であった。播磨国風土記には大国主神とされる大汝命やそのグループとされる伊和大神が活躍した逸話が多数残っている。弥生後期中葉には播磨の土器文様が無文化している。

図3-10 双頭渦文飾耳

浜松市東区天龍川町松東遺跡出土
浜松市地域文化財課提供

図3-10-1 突線鈕式銅鐸の破片

青谷上寺地遺跡出土品調査研究報告6
金属器「第6図」より
鳥取県埋蔵文化財センター提供

　政治的な荒波にもまれなかった日本列島の南側の紀伊や四国の地域からは
30鐸（18.4%）の突線鈕２〜５式が出土している。紀伊15鐸、土佐７鐸、阿波５
鐸が主な出土地である。破片での出土は３鐸（10.0%）と外縁付鈕式や扁平鈕
式の破片率とほぼ同じであった。

　以上の各地の状況を踏まえながら弥生後期の突線鈕式銅鐸の分布について
整理してみる。出土した銅鐸は164鐸と扁平鈕式よりやや多い。出土地から
櫛描文土器の分布する近江・東海地域を中心に穂積式土器へ移行した畿内や
その他の地域（紀伊・土佐・阿波）でも稲作祭祀が継続していたと推察される。
特に目立ったのは破片で44鐸（26.8%）も出土し外縁付鈕式（7.5%）や扁平鈕式
（6.2%）に比較して際立って多く何らかの変事があった事を示している。破片
率が高いのは55.6%の擬凹線文土器の地域、35.3%の穂積式土器の地域、
40.0%の播磨、57.1%の吉備だ。この地域は倭国大乱の戦場となったと推定
する。特に身の破片が出土している地域が戦場であったと考える。

　擬凹線文の分布する地域から18鐸の突線鈕式銅鐸が出土しているが大国
主の人々が支配する地域からなぜ銅鐸が出土したのかが鍵だ。この謎を解く
鍵は古事記の「根の堅州国訪問」に書かれた因幡・伯耆を戦場とする八十神
との戦いだ。稲作祭祀を守る人々が大国主の人々の住む擬凹線文土器の分布
する地域に「見せる銅鐸」を掲げて乗り込み戦いを仕掛けたと考える。稲作
祭祀を守る人々は大国主の人々との争いの中で、象徴の銅鐸を奪われて壊さ
れたか、勝利を祝って埋納したと推察する。銅鐸の破片の出土した越前や丹
波も戦場になった可能性を示している。この２地域は古事記の崇神天皇の条
で将軍を遣わした３街道の内の２街道に当たる。吉備から出土した破片は、
古事記に孝霊天皇が針間口から吉備を攻めたとの記述が残されており、戦い
の伝承が残っている地域から見つかっている。

　残りの「東の方」はイザナキ・イザナミの人々が縄文の人々が住む東海や
遠江へ入植した地域である。櫛描文土器の地域から出土した破片は双頭渦文
飾耳（10鐸）など耳・鰭が15鐸、身の部分が４鐸であった。破片の比率は
21.8%と擬凹線文土器の分布している地域より低く部位が異なっていた。双
頭渦文飾耳が多数出土するのは、壊された銅鐸破片が出土したと考えるより、
意図的に双頭渦文飾耳を残したと考える。一つの可能性は縄文人の活動地域

に深く入り込んで入植した事だ。縄文的な文様を縄文人との土地の争いの融和に使った可能性だ。もう一つは倭国大乱だ。太平洋戦争でも「欲しがりません勝つまでは」とのスローガンで金属供出が行われていた。寺の鐘も対象になったと記憶している。櫛描文土器の分布する地域では銅鐸から双頭渦文飾耳を切り取り、本体は倭国大乱の戦地で使う武器（銅鏃）を作るために供出して、耳だけ埋納したとも考えられる。

（3）黒歯国

　見方を大きく変えて中国の古代の記録に記述された古事を拾い出して倭国大乱の前夜を眺めてみた。注目したのは、『山海経』と魏志倭人伝に取り上げられた唯一の国、黒歯国だ。第2部「稲作祭祀」の中で黒歯国はイザナキ・イザナミの人々が築いた国とし湯谷は田和山遺跡にあったと私の考えを述べさせてもらっている。

『山海経』と魏志倭人伝に書かれている黒歯国を少し整理しておく。時期は

　　　　『山海経』の大荒経大荒東経編　西周後期以前　　　〜BC8世紀
　　　　『山海経』の海外経海外東経編　周時代　　　BC8〜BC3世紀
　　　　魏志倭人伝　　　　　　　　　　　　　　　　　1〜3世紀

である。この時期をベースに各書物に書かれた内容を読み解いてみたい。
『山海経』の大荒経大荒東経編には「黒歯の国あり、帝・俊は黒歯を生む。姜の姓。黍を食い、四鳥を馴らし使う。」とある。帝・俊は太陽の女神と月の女神を妻としている。黍は稲と読み替える。黒歯国は大荒（日本列島と推定）の中にあったが湯谷はこの少し後に記述されておりこの時期には湯谷で行われていた祭祀に直接関わっていなかったようだ。時期は、大荒経で考えられているBC8世紀より新しく、由布岳噴火に直面したBC4世紀頃と考える。
『山海経』の海外経海外東経編では「黒歯国はその北にあり、人となり黒い歯、稲を食い、蛇を食う。一つは赤く一つは青い。（蛇が）傍にいる。下（部）に湯のわく谷があり、湯の谷の上に扶桑あり、ここは十個の太陽が浴みするところ。黒歯の北にあり。」とある。この時代になると黒歯国は湯谷の地（田和山遺跡と推定）に移動している。蛇との関わりが強調され祭祀の主催を暗示している。

　魏志倭人伝には「女王国の東、海を渡ること千余里。復国有りて、皆、倭

種。又、侏儒国有りて、その南に在り。人長は三、四尺。女王を去ること四千余里。又、裸国、黒歯国有りて、復、その東南に在り。船行一年にして至るべし。」とある。この中に黒歯国が出てくる。黒歯国が魏志倭人伝の時代まで継続していた事を示唆している。ここで女王国とは邪馬台国を指し出雲市にあったと推定する。出雲市から東へ千余里は千里を72㎞として出雲と伯耆の境にある、妻木晩田遺跡の葛城から撤退した人々が築いた、四隅突出型墳丘墓が点在する安来市荒島町周辺に辿り着く。邪馬台国と安来の人々は倭種とされ、黒歯国は倭種に含まれず、倭種を大国主の人々に限定している。小人の国とされている侏儒国は邪馬台国から南へ四千余里（約300㎞）とされる。出雲から真南は太平洋になるので出雲から見て南側と考え摂津や大和がこの距離にあたる。少し近いが播磨も含まれるかもしれない。戦場になった地域に該当し戦いや大規模土木工事に大人が駆り出され子供だけ残った地域を描写しているように思える。遠江以東はイザナキ・イザナミの人々と縄文人が共存していた地域だ。黒歯国はイザナキ・イザナミの人々、裸国は縄文の人々の暮らす地域を指したと考える。船行一年は瀬戸内海から紀州半島を周ったと推定した。

　中国の神話や史書に登場する黒歯国をイザナキ・イザナミの人々が築いていた国に比定しても違和感が全くない。まず太陽や月との関わりも中国神話に登場する帝・俊との関わりで明らかになっている。稲作を生業とし稲作祭祀に登場する鳥や蛇の逸話も申し分ない。稲作を普及しながら九州を出発点に、湯谷に比定する田和山遺跡では稲作祭祀を主催し、遠江まで移動した足跡は中国に残された神話や記録にぴったり一致する。

2.2　播磨の前夜

　播磨は弥生前期から後期にかけて出雲と畿内を結ぶ交易路の要衝であった。瀬戸内海交易路はいまだ十分に整備されておらず大陸との人や物の流れは出雲を経由して日本海を東航し播磨を経て畿内や四国に至るルートが拓かれていた。

（1）交易路

　日本海側と播磨を結ぶ交易路は幾つか拓かれている。伯耆から日野川を遡り美作から姫路へ至る出雲街道（美作街道）沿い、因幡から戸倉峠を越え宍粟郡へ入り姫路へ至る若桜ルート、丸山川を遡り市川を下り姫路へ出るルート、由良川を遡り加古川を下るルートなどが主なものだ。これらのルートと播磨・因幡・但馬・丹後から出土したⅠ〜Ⅲ様式の銅鐸を図3-11「弥生時代の日本海から播磨への交易路と銅鐸出土分布」にプロットした。この図から銅鐸の出土地と弥生時代の交易路の結びつきが強かったことが示されている。特に、日本海側の海岸線から出土した銅鐸は交易・開拓民が祀る流水文銅鐸が多い。須佐之男の人々などの交易・開拓民が積極的に日本海交易路を整備していたと推察される。

　弥生前期末〜中期は銅鐸の分布から若桜ルートがクローズアップされる。国生みの時代は若桜ルートが稲作民の入植するメインのルートであった。播磨国風土記の宍禾郡の条には「波加村。国を占めたまひし時に、天日槍命、先ず到りたまひし処に、伊和大神、後に到りたまひき。是に、大神大きに怪しびて云ひたまひしく、『度らずも先に到りしかも』といひたまひき。故、波加村と曰ふ。」と天日槍命が伊和大神より先に波加村へ先着したと書かれ

図3-11　弥生時代の日本海から播磨への交易路と銅鐸出土分布

ている。若桜街道沿いにある波加村を経由して天日槍命が因幡へ攻め込んだことを示唆している。古事記にこの記事に対応する記述がある。大国主の「根の堅州国」に八十神が大国主の人々を破り因幡から伯耆へ進出する様が描かれている。

　弥生中期後半には由良川・加古川ルートと円山川・市川ルートによる交流が行われていたことが窺える。『宮津市史』に「弥生中期の丹後の土器は器種・形態・文様・制作手法などにおいて播磨・摂津など瀬戸内海東部地域の土器と類似性が強くみられる。」と書かれている。木耳社の『弥生土器の様式と編年』に但馬の土器と播磨との類似を指摘している。

　播磨国風土記の神前郡の条に聖岡里（はにをかのさと）の名前の由来を「聖岡と号くる所以は、昔、大汝命（おほなむちのみこと）と小比古尼命（すくなひこねのみこと）と相争ひて云ひたまひしく、『聖の荷を担ひて遠く行くことと、下屎（くそま）らずして遠く行くことと、此の二の事、何れか能くせむ』といひたまいき。大汝命云ひたまはく、『我は下屎らずして行かむと欲ふ』といひたまふ。小比古尼命云ひたまはく、『我は聖を持ちて行かむと欲ふ』といひたまふ。如是く相争ひて行（か）きたまふ。幾日か遲て、大汝命云ひたまはく、『我は忍びて行くこと能はず』といひたまひて、即ち坐て下屎りたまふ。爾時に、小比古尼命、咲ひて曰ひたまはく、『然るに苦し』といひたまひて、亦其の聖を此の岡に擲ちたまひき。故、聖岡と号く。」とある。聖は訓で「焼き土」と読むが「にくむ」の意味もあり少しきな臭い香りがする。聖岡里は、市川の上流域の神崎郡神河町比延の地とされ、大汝命と小比古尼命が円山川・市川ルート沿いに播磨へ侵攻した事を示唆している。同じ神前郡の条に、聖岡里の北にある、生野の名前の由来を「昔、此処に荒ぶる神在して、往来する人を半殺しき。此れに由りて、死野と号く。以後に、品太天皇、勅して云ひたまひしく、『此は悪しき名なり』といひたまひて、改めて生野としたまひき。」とある。大汝命が播磨に進出して統治した弥生後期前葉が浮かぶ。荒ぶる神とは、人や物資が往来する、円山川・市川ルートに関所を設け取り締まっていたと解釈できる。

　伯耆の日南町の楽楽福（ささふく）神社に七代孝霊天皇が日南町に行幸して鬼退治したとの伝承が残っている。古事記には孝霊天皇の条に針間口から吉備を平定したと書かれている。孝霊天皇の軍勢は日南町に前線拠点を置き出雲街道を経

て播磨へ至り針間口から吉備に侵攻したと推察される。

　この様に播磨は日本海側との交易路の要衝であった。出雲に先着して田和山遺跡に足跡を残したイザナキ・イザナミや須佐之男の人々は、大陸の新たな移民に押し出され、交易路に沿って播磨に辿り着き更に東の畿内や東海へ向かった。三次に拠点を築いていた大国主の人々も弥生中期末に伯耆・出雲に進出すると同時に播磨に進出を始めた。

（2）弥生中期の土器文様

　播磨国の土器文様について少し触れてみたい。弥生後期の播磨の土器文様を調べようとしたら木耳社の『弥生土器の様式と編年』に播磨編が含まれない事に気付いた。播磨の土器様式は弥生中期末に断絶を伴う画期があり後期のまとめができず出版を断念されたと後で聞いた。播磨の土器編年は六一書房から出版されている大手前大学史学研究所編の『弥生土器集成と編年〜播磨編〜』を参考にしたらどうかとこれも後で教えて頂いた。ここでは今里幾次さんの書かれた「播磨弥生式土器の動態」をベースに『竹原中山遺跡』調査報告書に書かれている山本三郎さんの弥生中期の編年案（2005年）を加味して弥生中期を眺めてみた。

　弥生前期前半は加古川・明石川流域など東播磨の限られた地域からしか弥生土器が出土しておらず数も少ない。今里先生は畿内との地域的な結びつきを主張されているが、私はこの段階は瀬戸内海経由で稲作が持ち込まれたと考える（図1-4参照）。

　弥生前期後半には稲作は播磨全体に拡がり弥生土器の出土数が飛躍的に増大する。西播磨で見つかった菱環鈕式銅鐸は若桜街道へ通じる山間部から出土している。出雲では国生み王朝が活動を始め、稲作民は出雲から若桜街道を辿って播磨へ乗り込み稲作祭祀を持ち込んだ可能性が高い。弥生中期の田和山遺跡と播磨の土器文様を表3-7「弥生中期の田和山遺跡と播磨の土器文様」に対比して地域間の結びつきを調べてみた。なお、前章で示した様に、櫛描文はイザナキ・イザナミ、断面三角形突帯文は須佐之男、凹線文は物部が家紋に用いた文様として表を整理している。中期の初めは櫛描文、末は凹線文で両者が一致しているが途中経過は少し様相が違っている。田和山遺跡の祭祀場から出土した土器の文様はその時々に祭祀を主催した人々を象徴す

表3-7　弥生中期の田和山遺跡と播磨の土器文様

時代区分		田和山遺跡		播磨		
		出雲編年	土器文様	山本編年	今里編年	土器文様
弥生中期	前葉	Ⅱ−1	櫛描文	Ⅱ	Ⅰ、Ⅱ	櫛描文
	中葉	Ⅲ−1	断面三角形突帯文	Ⅲ	Ⅲ	櫛描文・突帯文
		Ⅲ−2	断面三角形突帯文	Ⅳ−1	Ⅳ	突帯文・櫛描文・凹線文
	後葉	Ⅳ−1	凹線文・櫛描文	Ⅳ−2	Ⅴ古	凹線文・突帯文・櫛描文・鋸歯文
		Ⅳ−2	凹線文	Ⅳ−3	Ⅴ新	凹線文・（擬凹線文）

る文様に限定されている。しかし播磨では弥生中期中葉〜後葉前半にかけて、主たる文様は田和山遺跡と共通するが、複数の文様を複合させて装飾性豊かな弥生土器を作っていた。これは出雲を経由して入植した播磨の稲作民が、稲作祭祀を核にしてイザナキ・イザナミと須佐之男及び物部の人々が共生する、共同体社会を築いていたと推察する。

　弥生中期末には凹線文が主流となり多様性は失われる。代わりに、大国主の人々を象徴する擬凹線文土器が播磨に出現する。弥生中期末とされる西播磨の太子町の亀田遺跡から擬凹線文土器が出土している。亀田遺跡からは石鏃が多数見つかっており武器を製造する工房があった可能性が高い。亀田遺跡は大国主の人々が西播磨に侵攻して築いた播磨攻略の拠点集落だったようだ。

　もう一つ注目するのは中期後葉前半に西播磨及び周辺から見つかり短期間に姿を消した土器に刻まれた鋸歯文だ。林巳奈夫さんは「中国文明の誕生」で河姆渡文化（BC5000〜4000年）の骨製の匙の柄に彫られた双鳥が太陽と月を運んでいる日月神と紹介されている。太陽と月の見分けで鋸歯文を太陽の光芒と見て鋸歯文が刻まれた右側を太陽とされている。篠宮正さんの論文「鋸歯紋土器と播磨の銅鐸鋳造」に鋸歯文土器の分布や製造時期について西播磨中心で弥生中期後半と書かれている。同時期に西播磨で出土した扁平鈕式袈裟襷文銅鐸の石製鋳型と土器に描かれた鋸歯文との関連を指摘されている。土器に刻まれた鋸歯文はシャープで金属の箆を使ったとされ、銅鐸の石製鋳型を刻むのに使われていた道具と見做せば、銅鐸製造の技術者が関与していた事を窺わせている。

　西播磨地域では、銅鐸の鋳型が姫路市の名古山遺跡、同じく今宿丁田遺跡から弥生中期後半の土器を伴い出土し、赤穂市の上高野遺跡から鈕の部分の

破片が千種川の川原から採取されている。弥生中期後葉は銅鐸の鋳型が石製から土製に切り替わる時期と重なる。出雲で銅鐸を鋳造していた技術者が、出雲の工房を後にして、東を目指し西播磨へ辿り着き銅鐸鋳造と土器による祭器の提供を試みたと考える。鋳型の石材確保に苦闘した人々が土製の鋳型への画期を模索し始めた兆候ではないかと考える。

　弥生中期後葉の後半には播磨の土器文様は多様性を失い凹線文に絞られる。複数のグループが共存共栄した社会が崩れ、凹線文を家紋とする物部の人々が多数派を形成し、更に新たに大国主の人々が登場して稲作祭祀を守る共同体社会を圧迫し異変が始まっていた。

（3）弥生中期の農村（地域）共同体

　日本列島に稲作が伝わった当初、低湿地を利用し、直播による稲作が行われていた。田植えが始まったのは弥生中期から後期にかけてと考えられている。『姫路市史』に岡山県の百間川遺跡から稲株の痕跡が出土した事例を紹介し播磨でも弥生中期に田植えが始まったとされている。弥生中期は銅鐸が播磨に持ち込まれ稲作祭祀が広まった時期でもあり祭祀と共に新しい稲作技術が持ち込まれたと考えてよさそうだ。田植えによる稲作が確立した弥生中期後半は集落の形態に大きな変化がみられる。生産活動の最小単位は数棟の竪穴式住居と高床式倉庫からなる「単位集団」とされている。「単位集団」集落が複数集まって大きな母村が主導して農村（地域）共同体を形成し祭祀や治水・利水や開墾・分村・交易などを共同で行っていたと考えられている。太陽暦と強く結びついた稲作祭祀と稲作を行う農村共同体（図3-12参照）が播磨に拡がっていった。

　播磨の市史にこの農村共同体の盛衰が様々な形で取り上げられている。東播磨の加古川下流域の『加古川市史』では集落の数が弥生前期8カ所、中期14カ所、後期17カ所で増加傾向であるとし中期の遺跡は規模を縮小させながら後期にも継続し更に新たな集落が出現すると書かれ

図3-12　新宮宮内遺跡の復元した竪穴住居群

たつの市HPより引用

216

ている。しかし、後期に入ると土器文様は無文化し農村共同体の変化を暗示
している。

　加古川中流域の『加西市史』では遺跡毎の消長を土器編年まで細分化して
一覧表を作成している。弥生前期は 1 カ所、弥生中期後葉の前半に 8 カ所、
後半には 19 カ所と急増する。弥生中期後葉の後半は既存の遺跡と新たな遺
跡が重なって見かけは増加しているが弥生中期中葉以前に始まった遺跡は弥
生中期末にほぼ終了し弥生後期まで継続する遺跡は 2 カ所しかない。弥生中
期の農村共同体は弥生中期末にほぼ消滅したようだ。新たな遺跡は弥生後期
には 15 カ所を数えている。

『姫路市史』では弥生中期末から後期初頭にかけて大きな画期があったこと
を地域間の争いによるものとし根拠を高地性集落の盛行とし土器の文様の変
化を伴ったとした。一方で後期社会の構造に触れ六角遺跡の弥生後期の集落
からは中期に存在した高床の倉庫は存在しておらず収穫物管理の集中化が進
んだとした。この点は重大な指摘でありこの紛争が単に地域間でなく階層化
社会を持ち込んだ大国主の人々の侵攻に伴うものである事を物語っている。
播磨国風土記の揖保郡の条に「大汝命、俵を積みて橋を立てたまひき。山の
石、橋に似たり。故、御橋山と号く。」と「稲種山。大汝命・少日子根命の
二柱の神、神前郡聖里の生野の岑に在して、この山を望み見て、云ひたまひ
しく、『彼の山は、稲種を置くべし』といひたまひき。即ち、稲種を遣りて
此の山に積みたまひき。……」とあり大汝命が収穫物や種籾を集める様子を
逸話に残している。

『龍野市史』には弥生中期末に西播磨の勢力が独自性を失っただけでなく、
相当数の人間、とくに土器づくりを担当した女性が政治的意味を帯びて移住
したらしいと書かれている。『竹原中山遺跡』の総括で山本三郎さんは揖保
川下流域の弥生時代中期社会の動向に触れ西播磨の揖保川下流域では弥生中
期後葉（Ⅳ－2 様式）に地域の拠点集落・周辺集落が一斉に廃絶し弥生中期末
葉（Ⅳ－3 様式）には眺望の良い高地の丘陵尾根や隠れ里的な低丘陵及び山際
の低地や山麓に退避して集落を築いたとされている。弥生中期末の画期は弥
生の農村共同体の集落が西播磨で壊滅的な打撃を受け消滅し東に行くほど打
撃が軽微であった事から、大国主の人々が西から侵入し播磨を制圧し摂津を

217

窺った事を物語っている。

　播磨の農村共同体の衰退は他のいくつかの事象からも読み取ることができる。伝統的な丸形の竪穴住居が小型化し方形へ変化し、五角形・六角形や長方形の住居も出現する。また様々な専門職集団が農村共同体から独立して集落を営むようになる。播磨国風土記の賀毛郡の条に「下鴨里に碓居谷・箕谷・酒屋谷有り。此れ、大汝命、碓を造り稲舂（うす）きたまひし処は碓居谷と号け、箕置きたまひし処は箕谷と号け、酒屋を造りたまひし処は酒屋谷と号く。」とある。大汝命が専門職集団を集め集落を築いた様子を描いている。弥生中期末〜後期前葉は、播磨の農村共同体社会が、大国主の人々が持ち込んだ階層化社会へ組み込まれていく歴史的な転換点にあったのは確かなようだ。

（4）高地性集落

　異変の兆候は弥生中期後葉に播磨で高地性集落が爆発的に増加し衰退した事にも表れている。高地性集落の増加や衰退が異変とどうかかわるのか少し整理する。高地性集落はこれまで様々な議論がなされているが皆さんが納得するに至る説がまだないようだ。まず現状を簡単に紹介しておきたい。

　高地性集落の議論は小野忠凞さんが1984年に『高地性集落論』で稲作を行っている水田と比較して15m以上高い（比高）集落を高地性集落とされ「戦闘的軍事と防衛にかかわる遺構や遺物」を狭義の高地性集落、以外を広義の高地性集落として提唱されたのを皮切りに今日まで続いている。前述の『竹原中山遺跡』に最近の高地性集落の議論や論点が整理されていたので紹介する。

定義の議論　高所立地と見通し（都出比呂志氏）

　　　　　　日常生活の低地拠点集落と関連する非日常の高地性集落（山本三郎氏）

　　　　　　政治的緊張を背景とした高所の「軍事的（防御的）集落」（寺沢薫氏）

　　　　　　山住み集落との分離（柴田昌児氏）

水田との高さの差（比高）　100m（都出比呂志氏）、40m（寺沢薫氏）

規模　　　　4分類（森岡秀人氏）　　A（1〜2棟）、B（3〜4棟）、C（6〜7棟）、
　　　　　　　　　　　　　　　　　D（20棟〜）

	3分類（駒井正明氏）	小（2棟）、中（10棟）、大（集住形態）
	3分類（山本三郎氏）	小（1～2棟）、中（4～5棟）、大（威信材等保有）
経営時期	5段階（森岡秀人氏）	第1段階　弥生Ⅲ・Ⅳ期
		第2段階　Ⅳ期末～Ⅴ期初
		第3段階　Ⅴ期前半～中頃
		第4段階　Ⅴ期後半～末
		第5段階　庄内期
	3段階（駒井正明氏）	第1段階　紀元前後（小地域の統合）
		第2段階　2世紀末（倭国大乱）
		第3段階　3世紀（東日本）

　これらの定義の議論や経営時期からは高地性集落を軍事的あるいは防御的な集落として捉えようとしているのを感じる。争いが高地性集落を生み出す主要因との立場だ。播磨の高地性集落の急増は大きな紛争に起因し紛争の終結によって減少したと考えられている。

　私は第1部「古代出雲王国」のなかで安芸から三次を経て出雲に至る山陰甑形土器の出土した高地性遺跡は、国を治める為の情報を伝達する、狼煙台として利用されていたものが含まれると書いた。第2部「稲作祭祀」では田和山遺跡を祭祀遺跡として紹介した。ほかにも長期に亘って運営された祭祀遺跡が多く存在したと考える。第3部でも前章に妻木晩田遺跡を倭国の王都（都城）として説明している。大国主の人々は中央集権的な階級社会を目指していた。職農分離により統治者・専門職集団は自らが農作業を行う必要性がなくなり、生活拠点を稲作民と分離させ、防御に適した高地に拠点（都市）を築き集落を営んでいる。

　高地性集落には様々な形態があり一様ではない。経営時期についても争いがあった時期だけでなく稲作祭祀の運営や大国主の人々の都城を営んだ時期を追加する必要がある。そこで高地性集落について私の考えを整理しておく。播磨の高地性集落をざっと眺めてみた結果とこの本で取り上げた高地性集落から私なりの定義について考えてみた。大きくは平時の長期集落と戦時の短

期集落に分け詳細の分類を行ってみる。

A）平時より高所で長期に営まれている集落
　　A-1）祭祀施設
　　A-2）狼煙などの通信施設（見張り所）
　　A-3）都城・工房（階級社会が確立し稲作から解き放たれた支配層や専門職集
　　　　　団の集落）
B）戦時に高所で短期的に営まれる集落
　　B-1）防御の集落
　　B-2）侵攻の拠点

　弥生中期後葉の播磨の高地性集落は先住していた農村共同体の人々が防御
の集落を築き大国主の人々は侵攻の拠点を築いたと考える。図3-13「播磨
の高地性集落の分布」に播磨及び周辺の主要な高地性集落を示す。
　この図から弥生中期後葉の播磨の高地性集落を少し詳しく分析してみた
い。播磨の高地性集落については各地域の市史に取り上げられて様々な形で
紹介（表3-8参照）されている。

図3-13　播磨の高地性集落の分布

表3-8　播磨の高地性集落の経営時期と集落の役割

地域	遺跡名	標高	中期					後期
			前葉	中葉		後葉		
			II	III	IV-1	IV-2	IV-3	V
出雲	田和山遺跡		祭祀施設					
西播磨	長尾タイ山遺跡	60〜74m		見張り				
	養久山・前地遺跡	24〜45m					絵画土器	
	竹原中山遺跡	65〜95m					防御	
	片島遺跡	40〜60m						
	黍田・原遺跡	36〜55m					石器工房（隠れ里）	
中播磨	檀特山遺跡	165m						
	飾西東山遺跡	109m						
	黒岩山遺跡	102m						
	大山神社遺跡	208〜218.5m			（祭祀施設?）			
	亀田遺跡	13〜18m					石器工房	
	山田遺跡	30〜34m					隠れ里	
東播磨	中西台地遺跡	10m		?				
	平山遺跡	20m					火災	
	野村遺跡	55m						
	西条廃寺下層遺跡	30m					火災	
	金鑼城遺跡	94m						
淡路	五斗長垣内遺跡	200m						石器→鉄器工房
摂津	表山遺跡	比高さ52m						侵攻
	頭高山	90〜115m			石器工房			
	会下山遺跡	200m						

A-1 祭祀施設　　A-2 見張り所　　B-1 防御の集落　　B-2 侵攻の拠点　　　　　　　　祭祀施設

　『加古川市史』では弥生中期の第IV様式の土器の出土する加古川周辺の集落を取り上げている。弥生中期後葉に短期間営まれ標高は10〜55mと低いが眺望の良い高位の段丘に位置する。発掘調査された2カ所からは火災で焼失した住居が見つかっている。これらの集落を『加古川市史』では高地性集落に準じた戦乱による防御的な集落に近いとしている。

　東播磨の高地性集落として初めて見つかった金鑼城遺跡が『大野市史』に取り上げられている。BC1世紀頃に標高94mの丘陵上に築かれた眺望の良い集落は情報交換のための施設とされ大型の石鏃も出土して地域の緊張感が高まっていた事を示している。

　中播磨の『姫路市史』では地域間の主導権を握る大規模な抗争の根拠に高地性集落を挙げている。すなわち、その役割を「見張り」とし狼煙による情報発信拠点とし、標高の高い檀特山遺跡（165m）・飾西東山遺跡（109m）・大山神社遺跡（208〜218.5m）等を例示している。

市史ではないが前述の『竹原中山遺跡』調査報告書に西播磨・中播磨の揖保川下流域周辺の高地性集落について解説してあったので紹介する。小規模なものや出土品も少ない遺跡も含めかなりの数の遺跡を高地性集落とみなし紹介されている。この中には比高が40mよりも低い遺跡も含まれていて石器が大量に出土した黍田・原遺跡（36〜55m）と亀田遺跡（13〜18m）や隠れ里的と書かれた山田遺跡（30〜34m）など播磨の弥生中期の集落の範疇からはみ出す集落が争いと結びつけられている。

　絵画土器と水銀朱精製石臼が出土した揖西町の養久山・前地遺跡（図2-33参照）は比高が低いが高地性集落として紹介されている。絵画には、鹿と高床式倉庫及び階段のついた神社様の建物など、淀江の絵画とほぼ同じモチーフが使われている。違いは羽人の漕ぐ船の代わりに鳥人のシャーマンと考えられる人物が描かれていて交易民と稲作民の神に対する考え方の差が出ている。尾根の祭祀場と思われる竪穴住居の柱の配置から正面は冬至の日の入りの方向を向いている。以上から田和山遺跡の稲作祭祀とほぼ同じコンセプトで築かれた祭祀場と推定する。尾根上の土坑から出土した祭祀土器は壺が主体で甕が少なかった。田和山遺跡では壺と甕が同じ比率であるのと対照的だ。神事は収穫物や酒などを供える壺で行われ甕を用いる煮炊きは限られていたと思われる。土器の文様は凹線文土器が主体で稲作民の物部氏の人々が祭祀を行っていた。石鏃等が出土しておらず弓矢や魚の儀式は行っていない。祭祀を行っていた時期は弥生中期終末（様式Ⅳ－3）とされている。揖保川周辺での争いの中で人々が最後まで祭祀を継続していた事は驚きであった。

　隠れ家的な集落とされた黍田・原遺跡と山田遺跡は地形が複雑で見つけにくい防御的な地を選んで集落を築いている。黍田・原遺跡は石器が多数出土しており石器の工房があったと考えられ大国主の人々の侵攻に対抗した集落と考える。

　石器が多数出土した揖保郡太子町の亀田遺跡は高地でなく扇状地の山際に位置する遺跡だ。弥生中期終末の竪穴住居跡が33棟見つかり武器型石器（石鏃237点、石剣13点）が多数出土しており弥生中期終末に石器の専門工房を設けていた。亀田遺跡からは鉄片が出土し土器文様も擬凹線文・凹線文であることから大国主の人々が播磨に侵入し築いた拠点であったと考える。石器の

工房に特化した集落を築くのは大国主の人々の特徴をよく表している。

　弥生中期後半の播磨の高地性集落は播磨が騒乱に巻き込まれ結果として防御的な高地性集落を築いた事例が数多く見つかっている。高地性集落とは言えないが山田遺跡の様に比高は低いが隠れ家の様な場所の集落も見つかっている。争いに起因する場合はただ単に高地性集落だけを分析するのでなく周辺の遺跡を含めて判断する必要がありそうだ。

　一方で弥生中期終末の騒乱よりずっと前に築かれた高地性集落も数多くある。古くから継続していた高地性集落は「見張り」を目的としていたとされるが平和な時期に単に見張りだけで長期に亘る運営は難しく祭祀場を兼ねるものもあったと考えている。男鹿島の大山神社遺跡から朱の精製に使われる把手付広片口鉢が出土している。朱関連の土器は養久山・前地遺跡でも出土しており祭祀で使われていた可能性が高い。姫路市と揖保郡太子町との境に位置する檀特山遺跡は標高165mと眺望が良く弥生時代には「見張り台」とも「狼煙台」であったとも言われている。しかし、遺跡が始まったとされる、弥生中期中葉の播磨は農村共同体の全盛期であった。争いの影は微塵も感じられない。檀特山遺跡はまず祭祀場からスタートしたと考えたらどうだろうか。檀特山の頂上から見た冬至の日の入りの方向は、田和山遺跡と同じく、広く開けており遮るものはない。同様に弥生中期中葉に始まった高地性遺跡はまず祭祀遺跡として可能性を探る必要があると考えている。

　播磨の高地性集落は、出雲の田和山遺跡の衰退と同じ、弥生中期末に終焉する。大国主の人々は播磨を制圧し更に摂津や淡路に進出を企てた。弥生後期初頭に築かれた摂津の表山遺跡から擬凹線文土器が出土し大国主の人々の摂津攻略の拠点であった事を物語っている。表山遺跡は短期で放棄されるが火災の痕跡などから反撃され放棄したようだ。大国主の人々は淡路にも進出している。擬凹線文土器が出土した五斗長垣内遺跡は当初の石器工房を鉄器工房に再構築して弥生後期の大国主の人々の拠点としていたようだ。稲作祭祀を守る人々は摂津に撤退し会下山遺跡に祭祀場を設け大国主の人々に対峙した。

3 倭国大乱

　弥生時代の日本列島の騒乱は後漢書倭人伝にある桓霊の間（146〜189年）の倭国大乱がよく知られているが、2.2「播磨の前夜」で紹介したように、弥生中期後葉の後半（紀元前後）には大国主の人々が播磨へ侵攻を始めている。播磨国風土記には大汝命と伊和大神が播磨に侵攻して統治している様子や倭国大乱を思わせる葦原志挙乎命と伊和大神が天日鉾命と戦う様子が伝えられている。

　大国主の人々は弥生後期前葉に日本海側を東進し越前を平定する。淡路島を足掛かりに畿内の侵攻を本格化するのは弥生後期中葉であった。畿内に足を踏み入れた大国主の人々はイザナキ・イザナミを中心とする稲作祭祀を守る人々の反撃に遭い大敗北を喫する。魏志倭人伝に倭国大乱と書かれた騒乱の始まりであった。

　この章では播磨国風土記や古事記から倭国大乱とその前後の歴史を明らかにする。まず播磨国風土記に登場する大国主神（大汝命・葦原志挙乎命）と伊和大神及び天日鉾命の記事を中心に倭国大乱による播磨の混乱を再現する。続いて古事記の古事から、大国主神が活躍する「上つ巻」の大国主神の条と「中つ巻」の初代神武天皇から九代開化天皇の条を編集し直して、倭国大乱の全体像を再現してみた。播磨国風土記や古事記に書かれている逸話を考古学的な事実で裏付けしながら謎に包まれた倭国大乱を明らかにする。

3.1　播磨国風土記を読み解く

　播磨国風土記をWikipediaで調べてみると、奈良時代初期の元明天皇の詔により和銅6年（713年）に出された地方の文化風土や地勢を記録する報告書（解）の提出に応じて、播磨国が和銅6年から霊亀元年（715年）に編纂した風土記とされる。伝本は三条西家が所蔵していた平安時代末期の写本のみで播磨国の総説、明石郡と赤穂郡の全体、加古郡の冒頭の部分が欠損している。

内容については意図的な改変の形跡が他の風土記と比べて少なく、在地の伝承が比較的そのまま残されているとされる。実際に起こった事象がまとめられている事を前提に播磨国風土記を読み解いてみたい。

（1）伝承の絞り込み

播磨国風土記に残された伝承から、倭国大乱に関連した記事を抽出する為、登場人物の名前をキーワードにして対象の記事を絞り込んだ。まず取り上げた人物を簡単に説明しておく。

・大汝命　　　　　大国主神の別名で伯耆（妻木晩田）王朝に属する初代神武天皇から六代孝安天皇の総称

・大三間津日子命　五代孝昭天皇

・葦原志挙乎命　　大国主神の別名で出雲王朝に属する七代孝霊天皇から九代開化天皇までの天皇の総称

・伊和大神　　　　大国主の人々から西播磨の統治を任されたグループ、讃岐から進出

・天日鉾命　　　　古事記では新羅の王子とされているが、伊和大神や葦原志挙乎命と戦ったイザナキ・イザナミの人々。丹波口の天日鉾命は十代崇神天皇の条に丹波に遣わされた和邇系の日子坐王と書かれる

・天火明命　　　　播磨国風土記には大汝命の子と書かれているが、古事記に邇邇芸命の兄とあり大国主の人々より前に日本列島にやってきて古事記にて八十神と呼ばれた人々に属する

・穂積臣　　　　　出雲の物部連が大国主の人々の軍門に降ったため従わず畿内で結成した物部氏の分派

・荒ぶる神　　　　交易路を管理する為に設けた関所

人物像は、この小冊子で提案している弥生時代に合わせ、通説とは違う解釈をしている。大国主神を大汝命と葦原志挙乎命に呼び方を変えるのは古事記の記述による。このキーワードで38記事を抽出し、大国主の人々が播磨

に進出した場面と倭国大乱の一端を描いた場面を時系列的に分類して播磨での倭国大乱を読み解いてみる。

（2）大汝命の播磨への侵攻と国づくり及び統治

ここでは大汝命と伊和大神の播磨への侵攻と国づくり及び統治の記録に着目してみた（図3-14参照）。

まず、大汝命の大半の記事と、大三間津日子命の記事を「大汝命の播磨への侵攻と国づくり」に分類した。大汝命が、円山川に沿って播磨に侵攻して、収穫した稲を集め種籾も一括管理した様子や稲春・箕作りや酒屋などの専門工房を設けるなど農工を分離して中央集権的な社会を構築した事が伝わってくる。侵攻の時期は表3-8「播磨の高地性集落の経営時期と集落の役割」で示したように弥生中期後葉の後半で播磨に大きな社会変革を引き起こしたことは既に紹介した。大三間津日子命が姫路に屋形を造った記事は、孝昭天皇の陵に比定した仙谷1号墓が築かれた弥生後期中葉（表3-4参照）に、大汝命が摂津から畿内への侵攻を本格化させた事を示唆している。

次は伊和大神と荒ぶる神の記事から大汝命の「播磨の統治」を整理した。伊和大神の記事が西播磨全地域から収録されており地域に密着して西播磨を治めていたことがわかる。一方、東播磨には伊和大神に代わる統治者の記録

図3-14　播磨国風土記から見た大汝命の播磨の国づくりと統治

が残っておらず大汝命が直接統治していたようだ。しかし、その影は薄く、大汝命の「東播磨の統治」に関わる記事は含まれていない。東播磨には神前郡生野と賀古郡神前村の荒ぶる神の伝承が残されている。私は荒ぶる神を大汝命が設けた関所と考えている。生野は日本海側から円山川を遡り市川を下る播磨や畿内へ向かう街道の要衝にある。神前村も瀬戸内海航路と加古川・由良川ルートが交わる要衝の地だ。関所は大汝命が東播磨を統治していた唯一の痕跡であった。気になるのは東側の境がどうなっていたかだが播磨国風土記には答えは含まれていない様だ。弥生後期中葉には大国主の人々の拠点は淡路島と明石付近の播磨東部から摂津北部にかけて築かれていた（図3-7参照）。

（3）播磨の倭国大乱Ⅰ

　播磨国風土記には倭国大乱を彷彿させる記事に天日鉾命と伊和大神とが争った場面と天日鉾命と葦原志挙乎命との争いが残されている。2つの争いがいずれも倭国大乱の場面とすれば、2つの争いに時間差があり、時間軸を考慮して記事を整理しておく必要がある。伊和大神は大汝命から西播磨の統治を任されていた。大汝命は伯耆の妻木晩田王朝、葦原志挙乎命は大国主神が根の堅州国に出かけた時に呼ばれた名前で出雲王朝の天皇を指すと考えてよい。以上の時間軸を考えれば伊和大神と天日鉾命の争いは倭国大乱の初期に起こり天日鉾命と葦原志挙乎命との争いは倭国大乱の末期であったと推定する。

　伊和大神と天日鉾命が衝突した時期の播磨国風土記の記事を拾い出して初期の争いの姿を探る（図3-15参照）。まず両者が登場する姫路市船津町の粳岡と宍粟郡にあった波加村の記事をピックアップする。粳岡は日本海側と播磨を結ぶ市川〜円山川交易路と出雲街道を佐用から東進して畿内を目指す古代の交易路が交わる要衝であった。天日鉾命と伊和大神はまずこの地で戦った。天日鉾命の神前郡福崎町の八千軍に布陣した記事から進軍して西へ向かう天日鉾命の軍が市川を背に布陣する伊和大神の軍と対峙した様子を描いていると思える。粳岡に陣取った伊和大神は天日鉾命が西へ向かうのを阻止しようとしている。伊和大神の記事で天日鉾命との戦いを想起させるのは揖保川沿いの新宮町平見の比良美だ。伊和大神が褶を落とした古事が地名の由来とさ

れている。吉田秀夫さんの
HP「ひーぼーです」に「播
磨国風土記を播州弁で読み
込む」のコーナーがあった。
その中で褶（平帯）を落とす
のはこの地で戦に負けた事
を意味していると説明され
ていた。市川沿いの粳岡で
戦いを始めた伊和大神は天
日鉾命の軍に押されて揖保
川まで後退し比良美で敗退
したと解釈できる。

図3-15　天日鉾命と伊和大神の戦い

　天日鉾命が波加村に先着
する記事がある。波加村は
現在の宍粟市波賀町の南の
地域にあったと考えられて
いる。揖保川の源流の一つの引原川と支流の斉木川の合流点付近だ。引原川
に沿って若桜街道が延びて分水嶺の戸倉峠を越えて因幡へ通じている。伊和
大神の陣を突破した天日鉾命が波加村を起点に因幡へ向けて軍を進めた事を
示唆している。

　両者以外にも２つの記事が伊和大神と天日鉾命の戦いに関連していたと思
える。一つは加古川中流域の東側の加東市穂積の記事だ。穂積臣の一族が拠
点とした地とされる。大汝命の東進を防ぎ天日鉾命が播磨侵攻の橋頭堡にし
た様に思える。もう一つは大汝命と天火明命の伊和の里の十四丘の逸話だ。
播磨国風土記では天火明命は大汝命の子とされるが古事記では邇邇芸命の兄
とされている。邇邇芸命は天照大神の孫で高天原から天孫降臨した神だが天
孫降臨の前に大国主神の国譲りがありなかなか厄介な関係だ。大汝命の子と
すれば天火明命は大汝命の配下ともとれるし古事記の記述は日本列島に邇邇
芸命より先着して国づくりを行っていたと解釈できる。いずれも正しい解釈
だが全体像を理解しなければ納得は難しい。そこでこの系譜を棚上げして記

事に描かれた事象だけに焦点を当ててみた。この話は単純に天火明命に追いかけられてなりふり構わず逃げ出す大汝命を描いている。即ち天日鉾命に攻め立てられ敗走する伊和大神と一緒に大汝命も逃げ出している構図が見えてくる。

(4) 播磨の倭国大乱Ⅱ

　もう一つの播磨国風土記に残された倭国大乱の記録は葦原志挙乎命と天日鉾命の争いの記事（図3-16参照）だ。古事記では大国主神の条の根の堅州国に行き三種の神器を持ち出す場面で初めて大国主の人々を葦原志挙乎命と呼んでいる。葦原志挙乎命は根の堅州国の神器を掲げて戦いに臨んだと思われる。葦原志挙乎命と天日鉾命が登場する記事は揖保川沿いの奪谷と伊奈加川の記事2件及び播磨北部の円山川〜市川交易路を巡る丹波口の争いの1件があった。

　まず揖保川の争いについて整理してみたい。因幡の楽楽福神社に孝霊天皇が行幸して鬼退治したとの伝承が残されている。更に、古事記には孝霊天皇の条に針間口から攻め吉備を平定したと書かれている。この複数の情報を組み合わせると次の物語が浮かび上がる。大国主出雲王朝（播磨国風土記では葦原志挙乎命と呼ぶ）の孝霊天皇は荒神谷遺跡に埋められていた稲作祭祀の神器を掘り出した。孝霊天皇は伯耆の楽楽福神社に前線拠点を設け、根の堅州国から持ち出した神器を先頭に、出雲街道を東進して播磨に至り揖保川を挟んで天日鉾命と対峙した。奪谷と伊奈加川で両者

図3-16　天日鉾命と葦原志挙乎命の戦い

は激突したが決着がつかず孝霊天皇の軍は畿内へ向かわず転進して揖保川を下り山陽道の針間口から吉備へ向かい平定した。天日鉾命の記事には両者が戦った戦場に近い高家里と川音村で戦いに備えて待機する天日鉾命の様子が描かれ戦いの場から揖保川を下り山陽道の針間口に至る中間地点の宇波良村の記事に葦原志挙乎命が村を占領したとされている。

　丹波口の争いは、葦原志挙乎命と天日鉾命との争いだが、播磨でのこれまでの争いと様子が違っている。記事に出てくる4カ所の地名のうち3カ所は円山川沿いの但馬の夜夫郡・気多郡と伊都志なのだ。日本海沿岸を東進する葦原志挙乎命を天日鉾命が阻止している構図に見える。加古川や市川沿いに葦原志挙乎命の記事は伝わっておらず播磨を目指したのではないことは確かだ。この葦原志挙乎命は時期や古事記の記述から孝霊天皇ではなく八代孝元天皇と推察している。『宮津市史』には弥生後期後半期の丹後は北陸・山陰とともに二重口縁に擬凹線文を施す土器文化を形成したとある。同時に後期後半から終末期に丹波・南丹地方に丹後の影響を受けた土器が分布するようになったと書かれ向日市や八幡市など山城南部地域でも発見されていると述べている。丹波口の葦原志挙乎命は山陰道を辿り亀岡から向日丘陵を経て山城南部に進出したようだ。

　播磨国風土記から倭国大乱と思われる記事を絞り倭国大乱の全容を把握しようとしたが断片的な場面しか描けなかった。もちろん播磨国で起こった事象はかなりの確度で復元できたと考える。しかし、どうも倭国大乱は播磨だけの騒乱でなくもっと広い地域で行われた争いと推察される。

3.2　古事記を読み解く

　播磨国風土記に残された倭国大乱の場面は舞台が播磨に限定されていた。より広く視点を拡げ倭国大乱の全体像を眺める必要がある。考古学の面からのアプローチだけでは、出土した土器文様からの勢力図や銅鐸の破片から戦いの痕跡が推定できる場合に限定され、個別の事象に筋書きを加筆するには力不足だ。この役割を担ってもらえるのはやはり、弥生後期とされる倭国大乱の時代を扱っている古事記が頼りだ。

　倭国大乱が書かれた個所を特定するためにはまず古事記の編纂方針を読み解く必要がある。この編纂方針とは初代神武天皇から九代開化天皇が都を構えた場所を伯耆・出雲ではなく大和にするのが至上命令であった事に起因していると考えた。神武天皇が大和で倭を樹立し初代天皇に即位する為には九州から大和への東征を神武天皇が行う必要があった。従って初代神武天皇から九代開化天皇の東征の伝承が全て神武天皇の伝承として古事記に編纂されている。さらに伯耆・因幡・出雲に関する伝承は、フィルターに掛けられ神武天皇の伝承から抜かれ、大国主神の神話として「上つ巻」に移し初代神武天皇から九代開化天皇までを大国主神と総称して伝承を書き換えている。天皇の初期の都が伯耆・出雲に置かれていた事を隠蔽する大きな力が働いていたと考えざるを得ない。本来、大国主神の神話と神武天皇の東征を合わせて、初代から九代までの天皇の治世の出来事であったはずなのだ。更に事態をややこしくしたのは古事記に書かれている宮殿や陵の地名と東征に出てくる地名を大和周辺の地に名付けて伯耆や出雲の痕跡を消し古事記の解釈を歪曲した。今風に言えばフェイクニュースを流布させ伯耆と出雲の都を歴史から消し去っていた。

　ここでは古事記の初代神武天皇の条と大国主神の条から倭国大乱と思われる個所を抜き出し播磨国風土記の倭国大乱の部分をつなぎ合わせて失われた倭国大乱の全体像の把握を試みてみる。

（1）東征

　古事記の「中つ巻」の神武天皇の条には8つの節が記述されている。一節の「東征」は倭国大乱に至る神武天皇の東征を描いている。東征の行程の解釈は安芸の多祁理宮までは通説に従うが吉備の高島宮は備中の倉敷ではなく備後の三次と考える。神武天皇は三次から伯耆（妻木晩田）へ進出するが古事記では伯耆（妻木晩田）の記事は神武天皇の条ではなく大国主神の条に大国主の記事として書かれている。

　六節から八節には神武天皇の東征をより詳しく記述している。六節の「久米歌」の冒頭に土雲の八十建が登場する。土雲は土蜘蛛とされ多くは肥前や豊後など九州の風土記に朝廷や天皇に恭順しない土豪として描かれている。神武天皇が東征を始めた九州の出来事と考える。神武天皇が次に戦う登美毘

古は、登美毘古の妹の登美夜毘売を邇芸速日命が娶ったとされ、物部の国生み王朝時代に同盟関係にあったイザナキ・イザナミの人々を指している。倭国大乱の前に神武天皇とイザナキ・イザナミの人々の争いが始まっていた。次に神武天皇が戦う兄師木・弟師木は日本海交易を司っていた須佐之男の人々と考える。島根半島の東端にある美保神社の祭神は三穂津姫と事代主とされる。日本書紀には事代主の子等の三穂津姫を初代神武天皇・第二代綏靖天皇・第三代安寧天皇が娶ったと書かれている。須佐之男に属していた美保の人々は神武天皇の支配下に入り事代主と名乗った。つまり須佐之男の人々は神武天皇の東征に参加する人達と対抗する陣営に分裂したと考えられる。この様を兄師木・弟師木と表現している。八節の「当芸志美美命の反逆」の中に謳われた畝火山の枕詞にいずれも雲が出てくる。八雲を枕詞とする出雲と同じように伯耆の妻木晩田遺跡に拠点を築いた神武天皇が山陰の風景を謳ったと考える傍証にもなる。

　古事記には神武天皇が高島宮の次に淡路の速吸門に至ったと書かれている。淡路島の五斗長垣内遺跡や淡路島の対岸東播磨の吉田南遺跡と玉津田中遺跡より弥生時代後期後葉の擬凹線文土器が出土しており、特に五斗垣内遺跡は石鏃や鉄鏃の鍛冶工房として兵站を担う重要な拠点とされ、大国主の人々が進出していた事が窺える。

　淡路島に拠点を設け始まった本題の倭国大乱は二節から五節に描かれている。

（2）五瀬命の戦死

　二節の「五瀬命の戦死」は倭国大乱の始まりを描いている。東進して大和に到達した大国主の人々に対して登美毘古（イザナキ・イザナミの人々）が本格的な反撃を開始した。

　図3-17「弥生後期後葉の近畿北部系土器と突線鈕2〜5式銅鐸の分布」に畿内で出土した弥生後期の擬凹線文土器の分布と突線鈕2〜5式銅鐸の出土分布図を重ねてみた。擬凹線文を家紋とする大国主の人々は淡路の五斗長垣内遺跡に兵站を構え大阪湾北岸に沿って拠点を築き丹波方面からも武庫川と猪名川の中流域に進出して拠点を構えていた。更に東進を続け大和方面への進出を進めていたと思われる。

図3-17　弥生後期後葉の近畿北部系土器と突線鈕２〜５式銅鐸の分布

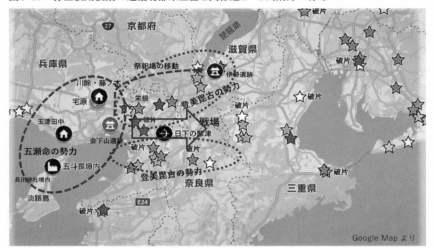

Google Map より

　一方、稲作祭祀を守る人々は田和山遺跡で行っていた祭祀を摂津の会下山
遺跡に移し継続していたと考える。兵庫県芦屋市教育委員会の「会下山遺跡」
によれば祭祀跡から出土した土器は西の辻Ⅰ式（後期初頭）とＥ式（後期前半）の
中間とされ祭祀は弥生後期前葉から中葉前半まで行われている。土器文様は
ほぼ凹線文に限定され物部氏（穂積臣）の人々によって祭祀が執り行われた事
を示唆している。弥生後期中葉から五瀬命の勢力が摂津に侵攻し会下山遺跡
での祭祀は困難になったようだ。

　近江の伊勢遺跡は弥生後期前葉後半から後葉にかけて継続した祭祀遺跡と
される。遺跡は３期に区分されⅡ期の盛行期は弥生後期中葉後半〜後葉前半
だが、始まった時期は会下山遺跡の祭祀終焉の時期と重なる。注目している
のは出土した土器の文様には櫛描文が多く断面突帯文もあった事だ。櫛描文
は祭祀をイザナキ・イザナミの人々が執り行っていた事を示している。断面
突帯文は須佐之男の人々を象徴しており、伊勢遺跡の祭祀に加わって、五瀬
命に対抗する戦いに参加した事を示唆している。

　五瀬命の侵略に対抗する登美毘古は、銅鐸の分布から判断すると、淀川に
沿って近江方面から南下する部隊と紀州方面から北進した部隊の２方面から
反撃を試みていたと推察する。両陣営の境界付近から戦の痕跡を示す銅鐸の

破片が複数の遺跡から出土している。古事記によれば五瀬命が率いる大国主の人々の軍が楯津（日下の蓼津）で登美毘古の軍と衝突したとされる。この戦いに敗れて五瀬命は戦死する。ここから登美毘古の追撃がはじまり大国主の人々を追い詰めてゆく。播磨国風土記でも触れたが五瀬命の陣営は前線が破られたら伊和大神が守る西播磨まで全く手の施しようがない無防備の状態であった。

　この争いは弥生後期後葉初頭の出来事であり五瀬命を弥生後期初頭に即位した初代神武天皇の兄とするには無理がある。五瀬命は、天皇が戦いを直接指揮していたとすれば、五代孝昭天皇が最有力候補だ。登美毘古はイザナキ・イザナミの人々として既に紹介した。

（3）熊野の高倉下

　古事記の神武天皇の条は、大国主の人々の大逃走劇を播磨国風土記と古事記の大国主神の条に譲り、三節の「熊野の高倉下」に舞台を移している。

　畿内で五瀬命を失い敗走する軍は播磨から因幡・伯耆を経て木の国へ向かった（図3-18参照）。3.1「播磨国風土記を読み解く」に天日鉾命が伊和大神と戦い波加村に先着し戸倉峠を越えて因幡へ進軍した様子を描いた。古事記の「上つ巻」大国主神の条の二節の「根の堅州国」の冒頭部分には因幡・伯耆

図3-18　倭国大乱のイザナキ・イザナミの人々の追撃と大国主の人々の退却

で八十神と戦った大穴牟遅神が木の国へ敗走する場面が描かれている。因幡
の青谷上寺地遺跡から出土した殺傷痕のある人骨は古事記の記述が史実であ
ることを示唆している。追撃者の名前は登美毘古→天日鉾命・天火明命→
八十神と変わるが同じイザナキ・イザナミの人々を中心とする部隊だったと
推察する。

　妻木晩田遺跡の六代孝安天皇の陵に比定（表3-5参照）した仙谷2号墓の邦
墓とされる仙谷5号墓の周溝から多数の祭祀土器が出土している（図3-5-3参
照）。大国主の人々が慌てて妻木晩田遺跡から撤退した痕跡に見える。六代
孝安天皇の崩御と大国主の人々の妻木晩田遺跡からの撤退はイザナキ・イザ
ナミの人々の反撃と追撃が大きく関わっていたと推察する。

　三節の「熊野の高倉下」では大国主の人々の敗走劇を次の様に描いている。
大きな熊におびえて逃げ出す大穴牟遅神は追撃を逃れ熊野村に隠れていると
熊は引き上げていった。暫く、金縛りにあって動けずにいると、天から刀（援
軍）を授かってようやく士気を回復したとの逸話だ。勿論、熊は稲作祭祀を
守る人々の比喩だ。熊野村は紀州に比定されているがこれには無理がある。
紀州では、九州と思われる、天からの援軍を期待できない。

　大国主の人々が撤退して向かった木の国は紀州ではなく高島宮があった吉
備（今は備後）の三次周辺とするのが私の考えだ。熊野の地名は日本各地に点
在している。出雲の名越先生に尋ねたら出雲国風土記にも熊野山の名が出て
いると教えて頂いた。意宇川の源流域にある天狗山がかつては熊野山と呼ば
れていた。ふもとには熊野神社がある。しかし、逃走してきて隠れるにも、
援軍を受け入れるにも地の利がない。私は三次と伯耆を結ぶ古代の交易路に
沿った地が最も可能性が高いと考えている。

　有力な候補は西城町熊野地区だ。熊野地区は三次と伯耆を結ぶ交易路沿い
に位置するだけでなく、現在の木次線に沿った、出雲への交易路の分岐点で
古代交易路の要衝であった。熊野に逃れた大国主の人々が出雲に舞台を移す
最適のポジションだ。庄原市の『西城町誌』には西城町熊野地区の地名につ
いて紹介されている。諸辞典の調査から「①山間の曲がった河谷、②熊野神
社に因む、③カクレドコロ、陰、現実から遠く奥まった冥界の意」などが記
されていた。更に『芸藩通志』から「熊野山……山に熊野神社あるを以って

かく称す。」を紹介し「②熊野神社に因む」を暗に滲ませている。ただ、①と③にも合致しておりすっきり決めるのは難しい様だ。熊野神社は『広島県神社誌』の由緒によると「創建不詳なれども和銅六年（七一三）までは比婆大神社と称していたと伝える。天平元年（七二九）に社殿を造立、その後嘉祥元年（八四八）社号を改め熊野神社と称した。」とある。祭神は伊邪那美神で古事記にある伊邪那美神の御陵の比婆山を奥院としている。比婆山の場所も諸説があり気になるが、古事記の編纂が和銅5年（712年）なので比婆から熊野への改称がポイントになる。古事記に書かれた熊野の地名を残す意向が強く働いた結果と考えたい。私は古事記の熊野に、西城町の熊野が最も要件に合っていると考え、西城町熊野案を採用して筆を進める事にする。

（4）八咫烏の先導

　熊野で態勢を立て直した大国主の人々が出雲に進出する物語は古事記の「上つ巻」大国主神の条の二節の「根の堅州国」に描かれている。大国主の人々が出雲へ向かうまでの描写は神武天皇の条と多少ニュアンスが違うが2つを合体して創作してみた。即ち、熊野で援軍を得た大国主の人々は木の国の大屋毘古神に助言され出雲へ進出する。熊野から西城川を遡上し中国山地の分水嶺を越えて斐伊川を下れば出雲は近い。大国主の人々は出雲の根の堅州国を訪れ須佐之男命が護っていた生太刀・生弓矢・天の沼琴の三種の神器を持ち出してくる。古事記の大国主神の条には「故、其の太刀・弓を持ちて、其の八十神を追ひ避りし時に、坂の御尾ごとに追ひ伏せ、河の瀬ごとに追ひ撥ひて、始めて国を作りき。」とある。最後に書かれている「始めて国を作りき」は出雲王朝を築いた宣言ととれる。ちなみに大国主神の条の二節の「根の堅州国」から大国主神を葦原志挙乎命と呼んでいる。葦原志挙乎命は出雲王朝の天皇を表し大汝命は伯耆（妻木晩田）王朝の天皇として区別している。

　神武天皇の条の四節の「八咫烏の先導」と五節の「兄宇迦斯と弟宇迦斯」は八十神を追い払う具体例に該当すると考える。その神武天皇の条では八咫烏を先行させて八咫烏の力で人々を恭順させ進軍したとしている。八咫烏とは太陽の八節を意味する8つの光芒を持った太陽（八咫鏡）を運ぶ鳥の事だ。稲作祭祀を守る人々は八咫烏を太陽の分霊として尊んでいた。八咫烏は相手の士気を鈍らせ恭順させるのに役立つと考えたようだ。ただ鳥に八咫鏡を

図3-19　八咫鏡

Wikipedia「八咫鏡」より引用

図3-19-1　荒神谷遺跡の銅剣が出土した埋納坑底面

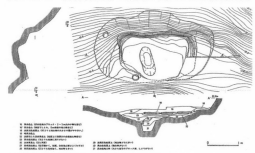

出雲神庭荒神谷遺跡第2冊「図版20」より引用

運ばせるのは無理で、実際は神輿（屋根の四隅に烏を止まらせた）に八咫鏡を乗せ神主が担いで運んでいたと推察する。私は大国主の人々が根の堅州国から持ち出したのは太刀や弓ではなく神武天皇の条に書かれている八咫鏡（図3-19参照）だったと考えている。

　実は根の堅州国に比定する荒神谷遺跡の銅剣群の下に何も入っていない空穴（長径×短径×深さ：100㎝×40㎝×40㎝）が見つかっている（図3-19-1参照）。最初に埋められたものが消滅して（取り出されて？）穴の部分が少しへこんで銅剣の劣化を早めたとの報告もある。平原遺跡から出土した大型内行花文鏡の直径は約46㎝だが伊勢神宮の八咫鏡は平原遺跡よりも小さいとされ短径40㎝の穴に収まりそうだ。穴に埋められた八咫鏡を大国主の人々が掘り出した可能性が高い。

　出雲に都を構えた大国主の人々は東征を再開し根の堅州国から持ち出した八咫鏡を神輿に乗せて先導させ軍を進めた（図3-20参照）。まず孝霊天皇が出雲街道を東進し畿内を目指した。日南町の楽楽福神社に孝霊天皇が行幸して鬼退治をした伝承が残っている。孝霊天皇の軍は東進して播磨の揖保川で天日鉾命と衝突する。神武天皇の条の四節の「八咫烏の先導」はこの時のエピソードを記述したものだ。古事記には「是に、亦、高木大神の命以て、覚して白ししく、『天つ神御子、此より奥つ方に便ち入り幸すこと莫れ。荒ぶる神、甚多し。今、天より八咫烏を遣さむ。故、其の八咫烏、引道きてむ、其の立たむ後より幸行すべし』とまをしき。故、其の教へ覚しの随に、其の八咫烏の後より幸行せば、吉野河の河尻に到りし時に、筌を作りて魚を取れる人あ

図3-20 針間口から吉備へ向かう八咫烏の道筋と吉備の銅鐸分布

り。」とある。

　吉野河は岡山へ流れる吉井川の支流の吉野川（図3-21参照）を比定する。吉井川との合流点付近の出雲街道と吉野川が交差する地域を河尻と表現したと考える。吉野は和名抄に美作国の英多郡の吉野郷の名がみえ古くからの地名であった。孝霊天皇は吉野河の河尻を渡り播磨に向かった。

　播磨国風土記に葦原志挙乎命と書かれた孝霊天皇の軍が出雲街道に沿って揖保川まで進軍して天日鉾命と戦った様子が残されている。孝霊天皇の軍は天日鉾命を破れず畿内を諦め転進して吉備を目指したようだ。古事記の孝霊天皇の条に吉備に針間口から攻め込んで平定したとの記述がある。

図3-21 美作付近の地形図

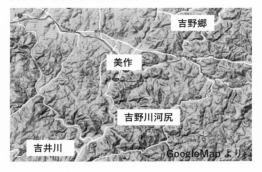

　孝霊天皇が吉備を平定した事を示す直接的な遺物は見つかっていない。しかし間接的に両者の立ち位置を示す遺跡がある。吉備平定後の弥生後期後葉末に築かれた、孝霊天皇の陵に比定（表3-5参照）した、出雲の西谷3号四隅突出型墳丘墓

238

と吉備の楯築墳丘墓だ。春秋戦国時代や前漢の中国の墓制を調べると皇帝と諸侯で墓の形状や葬祭儀礼に決まりがあった。墓の形は皇帝が方錐台形で諸侯は円墳とされ葬儀では皇帝は4本の墓道を使う儀式を行うが諸侯は2本以下との約束事があった。明らかに両者の関係を意識した墓を作っている。西谷3号墓の墓上には吉備の特殊器台が供献されていたが一方で楯築墳丘墓上からは出雲の土器は出土していない。両者の主従関係は明らかだ。孝霊天皇が平定した吉備を配下のグループに任せて統治させたと考える。郡国制を布いて倭国を経営しようとしていた姿が見えてくる。

　吉備国を任されたのは燕（大国主の人々の故地）に身を寄せた中山王国に縁のあるグループではないかと考える。一つは中山に対する執着だ。中山と名付けた由来をみると吉備の中央に位置しているからとされているが吉備の統治者が故地の名前を付けたと私は考えている。

　中山を流れる境目川を境として中山を備前と備中に二分している。太陽信仰の強かった備前と大国主の人々の勢力が強かった備中が中山を巡って争った結果に見える。中山は鯉山とも呼ばれていた。鯉は稲作祭祀で重要な役割を担っており、大国主の人々が侵攻する前から、太陽信仰の人々の祭祀場であったようだ。田和山遺跡の祭祀に魚を使った儀式の痕跡が残っており弥生中期〜後期の近江の下之郷遺跡からは大量の鯉の骨が出土している。近江の年頭のオコナイでも魚を食べる習俗が残っている。稲作を祀る稲作祭祀と鯉は強く結びついている。

　もう一つは吉備を特徴づける特殊器台だ。特殊器台は弥生後期後葉の楯築遺跡から出現したとされ新たな吉備の統治者が持ち込んだと推定される。古代中国に詳しい竹本さんから中山王国の筒形の土器について調べてみたらどうかとアドバイスを頂いた。中山王国の王墓（BC4世紀）から出土した祭器は青銅器もあるが大半は副葬陶器だ。副葬陶器は10種類ほどの器種に固定されている。吉備の特殊器台の祖型がこの副葬陶器の一つ筒形器ではないかと考えた訳だ。陶器に描かれた渦文と渦文を組み合わせて三角形をなす文様や鋸歯文も特殊器台の文様に引き継がれたのではと素人目で感じる。特殊壺のふくらみ具合や文様を区画で仕切る様式など類似点も多そうだ。今後の研究に注目したい。

（5）兄宇迦斯と弟宇迦斯

　神武天皇の条の五節の「兄宇迦斯と弟宇迦斯」では八咫烏に先導されて吉
備の次に目指したのが宇陀とされる。宇陀は通説では大和盆地の南東の山間
部に位置する宇陀市を比定している。しかし、東征する大国主の人々の兵站
を考えると、この説には無理がある。考古学的にも大国主の人々の存在を示
す擬凹線文土器が出土しておらず根拠に乏しい。最大の理由が古事記に記さ
れた地名と一致しているだけなのだ。天皇の陵や宮殿、熊野・吉野など古事
記にまつわる地名の壮大なフェイクが行われた可能性も否定できない。これ
らの地名は、最初はフェイクとしても、その後の歴史の衣をかぶり重みを増
し存在感を高めて我々の古代を見る目を鈍らせている。

　八咫烏に先導される宇陀への進軍は畿内を目指して行軍したグループの逸
話として考えてよい。古事記の大国主神の条の三節の「八千矛の神」に日本
海沿岸を東進して北陸を平定する逸話があり北陸は既に大国主の人々の支配
地だった。畿内への侵攻を紹介する逸話は五節の「兄宇迦斯と弟宇迦斯」し
か残っていない。

　まず、但馬から越前に至る日本海沿岸の突線鈕2〜5式の銅鐸の分布を見
た（図3-22参照）。この地域は弥生後期後葉には擬凹線文土器が盛行しており
大国主の人々が支配していた地域だ。あるはずのない突線鈕式銅鐸の出土は
銅鐸を先頭に高志（越前）と丹波にも稲作祭祀を守る人々が侵攻した証だ。西
と東の両端の銅鐸は破片で出土しており戦いがあった事を示唆している。西
端の但馬は播磨国風土記に伝えられた葦原志挙乎命と天日鉾命の争いに該当
しそうだ。とすれば東端は別の稲作祭祀を守る人々が高志の大国主の人々を
攻撃したと考えられる。

　古事記には崇神天皇の条の四節の「建波邇安王の反逆」に「此の御世に、
大毘古命は、高志道に遣し、其の子建沼河別命は、東の方の十二の道に遣
して、其のまつろはぬ人等を和し平らげしめき。又、日子坐王は、旦波国
に遣して、玖賀耳之御笠を殺さしめき。」とある。この記述は崇神天皇より
前の倭国大乱の時の高志と但馬の争いを扱った記録と考える。天日鉾命が播
磨の伊和大神を攻めたのと同じ時期に和邇系の日子坐王が丹波を攻め高志に
は穂積臣に属する大毘古命が向かった。『宮津市史』に生駒西麓産の土器が

図3-22　八咫烏の葛野郡宇太村への経路と弥生終末期の擬凹線文系土器の分布

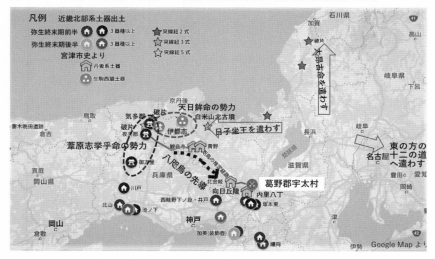

弥生終末期の白米山北古墳から出土した事例が取り上げられている。また「弥生土器の様式と編年」の丹後・丹波地域に弥生後期終末とされるV－4様式の説明に擬凹線文を消すか省略した土器の例を紹介している。日子坐王が丹後を平定して支配下においていた事を示唆している。東の方とあるのは尾張や遠江・駿河などで「まつろはぬ人等」とは縄文の人々を指し縄文人の生活圏に踏み込んで稲作を拡げた様子を描いている。

　前にも触れたが大国主の人々との争いは弥生後期後葉に起きた事象だ。倭国大乱の末期に稲作祭祀を守る人々に属していた大毘古命は八代孝元天皇の子、日子坐王は九代開化天皇の子として紹介されているが崇神天皇との直接の接点は難しそうだ。東の方は弥生中期後葉には概ね入植を始めており水田の開発の為に河川の灌漑事業を行った建沼河別命の派遣は弥生中期後葉からと考えられる。古墳時代初頭に在位した崇神天皇の関与する余地は殆どない。これを紐解くかぎは崇神天皇の出自にある。崇神天皇は稲作祭祀を守る人々が擁立した初めての天皇であったと考える。崇神天皇の条に稲作祭祀を守る人々から見た倭国大乱の活動記録をさりげなく残したようだ。

　播磨国風土記では葦原志挙乎命と天日鉾命が丹波口で争い、天日鉾命は伊

都志を死守し丹後を守ったが、葦原志挙乎命が円山川の交易路に沿った気多郡と夜夫郡を確保したとされる。『宮津市史』では丹後系の土器が弥生後期後半から終末期にかけて丹波・南丹から畿内に広がっていった様子を紹介している。丹波の綾部市青野遺跡や福知山市観音寺遺跡、南丹の亀岡市北金岐遺跡、山城の向日丘陵周辺や八幡市内里八丁遺跡だ。道筋を辿ると丹後系の擬凹線文土器が南丹を経由して山城南部まで分布を広げていた。大国主の人々の進出した地域には擬凹線文土器が出土していることは既に述べた。時期的には弥生後期後葉末か弥生終末期の出来事と推察していたが条件に合致する。余談だが古事記では日子坐王が丹後に侵攻したとしている。播磨国風土記には丹波で葦原志挙乎命と戦ったのは天日鉾命とされ日子坐王を指すのか気になるところだ。

　私は八咫烏がこのルートを辿って畿内へ向かったと推定した。探している宇陀はこの擬凹線文土器が分布するルート上に存在するはずだ。そこでインターネットで宇陀を調べてみた。「宇陀」で調べても成果がなかったが「うだ」で調べてみると「宇田」がでてきた。「宇田」を地名で調べると歌津や宇多津の地名由来に宇陀や宇田とも表記され湿地帯や泥地と書かれていた。更に京都地名由来の項で日本書紀に嵐山を歌荒樔田と呼び「歌」は元「宇田」と書いたとされていた。そこで正式に『京都地名語源辞典』で嵐山を調べて探し物を見つけた。歌荒樔田の「歌」は延暦12年正月に葛野郡に属した宇太村の「宇太」でウタと読む様だ。葛野郡宇太村は、今は京都と呼ばれているが、JRの二条駅付近にあったとされている。葛野の県主は頭八咫烏と呼ばれ八咫烏を先導してきた人々で賀茂氏と称した。葛野県主は、大和国から移動したとされているが、出雲の加茂から八咫烏の神輿を担いで但馬から丹波を経て亀岡を通り向日丘陵から山城に進出した人々であったと考える。

　前段が長くなったが本論に戻りたい。この時代に勢力を張って兄弟とされるのは物部連と穂積臣しか思いつかない。弟宇迦斯が大国主の人々との交渉役なので物部連、兄宇迦斯を穂積臣に比定する。物部連が穂積臣を説得して大国主の人々の山城進出を手助けした様子を描いている。宴の場面は戦いが行われず交渉で決着したことを窺わせている。旧葛野郡宇太村周辺から突線鈕式銅鐸が出土しておらず戦いがなかったことを裏付ける。古事記の八代孝

元天皇の条に「此の天皇、穂積臣等が祖、内色許男命の妹、内色許売命を娶りて、生みし御子は、大毘古命。」とある。大国主の人々と穂積臣が同盟を結んだ事を示し合わせて大国主の人々が八代孝元天皇の時代に山城に進出した事を示唆している。

　山城に進出した大国主の人々の足跡をもう少し追っかけてみよう。前述の『弥生後期における近畿北部系土器の展開』に示された畿内 V 様式の分布する地域での弥生終末期の近畿北部系土器の分布を図3-22にプロットした。近畿北部系土器とは丹後を中心に但馬・丹波・若狭などで作られていた様式を共有する土器で擬凹線文と複合口縁によって特筆される。いずれかの特徴を持てば近畿北部系土器として扱っている。図3-17で弥生後期後葉の分布を示したが分布は様変わりしている。弥生後期後葉は播磨東部と摂津北部・摂津西部に集中していたが弥生終末期になるとこれらの地域では殆ど出土しておらず、播磨西部の揖保川下流域と山城の木津川周辺の東西に分かれて分布している。揖保川下流域は孝霊天皇が八咫烏を先導として針間口から吉備に攻め込んだルート沿いに集中している。西播磨から出土した土器は近畿北部系とされているが進軍のルートを考えれば同じ擬凹線文と複合口縁を持つ山陰系の可能性が高い。山城の木津川沿いの八幡市内里八丁遺跡や城陽市塚本東遺跡からまとまって近畿北部系土器が出土しており八咫烏に先導されて宇太村（京都）に進出した大国主の人々が更に大和を目指し木津川周辺に進出し拠点を築いていた証の様に見える。揖保川と木津川の事例は弥生終末期の近畿北部系土器の分布が八咫烏に先導された大国主の人々によってもたらされた事を示している。

　しかし大国主の人々の大和への進出はこの木津川で突然停滞しそれ以上の拡がりを見せていない。八咫烏を担いできた頭八咫烏の賀茂氏も宇太村に留まって定着している。倭国大乱の終焉が近づきつつあった。

3.3　倭国大乱の余震

　倭国大乱が終わったのは魏志倭人伝に書かれた「共に女子を立て王と為す、名づけて卑弥呼と呼ぶ。」から弥生後期後葉末の189年頃とされている。倭

国大乱の終結によって共立された卑弥呼を悩ませていた反乱をこの小冊子の最後のテーマとして取り上げる。

　岡山県南部の沖積平野は、岡山県の三大河川である吉井川・旭川・高梁川が中国山地から大量の土砂を運んでその堆積により形成され、弥生時代に稲作民が入植して水稲農耕を始め発展した。弥生前期から中期にかけて吉井川・旭川流域の稲作の生産活動が活発になる。外縁付鈕式や扁平鈕式の銅鐸がこの地域から出土し稲作の豊饒を祀る祭祀の拠点であったと推定される。吉備津の地名から弥生前期には中山北麓から平野部にかけて河口の湊だったが、足守川が上流から大量の土砂を運び、弥生時代後期には波止場施設が出土した上東遺跡まで海岸線を前進させている。上東遺跡から上流の平野部にかけて、上流から運ばれた土砂が堆積した肥沃な原野に水田を拓き、弥生時代後期から古墳時代の大集落遺跡が見つかっている。

　弥生後期後葉に吉備を平定した七代孝霊天皇は、稲作祭祀を守る人々が根強く活動している旭川流域を避け、高梁川と足守川流域に拠点を定め古代吉備王国を誕生させ中山王国の末裔の人々に託した。古代吉備王国の象徴とされている楯築墳丘墓は足守川を天然の要害として東の稲作祭祀を守る人々の祭祀場と推定する中山に睨みを利かす位置に築かれている。古代吉備王国を築いた人々は、楯築墳丘墓を築き墓上の葬送祭祀に最古形式立坂型の特殊器台・特殊壺と弧帯文石を持ち込み、祖霊を祀り中央集権的な新たな社会構築をして吉備の支配を始めた。古代吉備王国は弥生後期末から終末期にかけ足守川流域に２つの大規模な墳丘墓を築き特殊器台・特殊壺を葬送の祭器として備中を中心に吉備一円に拡げていった。

（1）吉備の乱

　魏志倭人伝に記された「其八年太守王頎到官　倭女王卑弥呼與狗奴國男王卑弥弓呼素不和」は卑弥呼の治世の後半に起こった争いであった。其八年とは正始８年（247年）とされ卑弥呼の時代の最晩年にあたる。この争いは卑弥呼の時代に解決できず次の男王（崇神天皇）が即位して終息したと推察する。特殊器台・特殊壺の祭祀を行っていた人々が吉備から姿を消し奈良盆地の纏向周辺の古墳から宮山型特殊器台・特殊壺が出現した時期だ。

　さて、この部分を原文で紹介したのは、「狗奴國男王」の名が「卑弥弓呼」

とする通説に疑問があったからだ。私は狗奴国の男王と卑弥弓呼が不和であったと解釈してみた。卑弥呼が女性ならば卑弥弓呼も女性の名前と考え稲作祭祀を司った女王をイメージした。狗奴（吉備）国の男王と争った卑弥弓呼とは備前で稲作祭祀を行っていた人々の後裔の首長と考える。古代吉備王国を象徴する特殊器台・特殊壺は備前南部の水田地帯の平野部からは殆ど出土しておらず稲作祭祀の人々が自治を守っていた。

　卑弥呼を悩ませた吉備の争いは終息したかに見えたがその後も水面下で激しい争いが継続していた様だ。古代吉備王国が衰退して以後、吉備全体を統治する有力な首長は現れず大国主派や稲作祭祀を守る人々の複数の豪族が群雄割拠していたと推察する。日本書紀には雄略7年（推定470年前後）の吉備上道田狭の乱や吉備下道前津屋の乱が記されている。持統3年（689年）の飛鳥浄御原令の発布により吉備国は備前国、備中国、備後国に分割され、それから二十数年後の和銅6年（713年）に備前国から美作国を分国している。この分国は稲作祭祀を守る人々の国である備前、備中と備後及び美作を古代吉備王国の流れを汲むグループが押さえる政治色の強い分割であった。備前と備中の確執が透けて見える。備前と備中の境に位置している中山の東西のすそ野に鎮座する備前の一宮「吉備津彦神社」と備中の一宮「吉備津神社」は両者の対立が後世まで続いていたことを我々に物語っている。

（2）吉備津神社と吉備津彦神社

　吉備津神社（図3-23参照）は大吉備津彦大神を祖霊として主祭神に祀っており、延喜式神名帳（927年）にある備中の名神大社吉備津彦神社を指すとされるが、平安時代から江戸まで吉備津宮や吉備津大明神と呼ばれ明治になってから現在の吉備津神社と称するようになる。中山の南西部の茶臼山に築かれている中山茶臼山古墳は大吉備津彦命の墓とされ現在は宮内庁が管理している。中山茶臼山古墳は前方後円墳だが宮内庁管轄のため調査・発掘は行われておらず詳細な事は

図3-23　吉備津神社

わかっていないが周辺から出土した埴輪や古墳の形状などから古墳時代前期（3世紀後半〜4世紀）に築かれたとされている。

　吉備津神社には有名な童話『桃太郎』の種本と言われる『温羅伝説』が伝えられている。中山薫さんの書かれた『温羅伝説』を読むと伝説の最も古い資料は天正11年（1583年）の吉備津宮勧進帳とされていた。この資料は吉備津彦神社に伝わる延長元年（923年）の日付がある「鬼城縁起」を叩き台にしていた。但し、延長元年には根拠がなく、地名などから室町時代に成立した可能性について言及されている。鬼城縁起は七代孝霊天皇が吉備津彦命を吉備に遣わし平定する話だ。内容は概ね温羅と同じだが鬼神を温羅でなく剛伽夜叉と呼んでいる。

　ここで少し吉備津彦命の時代考証をしておきたい。七代孝霊天皇の吉備平定は弥生後期後葉（2世紀後半）の出来事だ。弥生後期後葉に活躍した吉備津彦命の墓が中山茶臼山古墳とすれば吉備津彦命が古墳時代前期まで生きたことになり無理がある。素直に考えれば吉備津彦命の墓は孝霊天皇と同じ時代に古代吉備王国を興した首長の墓とされる楯築墳丘墓しかない。中山茶臼山古墳に埋葬されている主は古代吉備王国の流れを汲んだ吉備津彦命の後裔である可能性が高い。『温羅伝説』は孝霊天皇時代の吉備平定の物語であり吉備津彦命と戦った鬼は稲作祭祀を守る人々を指していると考える。

　吉備津彦神社（図3-24参照）も大吉備津彦命を祭神とするが中山頂上にある元宮の主祭神を別天津神の造化三神としている。社伝によると創建は十代崇神天皇の時代とされかつては一品吉備津彦宮や備前鎮守一品吉備津彦大明神と呼ばれ昭和の初めに吉備津彦神社と呼ぶようになった。中山は、最高峰龍王山頂上に元宮の巨大な天津磐座（神を祀る石）、磐境（神域を示す列石）を有する、神の山として崇敬されていると記されている。更に、夏至の日の出に朝日が正面鳥居の真ん中から昇り神殿の御鏡に差し込むことから

図3-24　吉備津彦神社

「朝日の宮」とされ古代の太陽信仰を引き継ぎ豊饒と人々の幸運を祈る神社としている。祖霊を標榜する吉備津神社は大国主派、神の山や太陽信仰を強調する吉備津彦神社は稲作祭祀を守る人々が建立した神社と見なしてよさそうだ。吉備津彦神社から見る龍王山頂上の磐座は冬至の日の入りの地点に一致する。龍王山頂上直下の西側南斜面にある天津磐座は田和山遺跡の頂上の神殿と同じように冬至の日の入りの祭祀を行う場であったと考えられる。頂上には八大竜王の祠があり、太陽暦の八節を司る神を祀って、磐座の祀りが暦に関わっていた事を示唆している。神社の境内に杉の大木も祀られており稲作祭祀の場としての条件は揃っている。吉備の稲作祭祀を守る人々は、別天津神を主祭神としており、イザナキ・イザナミの人々より前のBC8世紀前後に三星堆から北九州に大移動を行い日本列島に新しい稲作技術を持ち込みBC4世紀頃に出雲へ移動して田和山遺跡で稲作祭祀を始めた人々であったようだ。

　吉備津彦神社に語り継がれている『桃太郎』は室町時代に神社の由来からヒントを得て、江戸時代におとぎ話として広まったとされている。『温羅伝説』が種本と言われているがこれには根拠がほとんどない。強いて言えば鬼の棲む鬼ヶ島（城）を攻める場面だが戦う相手を鬼とするのは桃太郎に限った話ではない。吉備津彦命は鬼を捕らえて首をはねるが桃太郎は戦いに敗れた鬼を許している。両者が持つ祭祀観・価値観は全く違っている。私は『桃太郎』こそが魏志倭人伝に記された卑弥呼の治世の反乱の物語であると睨んでいる。主人公の桃太郎は別天津神の人々のリーダー卑弥弓呼、鬼は古代吉備王国の人々、鬼ヶ島は楯築墳丘墓をモデルにしていると考える。

　両神社は同じ大吉備津彦命を主祭神に祀って名称も酷似しているが生い立ちや特徴は全く異なっている。神社を支えた人々の宇宙観が祖霊信仰を広めた吉備津神社と太陽信仰を守る吉備津彦神社に反映されている様に見える。吉備津神社に伝えられた『温羅伝説』と吉備津彦神社に伝えられている『桃太郎』は、同じ古事ではなく、両者が誇れる場面（戦い）をテーマに自らの宇宙観を色濃く滲ませた物語を語り継いだと考える。そこで『温羅伝説』と『桃太郎』をもう少し深掘りして両神社に伝わる伝承の背景を探ってみる。

（3）土器文様と銅鐸による考古学的考察

　まず出土した土器文様や銅鐸から弥生後期後葉の吉備津彦命の吉備平定を裏付ける時代考証から始めてみたい。弥生後期の備前及び備中南部の土器文様から吉備津彦命の吉備平定を確認する。木耳社の『弥生土器の様式と編年（山陽・山陰編）』から弥生後期に該当する土器様式の口縁部と頸胴筒の土器文様の推移を表3-9「吉備（備前・備中南部）弥生土器文様の推移」にまとめた。土器文様を口縁部と頸等に分けたのは部位によって文様を描いた意味合いが違うと判断したからだ。即ち、頸等に描かれた文様はその地域の祭祀を司る（又は支配した）人々の家紋と見做し口縁部に描かれている文様は地域に暮らし共同体を支え土器を使用していた人々の家紋と捉えた。凹線文は物部氏の家紋、ヘラガキ沈線文は別天津神、櫛描文はイザナキ・イザナミの人々の家紋と推定している。

　表3-9によると弥生中期後葉の土器文様は口縁部と頸等に凹線文を多用している。凹線文を家紋とする物部氏の人々が吉備に入植して水田を拓き農村共同体を築いていたと推察される。弥生後期になると土器文様が急速に変化する。弥生後期前葉前半のⅤ－1様式では口縁部の凹線文は継続するが頸等の文様は凹線文からヘラガキ沈線文や櫛描文へ変わる。ヘラガキ沈線文や櫛

表3-9　吉備（備前・備中南部）弥生土器文様の推移

項目	年代区分	中期 後葉	後期 前葉		中葉	後葉	
						Ⅴ－4（備前）	
	土器様式	Ⅳ－2	Ⅴ－1	Ⅴ－2	Ⅴ－3	Ⅴ－4	Ⅴ－5（備中南部）
土器文様	口縁部	凹線文	凹線文	凹線文（鋸歯文）（櫛描波状文）	凹線文、鋸歯文 櫛描文（櫛描波状文）	凹線文、鋸歯文、擬凹線文	
						凹線文	凹線文、鋸歯文 ヘラガキ沈線文
	頸等	凹線文	ヘラガキ沈線文 櫛描文（凹線文）	ヘラガキ沈線文	ヘラガキ沈線文 ヘラガキ平行 沈線文	凹線文、平行沈線文（鋸歯文）（ヘラガキ沈線文）	
						凹線文	複数条のヘラガキ沈線文 S字状文 重弧文（特殊器台） 凹線文、鋸歯文
特記事項	備前				装飾化	小型化・無文化、器台減少 搬入土器（讃岐）	
	備中南部					無文化	楯築墳丘墓等で大型土器 立坂型特殊器台・特殊壺

描文を家紋とする人々が吉備の備前と備中南部にやってきて物部氏に代わって祭祀を司り物部氏と共存していた事を示している。ヘラガキ沈線文を家紋としたのは、吉備津彦神社の元宮の主祭神である造化三神を祀る、別天津神の人々であった。別天津神の人々は弥生前期末に田和山遺跡の祭祀をイザナキ・イザナミの人々に引き継いで出雲を後にしたと推察する。弥生中期末の大国主の人々の東征によって別天津神の人々は出雲・伯耆・播磨から逃れイザナキ・イザナミの人々と共に吉備へ移動したと考えられる。

　弥生後期前葉後半のⅤ－2様式になると頸等から櫛描文が消えヘラガキ沈線文に絞られ口縁部には凹線文だけでなく鋸歯文や櫛描波状文が出現する。イザナキ・イザナミの人々は備前や備中南部から退去し別天津神の人々が全地域の祭祀を司るようになる。口縁部に描かれた櫛描波状文はイザナキ・イザナミの人々のうち一部がこの地に残留し共存していた証だと考える。鋸歯文は、グループの家紋と言うよりは、太陽の光芒を表す文で祭器としての霊力を表現している。稲作祭祀で重要な位置を占める銅鐸の入手が困難になり祭祀土器で代行したようだ。

　弥生後期中葉のⅤ－3様式に土器の装飾化がピークを迎える。頸等はヘラガキ沈線文を継続し口縁部の文様は多彩となり備中南部では凹線文・鋸歯文のほか櫛描文や櫛描波状文を描くものも出てくる。別天津神の人々を中心に物部氏と備中南部のイザナキ・イザナミの人々が共存して稲作祭祀を祀る社会を築いていた事が窺える。

　弥生後期後葉になると様相は一転し備前と備中の土器様式にも大きな差が出てくる。特筆するのは頸等の文様からヘラガキ沈線文が減少し、凹線文が復活して、新たに出現する平行沈線文（備前）や複数条のヘラガキ沈線文（備中部）と共存している。物部氏が復権すると同時に、平行沈線文（擬凹線文）や複数条のヘラガキ沈線文が増加して、備前や備中南部が大国主の人々の配下に組み込まれた事を示している。古事記に書かれた弥生後期後葉とされる孝霊天皇の吉備平定を史実とする根拠の一つだ。物部氏は大国主の人々と同盟を結んでおり勢いを盛り返している。

　備前の後期後葉はⅤ－4様式に分類されるが頸等に平行沈線文、口縁部に擬凹線文が出現し大国主の人々の存在感が増している。一方、土器の小型化

や無文化が進んで器台が減少しており地域共同体の力が弱まり地域での稲作祭祀が衰退した事を示している。讃岐からの搬入土器は吉備平定に讃岐の人々が戦いに参加して定住した事を示唆している。

　備中南部は弥生後期後葉をⅤ－4様式とⅤ－5様式に分けて分類している。Ⅴ－4様式では頸等と口縁部の文様が凹線文に絞られ物部氏の支配下になったと見られるが、後半のⅤ－5様式では墳丘墓上から大型の特殊器台・特殊壺が出土し始め様相が変わる。吉備津彦命のグループが備中南部を古代吉備王国の拠点とし大型の墳丘墓の築造を始める。吉備の祭祀は、太陽を祀る稲作祭祀を中心とする地域共同体の祭祀から、墓上で祖霊を祀る葬送儀礼に大きく変わってゆく。更に備中南部の楯築墳丘墓等から出土した立坂型特殊器台にS字状文と重弧文を組み合わせた文様が描かれている。吉備に遣わされて平定した吉備津彦命は特殊器台の複数条のヘラガキ沈線文の間にS字状文と重弧文を挟んでおり古代吉備王国の家紋としたと推察する。弥生終末期には、吉備各地の墳墓から特殊器台・特殊壺が出土しており、吉備津彦命の興した古代吉備王国は支配を吉備全域に拡大していた。

　弥生終末期に吉備津彦命に降伏した別天津神の人々がどうなっていたか少し触れておきたい。吉備津彦命は吉備を平定したが拠点を備前ではなく備中に置いている。別天津神の人々は備前から動かず居座っていた。弥生後期後葉や終末期の土器に太陽の光芒を表す鋸歯文が描かれており祖霊と太陽の祀りの融合が図られている。別天津神の人々が使っていたヘラガキ沈線文は平行沈線文や複数条のヘラガキ沈線文に替わるがヘラガキ沈線の文様を残している。吉備津彦命と別天津神の人々は極めて親密な関係を構築していたようだ。しかも備前南部の平野部からは祖霊を祀る特殊器台・特殊壺の出土が極めて少ない。別天津神の人々がこの地域の自治を守っていたことを窺わせる。

　次に弥生後期に鋳造された突線鈕式銅鐸を取り上げる。吉備から出土した突線鈕様式（1式を除く）の銅鐸7個の内4個が破片で出土しており吉備が弥生後期に戦いの場となっていた事を示している。吉備の弥生中期～後期中葉の弥生遺跡の分布は岡山平野の旭川と吉井川流域の南部に集中している。吉備津彦命に攻められた稲作祭祀を守る人々は拠点や祭祀場の中山（鯉山）を守る形で布陣していたと推察する。吉井川の河口付近から銅鐸の破片が2個出土

しており播磨口から攻め込んできた吉備津彦命の軍と稲作祭祀を守る人々との戦いはまず吉井川流域で始まったと考えてよい。玉野市の銅鐸の破片は讃岐勢が瀬戸内海を渡り参戦した事を裏付けている。矢喰天神社の近くの高塚遺跡からも流水文銅鐸と銅鐸の破片が出土しており戦いの場であった事を示している。『温羅伝説』によれば矢喰天神社のある足守川と砂川の合流点の戦いが最後だったとされている。

　出土している突線鈕式の銅鐸は殆ど2式であった。突線鈕2式は弥生後期に鋳造された最も古い銅鐸で弥生後期後半には新しい銅鐸の調達が吉備では困難になった事を示唆している。弥生後期中葉から銅鐸の代替用と思われる鋸歯文を持つ祭祀土器が出土してこの事を裏付けている。

（4）温羅伝説

『温羅伝説』は既に述べたように弥生後期後葉の七代孝霊天皇の治世に吉備津彦命を吉備に遣わし平定する古事をベースにしていると考える。まず中山薫さんの『温羅伝説』から伝説成立の過程を辿ってみたい。『温羅伝説』の種本として紹介されている史料をリストアップした。

　①『鬼城縁起写』延長元年（923年）平安時代中期の年号だが実際は室町時代と推定

　②『吉備津宮勧進帳』天正11年（1583年）安土桃山時代の『温羅伝説』

　③『備中吉備津宮縁起』元禄13年（1700年）江戸時代初期の『温羅伝説』

　④『備中国大吉備津宮縁起』文政10年（1827年）江戸時代後期の『温羅伝説』

　⑤『吉備津宮縁起』嘉永6年（1853年）幕末期の『温羅伝説』

　現在、私たちに『温羅伝説』として紹介されているのは、これらの史料にある逸話を組み合わせて新たに創作された伝説だ。鬼の名前の温羅は『備中国大吉備津宮縁起』と『吉備津宮縁起』の江戸時代の史料に初めて登場する。鬼が殺されるのは『鬼城縁起写』だけで他は温羅が吉備津彦命に降伏して仕えたとされる。時代設定も七代孝霊天皇から十一代垂仁天皇まで様々だ。しかし、伝説は吉備津彦命が吉備を平定した伝承を語り継いだ物語である事は動かしがたい。史料を含めて伝説から修飾された部分を見直し史実を拾い出して吉備津彦命の吉備平定に光を当ててみたい。

　備前と備中南部の土器文様の分析は古事記の孝霊天皇の条に書かれた七代

図3-25　温羅伝説に描かれた場面と弥生後期の突線鈕式銅鐸の分布

Google Map より

孝霊天皇が吉備津彦命を吉備に遣わし平定したとする記述を裏付けている。
『温羅伝説』に鬼と書かれたのは、朝鮮半島や大陸から来た人々ではなく、
別天津神の人々であった。吉備津彦命と別天津神の人々が戦った痕跡は、出
土した銅鐸の破片から、吉井川河口流域と瀬戸内海沿いの玉野市及び足守川
と砂川の合流点にある矢喰天神社付近と推定できる。播磨口から攻め込んだ
吉備津彦命はまず吉井川河口流域で別天津神の人々と激突した。備前から讃
岐の搬入土器も出土しており讃岐勢が瀬戸内海を渡り参戦し玉野市周辺で戦
ったようだ。

　弥生時代の戦いは弓で矢を射掛け合う戦いと言われている。矢喰天神社の
伝承は、付近から銅鐸の破片も出土しており、史実に近いと考える。『温羅
伝説』では両者の戦闘は矢喰天神社を最後に決着したとされる。しかし、決
着は別天津神の人々のリーダーの温羅を捕らえ首をはねたとされる完璧な勝
利ではなかった。

　注意深く戦いの痕跡を見ると、戦いは中山の周辺で行われ、別天津神の人々
が守っていた祭祀場のある中山への進入を許していない。弥生終末期の土器
に別天津神の人々が用いていた鋸歯文やヘラガキ沈線文が描かれていること

から推察すれば別天津神の人々は吉備津
彦命に臣従して緊密な関係を築いてい
る。『温羅伝説』の種本とされる史料の
大半は温羅が許され吉備津彦命に仕える
筋書きになっている。

図3-26　鯉喰神社

　矢喰天神社での戦いを最後に戦いは膠
着し両者の交渉によって終結したように
思える。吉備津彦命が吉備を平定した時
に鬼（温羅）を打ち首にする逸話は史実と
少し違うようだ。温羅とされた別天津神
の人々のリーダーは太陽を祀り五穀豊穣
を祈る祭祀を司っていたと考える。温羅は中山の祭祀場で太陽に戦勝を祈っ
たが戦場に出かけて人々に率先して戦う事はなかった。リーダーが最前線で
率先して戦うのは大国主の人々が持ち込んだ戦いのスタイルと思える。逸話
は矢喰天神社付近の戦いで別天津神の人々が鯉喰神社（図3-26参照）付近の足
守川で捕えられ打ち首にされた史実を描いている。

　伝承には温羅が逃げる時に鯉に化ける件がある。弥生の稲作民と鯉は密接
に結ばれている。水田に鯉を飼うのは稲作民が長江流域から持ち込んだ稲作
技術の一つで水田の雑草や害虫を駆除する効果があった。収穫の秋に稲刈り
と同時に鯉を捕まえて大切な食糧にもしている。田和山遺跡では、漁網の錘
に使われていたと思える土錘が出土しており、魚は祭祀の重要な捧げものの
一つであったと推察される。近江の弥生中期の下之郷遺跡から稲作の痕跡と
同時に大量の鯉の骨が出土しており稲作と鯉の結びつきは強い。現在でも近
江の「年頭のオコナイ」と呼ばれる習俗のシュウシの膳には魚が必須とされ
ている。『温羅伝説』では川の中に逃げ込んだ別天津神の人々を鯉と呼んで
別天津神の人々が稲作民であったことを暗示している。

　伝承には捕えた温羅を首部（岡山市北区首部）で打ち首にして遺体を放置
し犬に喰わせる逸話や十数年（長い間の表現か）も吠える声が聞こえた逸話が
残されている。この逸話は戦いの勝利を祈願し捕虜を見せしめのために殺し
た場面を伝えていると考える。首部は弥生の集落や水田の遺跡が分布する岡

山平野の真北に位置しており吉備津彦命と別天津神の人々が対峙していた最前線であったと推察される。吉備津彦命は別天津神の人々の前で捕虜を見せしめで殺し降伏を迫ったと思われるのだ。中国では捕虜の首を切る風習は、中国の黄河流域で発生した古代文明の二里岡文化（BC16世紀〜BC14世紀頃）や殷墟文化（BC14世紀〜BC11世紀頃）まで遡ることが出来、黄河流域の中原の国々で古くから行われていた。大国主の人々や吉備津彦命はこの首切りの風習を受け継いでいた。

『温羅伝説』には弥生後期後葉の時代にそぐわない逸話も幾つか組み込まれている。温羅の本拠地「鬼の城」に比定される吉備の鬼ノ城は飛鳥時代の7世紀後半に築かれた古代山城だ。白村江の戦いで唐・新羅連合軍に敗れた大和朝廷が倭の防衛のために築いた防御施設の一つとされる。吉備津彦命の前線基地とされる楯築墳丘墓が築かれたのは吉備津彦命が古代吉備王国を興した後になり吉備の平定の時点ではまだ存在していない。

　吉備の中山は別天津神の人々の祭祀場があり温羅の本拠地に最も相応しい場所だ。中山は山そのものの名前でなく山塊を総称して呼んでいる。江戸時代末期の歴史家頼山陽によって中山は鯉山（りざん）とも呼ばれるようになった。山容が鯉に似ているからとも温羅の埋葬地を中山とする伝承によるともされる。中山の最高峰の北峰龍王山の頂上には八大竜王の祠があり頂上直下西側の南寄りに吉備津彦神社元宮磐座を祀っている。磐座は吉備津彦神社を建立する前の祭祀場であったとされる。『鬼城縁起写』には吉備の中山が昇龍山と記されており中山は龍と深い因縁のある山だ。蛇とイザナキ・イザナミの人々と同じように龍と別天津神の人々は強く結びついている。三星堆では龍と蛇が混同して使われている。中山の龍はイザナミの人々の蛇と同じ役割を担っていたようだ。元宮の磐座は冬至の日の入りの方向に開けた祭祀場だ。別天津神の人々は田和山遺跡の頂上遺構と同じコンセプトの祭祀場を中山に設けていた。

（5）桃太郎伝説

『桃太郎』として語り継がれていた伝承が『温羅伝説』を種本にしていると紹介され調べてみた。吉備津彦神社と吉備津神社の由来にもその旨のことが書かれている。『桃太郎』伝説と『温羅伝説』を解説する資料にもその旨の

言葉が並んでいる。しかし読んでみると非常に違和感を覚えた。主人公の桃太郎は老夫婦に育てられ一念発起して収奪を繰り返す鬼退治に立ち上がっている。農村一揆を思い起こさせるシナリオだ。一方で吉備津彦命は孝霊天皇から遣わされた将軍で孝霊天皇の治世に敵対する勢力を平定している。全く違うコンセプトの戦いだ。捕まえた鬼の処遇も全く違っている。吉備津彦命は鬼を容赦なく打ち首にしているが桃太郎は悔い改めた鬼を許している。吉備津彦命は組織の論理を、桃太郎は人倫を大切にする両者の行動原理の違いが際立っている。桃太郎の行動を支えているのは稲作民が築いてきた稲作祭祀を守り農村共同体で培われた倫理観そのものと思えるのだ。

　2つの物語は全く違う出来事を題材にして伝承され今日に語り継がれたと私は考えている。『温羅伝説』は孝霊天皇に遣わされた吉備津彦命の吉備平定であったと紹介した。では『桃太郎』は何を題材にして語り継がれたのだろうか。ヒントはやはり桃の種にあった。古事記の「伊邪那岐命と伊邪那美命」の五節の「黄泉の国」の条でイザナキが葬られたイザナミを慕って黄泉の国へ往きイザナミに拒絶され黄泉軍に追われた時に「黄泉ひら坂の坂本に到りし時に、其の坂本に在る桃子を三箇取りて待ち撃ちしかば、悉く坂を返りき。爾くして、伊邪那岐命、桃子に告らさく『汝、吾を助けしが如く、葦原中国に所有る、うつしき青人草の、苦しき瀬に落ちて患へ惚む時に、助くべし』と、告らし、名を賜ひて意富加牟豆美命と号けき。」とある。葦原中国の青人草とは日本列島に移住した稲作民を、桃子は桃の種を指している。桃から生まれた桃太郎は正にこの意富加牟豆美命が天から遣わされたことを描いている。桃太郎は桃子の力を信じる別天津神の人々が苦難に陥った時に立ち上がり敵に立ち向かった出来事を題材にして創られた。

　この出来事を桃の種から辿れば備前と備中の遺跡から出土した桃核に辿り着く。この桃核は縄文時代・弥生時代〜古墳時代の遺物と推定されている。縄文時代から弥生時代前半は貯蔵用の土坑から出土しており食料と見做していた様だ。弥生中期後葉になって井戸から出土する例が増加し桃核が祭祀で利用され始めた事を窺わせている。備前からは津島遺跡（2,415個）や百間川流域の沢田遺跡（460個）・米田遺跡（400個）・今谷遺跡（384個）など複数の遺跡から出土しており桃を組織的に栽培していたと推定される。特に弥生後期

の溝又は河道から大量に出土した桃核に注目したい。備中では上東遺跡の弥生後期～終末期の波止場状遺構から大量（9,608個）の桃核が出土している。備中は上東遺跡以外から桃核の出土が確認されておらず、備前の溝（又は河道等）からの大量出土を考慮すれば、上東遺跡の桃核は備前から運ばれてきたと推察される。別天津神の人々が拠点にしていた備前で桃核を集め上東遺跡に運び集積したと考えられる。なお、岡山県古代吉備文化財センターの所報『吉備第65号「上東遺跡出土の桃の種」』には土器から推定した桃核の年代を1～3世紀半ばとし歴博の放射性炭素年代測定からの値を2～3世紀前半としている。いずれも卑弥弓呼の反乱の弥生終末期を含んでいる。

　上東遺跡の近くには、古事記のイザナミの黄泉国を思い起こさせる、楯築墳丘墓が築かれている。墳丘墓は元宮磐座（中山）の祭祀場のほぼ真西に位置する。桃太郎は雉と猿と犬を従えて鬼ヶ島へ鬼の成敗に出かけたが中山（元宮磐座）から楯築墳丘墓を十二支の方位で見ると真西が酉でひとつ前の南向きが申で後ろの北向きが戌となりぴったり一致する。

　更に、古事記の黄泉国の逸話の情景そっくりに、墳丘墓の上に岩が立てられているのだ。古事記の黄泉の国の前文の続きに「最も後に、其の妹伊邪那美命、身自ら追ひ来つ。爾くして、千引の石を其の黄泉ひら坂に引き塞ぎ、……」とある。イザナミの墓の出口を大岩で塞いだと書かれていた。別天津神の人々は桃核を持って墓を掘り、即ち黄泉の国へ踏み込んで、戻る時に主体の墓の周囲を大岩で塞いでいた（図3-27参照）。

　墓上の葬送儀礼に用いられた特殊器台・特殊壺と弧帯文石は粉々に壊され焼かれて一塊にまとめ主体の上に遺棄された状態で出土している。葬送儀礼で供えた土器を壊したとする説もあるが、同じ様な葬送儀礼を伴う墳丘墓が見つかっておらず、私には別天津神の人々の憎しみの怨念が特殊器台と特殊壺に向かった痕跡に思える。しかし驚いたことに主体の木槨には手を付けず埋葬した時のままで残っていた。憎しみを特殊器台や特殊壺に限定し主体には手を付けず悔い改めた鬼を許す桃太郎の倫理観に通じると思える。

　埴輪の起源は古墳時代初期に奈良盆地から出土した都月型の特殊器台と言われている。人身御供の代わりに埴輪を墓に祀ったのであれば特殊器台や特殊壺が人身御供に関わる祭器だった事を暗示している。別天津神の人々は人

図3-27　弥生時代から古墳時代に出土した桃核の分布

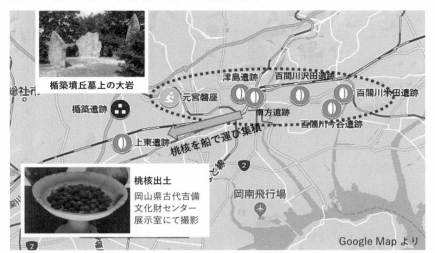

楯築墳丘墓上の大岩

楯築遺跡

津島遺跡　　百間川沢田遺跡

元宮磐座　　　　　　　百間川米田遺跡

南方遺跡

上東遺跡　　　　桃核を船で運び集積　　百間川今谷遺跡

桃核出土

岡山県古代吉備
文化財センター
展示室にて撮影

岡南飛行場

Google Map より

身御供を伴う葬送儀礼に怒っていた。別天津神の人々は楯築墳丘墓の墓の主体でなく墓上の葬祭儀礼を許しがたく反乱を起こしたと推察する。

　この反乱こそが魏志倭人伝にある卑弥弓呼の反乱に該当すると考えている。反乱は九代開化天皇（卑弥呼）の治世の後半に起こった出来事だが決着する前に卑弥呼は亡くなっている。別天津神を祀る吉備津彦神社の古文書に創建は十代崇神天皇の時代とあり崇神天皇の時代の決着を示唆している。この出来事の年代は、開化天皇の治世の後半に始まり崇神天皇の関与から、弥生終末期〜古墳時代初頭と推定する。吉備の上東遺跡から出土した桃核の年代は弥生後期〜終末期とされており年代観は一致している。

（6）幻の古代吉備王国

　反乱が別天津神の人々の優位に決着した為か古代吉備王国の人々は、3世紀中頃（弥生終末期末）の築造とされる総社市の宮山墳丘墓に特殊器台・特殊壺を祀ったのを最後に、吉備から姿を消した。古墳時代初頭に特殊器台・特殊壺の最終型とされる宮山型が奈良盆地の纒向に築かれた箸墓古墳・中山大塚古墳・西殿塚古墳・弁天塚古墳から出土している。古代吉備王国の人々は大和に移動し纒向周辺の開拓を主導していたようだ。しかしこの時代は大和

政権内の確執が激しく古代吉備王国の人々もこの争いに巻き込まれたのだろうか、特殊器台・特殊壺は円筒埴輪（都月型）にその役割を譲って、古代吉備王国の人々と共に歴史の表舞台から消えていった。

3.4　大和政権の誕生

　最後に弥生時代が終わり古墳時代の幕開けを少し覗いてみる。魏志倭人伝に「更に男王を立つ。国中服さず。更に相誅殺し、当時、千余人を殺す。復、卑弥呼の宗女、壹與、年十三を立てて王と為す。国中遂に定まる。政等は檄を以って壹與に告諭す。」とある。男王は大和で「初国を知らす」（古事記・日本書紀）として十代天皇となった崇神天皇を比定する。崇神天皇の没年は「戊寅」で258年と考える。壹與は十一代天皇の垂仁天皇に比定する。晋の起居注によれば、武帝の秦初二年十月の条に、倭の女王が数種の言語の通訳を用意して朝貢してきたと書かれている。武帝の秦初二年は266年であり壹與が21歳の頃と考える。

　ここで少し崇神天皇の出自に関わる話を補足しておきたい。古事記と日本書紀には「初国を知らす」として十代崇神天皇を大和での初代天皇としてアピールしている。日本書紀に初代神武天皇も「はつくにしらすすめらみこと」として大和で建国したとされている。実際は大和でなく妻木晩田（伯耆）で倭国を樹立している。ちなみに古事記の大国主神の条に葦原志挙乎命が「始めて国を作りき」とあり出雲王朝を興したことを記している。ここで少し崇神天皇の后妃に関わる話を補足しておきたい。古事記によると崇神天皇は木の国造と尾張連及び大毘古命の女を娶っている。木の国造は吉備の人々を指すことは前にも述べたが、崇神天皇の伝承が伝わる纏向周辺の古墳から吉備の特殊器台が出土しておりこれを裏付ける。纏向から伊勢・東海系の土器も多数出土し尾張連の人々が崇神天皇を支えていた事を示唆する。大毘古命は穂積グループに属していた。この組み合わせは八代孝元天皇の后妃の出自と同じであり孝元天皇を支えた人々が九代開化天皇の後継を機に大和に都を移すクーデター（国譲り）を起こしたように見える。このクーデターに開化天皇を支えた人々が反発し十一代垂仁天皇が誕生したと私は考えている。

　四節の「建波邇安王の反逆」にこの様子が書かれている。建波邇安王の反逆は、魏志倭人伝に書かれた千余人を殺す反乱で、大国主の人々の拠点であった山城が反逆の場となった。大和に移動し崇神天皇を擁立した大国主の人々が穂積グループや尾張連と結び開化天皇を支えていた人々と衝突した構図が浮かんでくる。

　古事記の崇神天皇の条の三節の「三輪山伝説」に意富多々泥古の正体を針と糸で暴く逸話がのせられている。この筋書きは美男に変身した蛇の正体を暴く「蛇の昔話」（第1部1.4（2）「イザナキ・イザナミの人々と蛇」参照）によく用いられている。蛇、即ちイザナキ・イザナミの人々の意富多々泥古を大神神社の神主にしている。この逸話は国の祭祀が大国主の人々が持ち込んだ祖霊の祭祀から稲作祭祀へ切り替わった事を示唆している。徳仁親王が第百二十六代天皇に即位する儀式に臨まれた八角形の高御座は鳥と太陽で飾られておりこの稲作祭祀が今日まで継承されている。

　垂仁天皇は、卑弥呼の宗女を壹與とすれば、イザナキ・イザナミの人々との深いつながりがあった。佐太神社の社伝によると神社の建立は垂仁54年とされる。5月3日の直会祭は伊弉諾・伊弉冉の両神を合祀し奉った時、垂仁天皇の勅使の参向を祈念する祭りとされ、イザナキ・イザナミの人々への垂仁天皇の配慮を窺わせている。しかし、外交は大国主の人々の意向に沿って行われていた。帯方郡から派遣されていた張政等が壹與を激賞する件がある。垂仁天皇が行った中国の王朝への朝貢、特に男女生口30人を献上する行為は、大国主の人々の階級社会の価値観が表れている。農村共同体を守っていた稲作祭祀を引き継ぐ人々の発想では考えられない。

　古墳時代の大和政権は、国づくりを担った人々と国生みを主導し稲作祭祀を引き継いだ、2極のせめぎあいを糧に新たな日本の国づくりに邁進した。深い霧の中に漂う古代日本が、夢幻のおぼろげな世界から抜け出して、2極の目を通して輪郭のはっきりした姿を浮かびあがらせると期待している。

参考資料

山口佳紀・神野志隆光『古事記』新編日本古典文学全集1、小学館、2015年

沖森卓也・佐藤信・矢嶋泉「風土記」『常陸国・出雲国・播磨国・豊後国・肥前国』
　　　　　　　　　　　　　　　　　　　　　　　　　　　　　　　山川出版社、2016年

松江市教育委員会・財団法人松江市教育文化振興事業団「田和山遺跡群発掘調査報告1」
　　　　　　　　　　　　　　　　　　　　　　　　　　　　　　『田和山遺跡』2005年

宮津市史編纂委員会「宮津市史」『通史編上巻』宮津市役所、2002年

桐井理揮「弥生時代後期における近畿北部系土器の展開」京都府埋蔵文化財論集第7集
　　　　　　　　　　　　　　　　　京都府埋蔵文化財調査研究センター、2016年

兵庫県芦屋市教育委員会「会下山遺跡：弥生後期・山頂式高地性集落址の研究」1964年

正岡睦夫・松本岩雄「弥生土器の様式と編年」『山陽・山陰編』木耳社、1992年

東亜古代史研究所古代史レポートHP（http://www.eonet.ne.jp/~temb/index.htm）
　　　　　　　　　「魏志倭人伝（原文、書き下し文、現代語訳）」2020年2月3日閲覧

インターネット「銅鐸出土地名表」2015年

❶ 大国主の人々の東征

北島大輔「福田型銅鐸の形式学的研究」『その成立と変遷・年代そして製作背景』
　　　　　　　　　　　　　　考古学研究第51巻第3号、考古学研究会、2004年

坂本太郎・家永三郎・井上光貞・大野晋校注『日本書紀（一）』ワイド版岩波文庫、2003年

大山スイス村埋蔵文化財発掘調査団・鳥取県大山町教育委員会
　　　　　　　「妻木晩田遺跡発掘調査報告Ⅲ・Ⅳ」大山スイス村埋蔵文化財発掘調査団、2000年

鳥取県立むきばんだ史跡公園「妻木山地区谷部におけるボーリング調査について」
　　　　　　　　　『妻木晩田遺跡発掘調査報告書年報2016』鳥取県教育委員会、2016年

鳥取県立むきばんだ史跡公園「史跡妻木晩田遺跡仙谷墳丘墓群発掘調査報告書」
　　　　　　　　　　　　　　　　　　　　　　　　　鳥取県教育委員会、2017年

出雲市教育委員会「西谷墳墓群」1999年

島根大学考古学研究室・出雲弥生の森博物館「西谷3号墓発掘調査報告書　本文編」2015年

福井市HP（https://www.city.fukui.lg.jp/）「清水地域の文化財　小羽山30号墓」
　　　　　　　　　　　　　　　　　　　　　　　　　　　　　　2020年2月3日閲覧

Wikipedia「干支」「太陰暦」「元嘉暦」「魏志倭人伝」「陳寿」2020年2月3日閲覧

❷ 倭国大乱の前夜

浜松市役所『浜松市史　通史編一』臨川書店、1968年

たつの市HP（https://www.city.tatsuno.lg.jp/）「新宮宮内遺跡」2020年2月3日閲覧

島根大学考古学研究室・出雲弥生の森博物館「西谷3号墓発掘調査報告書」『本文編』2015年

鳥取県埋蔵文化財センター「青谷上寺地遺跡出土調査研究報告6」『金属器』2011年

高馬三良『山海経』平凡社、1994年

寺沢薫・森岡秀人「弥生土器の様式と編年」『近畿編Ⅰ』木耳社、1989年

濱田延充「弥生土器様式の変化の持つ意味」『畿内第五様式の成立をめぐって』
　　　　　　　　　　　　　　　　　　　　　　　　　市大日本史（17）、2014年

加古川市史編纂専門委員会『加古川市史　第一巻本編Ⅰ』加古川市、1989年

鳥取県神職会「鳥取県神社誌」1935年

鳥取県神社誌編纂委員会「新修鳥取県神社誌」鳥取県神社庁、2012年

今里幾次「播磨弥生式土器の動態」考古学研究第15巻第4号、考古学研究会、1969年

今里幾次「播磨弥生式土器の動態（二）」考古学研究第16巻第1号、考古学研究会、1969年

兵庫県県教育委員会埋蔵文化財調査事務所「竹原中山遺跡」兵庫県教育委員会、2006年

林巳奈夫『中国文明の誕生』吉川弘文館、1995年

篠宮正「鋸歯紋土器と播磨の銅鐸鋳造」文化財学論集、文化財学論集刊行会、1994年

姫路市市史編集専門委員会「姫路市史」『第一巻下本編考古』姫路市、2013年

姫路市市史編集専門委員会「姫路市史」『第二巻歴史編』姫路市、1970年

龍野市編纂専門委員会「龍野市史」『第一巻』龍野市、1978年

兵庫県教育委員会埋蔵文化財調査事務所「亀田遺跡（第1分冊）」『亀田遺跡Ⅱ地点の調査』
兵庫県教育委員会、2000年

加西市史編纂委員会「河西市史」『第一巻本編1考古・古代・中世』加西市、2008年

小野市史編纂専門委員会「小野市史」『第一巻（本編Ⅰ）』小野市、2001年

小野忠煕『高地性集落論』学生社、1984年

寺沢薫『弥生時代の年代と交流』吉川弘文館、2014年

姫路市市史編集専門委員会「姫路市史」『第七巻下資料編　考古』姫路市、2010年

太子町史編集専門委員会「太子町史」太子町、1989年

龍野市教育委員会「養久山・前地遺跡」1995年

淺田芳郎「飾西東山遺跡の研究（1）」播磨第三巻第二号、研究同好会、1939年

岡山理科大学人類学研究室「大山神社遺跡」
兵庫県家島町教育委員会・岡山理科大学人類学研究室、2006年

兵庫県小野市教育委員会「金鑵城遺跡発掘調査報告書」2015年

兵庫県芦屋市教育委員会「会下山遺跡確認調査報告書」2010年

兵庫県教育委員会「表山遺跡・池ノ内群集墳」2000年

淡路市教育委員会「五斗長垣内遺跡発掘調査報告」2011年

③ 倭国大乱

滋賀県守山市教育委員会「伊勢遺跡発掘調査総括報告書」2018年

西城町・西城町教育委員会「西城町誌（通史編）」2005年

広島県神社誌編纂委員会「広島県神社誌」広島県神社庁、1994年

島根県教育委員会「出雲神庭荒神谷遺跡第2冊　発掘調査報告　図版編」1996年

加藤謙吉・関和彦・遠山美都男・仁藤敦史・前之園亮一『日本古代史地名辞典』雄山閣、2007年

吉田金彦・糸井通浩・網本逸雄『京都地名語源辞典』東京堂出版、2013年

劉振東「中日古代墳丘墓の比較研究」立命館大学大学院文学研究科博士論文、2014年

石川岳彦「戦国期における燕の墓葬について」東京大学考古学研究室研究紀要、2001年

福本明「吉備の弥生大首長墓─楯築弥生墳丘墓」シリーズ『遺跡を学ぶ』、新泉社、2015年

岡山大学埋蔵文化財調査研究センター『吉備の弥生時代』吉備人出版、2016年

村上進通「吉備国　桃」『桃ものがたり断章』岡山農業山村地域研究所、創文社、2015年

吉備津彦神社「備前一宮　吉備津彦神社」2002年

中山薫『温羅伝説』岡山文庫、2013年

前田晴人『桃太郎と邪馬台国』講談社現代新書、2004年

岡山県古代吉備文化財センター「上東遺跡出土の桃の種が日本遺産に」所報吉備第65号、2018年

Wikipedia「播磨国風土記」「古事記」「平原遺跡」「八咫鏡」「賀茂氏」2020年2月3日閲覧

吉田秀夫「ひーぼーです（播磨国風土記を播州弁で読み込む）HP」2018年（閉鎖）

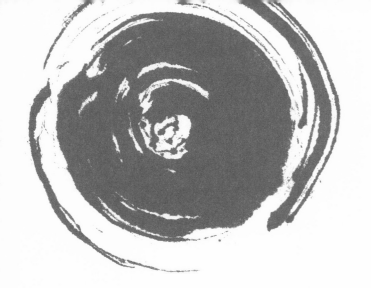

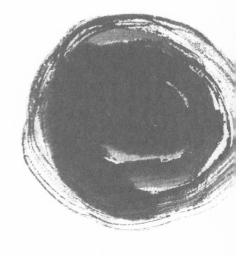

おわりに

　60歳で定年退職して古代史に取り組み始めてからはや10年経った。故郷の墓参りの延長のつもりの軽い気持ちが良かったのか少しずつヒートアップして、日本列島に稲作が持ち込まれた、弥生時代の出雲を描く古代出雲王国に完結することが出来た。

　今回のまとめでは幾つかのチャレンジをさせてもらった。まず、古事記を歴史書と見做してみた。様々な通説に目をつぶって歴史書からの視点で再評価させてもらった。御伽噺の様な古事を古事記に残すにはそれなりの意図があったと考えたからだ。次は土器文様を家紋として仮定した。土器文様、ましてや考古学の専門家でないからこそ大胆な仮説を立てて出雲を中心に弥生を鳥瞰してみた。弥生の土器は各地から膨大な数が出土している。土器文様に歴史が残されていれば弥生の世界に光があてられる。銅鐸や鏡の比ではない。専門の方に笑われてしまうことを覚悟して各地の土器文様について素人が勝手に解釈をしてレポートをまとめさせてもらった。なかなか感触は良い。

　NHKテレビで青谷上寺地遺跡から出土した人骨のDNAのニュースが流れ三島で開かれた第72回日本人類学会大会で発表されると知りシンポジウムに参加して国立博物館篠田副館長の講演を聞いた。青谷上寺地遺跡は古事記にある国生み・国づくりをしに大陸から渡来した人々が新天地へ向け通過した中継拠点の一つだ。その拠点から殺傷痕のある人骨も見つかっておりどんな人々が暮らしていたか非常に興味深い。DNAの解析は女系の遺伝子を受け継いでいるミトコンドリアDNAの調査から始まり男系のY染色体へ進み現在は遺伝子全体のゲノムの解読が行えるようになっている。対象となる遺伝子の数はミトコンドリア16,500塩基、Y染色体5,100万塩基、ゲノムは30億塩基と対象によって数が格段に違う。当初、ミトコンドリアが中心だった解析は、分析手法の進歩や大容量のデータ解析が容易になりゲノムの解読が可能となり日本人の特質がより明らかになりつつある。今回の篠田先生の発表は「日本列島の古代人」の中で青谷上寺地遺跡の人骨のミトコンドリアDNAの解読結果に触れられた。青谷上寺地遺跡の人骨から採取されたミ

トコンドリアDNAには渡来系弥生人や現代の日本人が持つ縄文人のハプログループを含んでおらず中国大陸か朝鮮半島からやってきたままのミトコンドリアDNAと推定されていた。日本列島に先住していた人々との交雑が行われず大陸から移住してきて間がないと見られている。年代から考えて倭国大乱に関連する遺骨と思われ、早くから渡来した人々は日本列島に移住して交雑が進んでいたと推定されるので、大国主の人々か物部の人々の可能性が高い。正式な調査報告書が楽しみだ。

　今回の小冊子のまとめではインターネットや近場の図書館だけでなく各地の埋蔵文化財センターや図書館へ出かけて関連する資料を探し遺跡を巡った。国会図書館は館内のパソコンで資料を探し画面で見るか館内での閲覧を依頼するが東京都立図書館では市史など歴史に関わる蔵書が集められており棚を閲覧できるメリットがある。各地の図書館には専門の相談員の方にお願いする窓口が充実していた。静岡県の蛇の昔話（表1-3参照）は静岡県立図書館で紹介され岡山南部の弥生時代の後期後半の地図は岡山県立図書館で探してもらった。遺跡の調査報告書はネットで検索できる奈良文化財研究所の「全国遺跡報告総覧」を重宝しているが網羅性が課題だ。各地を訪れた時に埋蔵文化財センターを訪れて報告書を探すこともあった。

　古代史をテーマに資料を探して気が付いたことが幾つかある。自宅のパソコンで各地の図書館の資料を検索する仕組みは整備されているが個別のシステムでサービスをしており統合されているわけではない。このため古代史に絞った網羅的な検索は現状では限界がある。次に基礎的な情報、例えば銅鐸や遺跡のDBを構築して地図上で提供する仕組みがどこにもない。今回の取り組みでは銅鐸について自ら必要なデータを収集してDBを構築する必要があった。土器文様の分類も言い回しが微妙で仕分けするのに戸惑った。古代史に必要な情報をその都度収集して整理する労力は膨大で改善する必要がある。情報を整備し視覚化して古代の情報に簡単にアプローチして分析を容易にすれば古代の議論がより深まると考える。関連する学会の方々にぜひ検討していただきたい。

　本に載せる画像や図を、埋蔵文化財を守り古式の祭祀を伝えられている、様々な方々にお願いし、概ね快く承諾して頂き大変ありがたかった。紙面を

借りて謝意を述べさせてもらう。残念だったのは中国関連の画像を利用する手続きが分からず断念せざるを得なかった。近江の「年頭のオコナイ」をまとめた「薬綱論」の画像もぜひ使わせて貰いたかったが著作権者まで辿り着けずあきらめた。三星堆の画像は諦めきれず是非載せたいと東東会を主宰しておられる東海林先生に相談したら2011年に三星堆博物館を訪問された折に撮影された画像の提供を快く引き受けて頂き感謝している。

　本のまとめでは出雲弥生の森博物館におられた小松原優子さんに大変お世話になった。小松原さんには飛び込みで電話して本の作成の相談に乗ってもらい名越秀哉先生を紹介して頂いた。まとめた内容を名越先生にお伝えする場所の世話までして頂き最後までご面倒をおかけした。出雲観光大使をされておられた名越先生には、出雲神話語り部会の特別ガイドとして忙しい中、稚拙な原稿に目を通し貴重なアドバイスを頂いた。更に、様々なイベントや資料を紹介して頂き、出雲や弥生時代に関する見識を広げさせてもらった。お二人に心からのお礼を申し述べておきたい。木更津の竹本雅昭さんには、名越先生の紹介で参加した東東会でお会いし、古代中国に関するアドバイスを沢山頂き大いに助けてもらった。古代中国の歴史は奥が深く私にはいまだに謎だが稲作祭祀と三星堆遺跡を結びつけられたのは竹本さんの、巴蜀は面白いとの言葉からだ。最近も固始古城（河南省信陽市固始県）の資料が送られてきて出雲国風土記の出てくる古志に比定させてもらった。

　最後に、本の出版にあたり、お世話になった新潮社の森重良太さんに謝意を表したい。

2020年3月　横田保秀

【著者略歴】

横田保秀（よこた・やすひで）

1950年生まれ

1968年3月、島根県立浜田高校卒業。

1973年3月、東京工業大学理学部卒業。

1973年4月、大成建設入社。IT部門へ所属。
各種構造計算、積算のシステム化、土木作業所のOA化、
作業所EC化（見積・契約・出来高査定・請求）、社内クラウド導入などを担当。

2010年3月、定年退職。
退職後の活動として、出雲の弥生時代を中心に古代史研究に取り組む。
「東東会」「東アジアの古代文化を考える会」会員。

古代出雲王国

著者

横田保秀

発行

2020年11月25日

発行　株式会社新潮社　図書編集室

発売　株式会社新潮社
〒162-8711　東京都新宿区矢来町71
電話 03-3266-7124（編集室）

印刷所　錦明印刷株式会社
製本所　加藤製本株式会社

乱丁・落丁本は、ご面倒ですが小社宛てお送りください。
送料小社負担にてお取替えいたします。
ISBN 978-4-10-910184-4　C0021
価格はカバーに表示してあります。